めちゃくちゃ売れてる株の雑誌ダイヤモンドザイ Diamond ZAiが作った「株」入門

…だけど本格派

オールカラーでわかりやすい!

改訂第2版

ダイヤモンド・ザイ編集部 編

ダイヤモンド社

やっぱり「株」はスゴかった!

金融危機や大震災――。さまざまな波乱を乗り越え、新製品・新サービスで成長を続けるスゴイ会社はこんなにたくさんある!

株のココがスゴイ 1 どんな時でもあなたの身の回りに成長株はある!

景気がいい時も悪い時も、どんな時でも、私たちの身の回りには大きく成長する株が存在します。企業はどんな時もつねに私たちの生活を便利で楽しくするための製品・サービスを生み出す努力を続けているからです。リーマンショックに揺れた08年でさえ、ユニクロで知られるファーストリテイリング、天気予報のウェザーニューズ、介護のツクイなど株価を3倍にした銘柄がいくつか出ました。09年以降も長引くデフレや東日本大震災などに見舞われながら、成長株が続々出ています。

その代表格がメガネチェーン「JINS」のジェイアイエヌです。軽くて薄くてデザインも良いのに4990円と低価格のメガネや、パソコン用メガネ、花粉カットメガネなど次々ヒットを飛ばして株価はなんと5年で10倍にも成長しました。

月会費5000円台という低価格の女性専用フィットネス「カーブス」で急成

日経平均株価は横ばいのなかでも株価を何倍にもした会社に注目!

※グラフは、09年1月1日をゼロとして指数化し

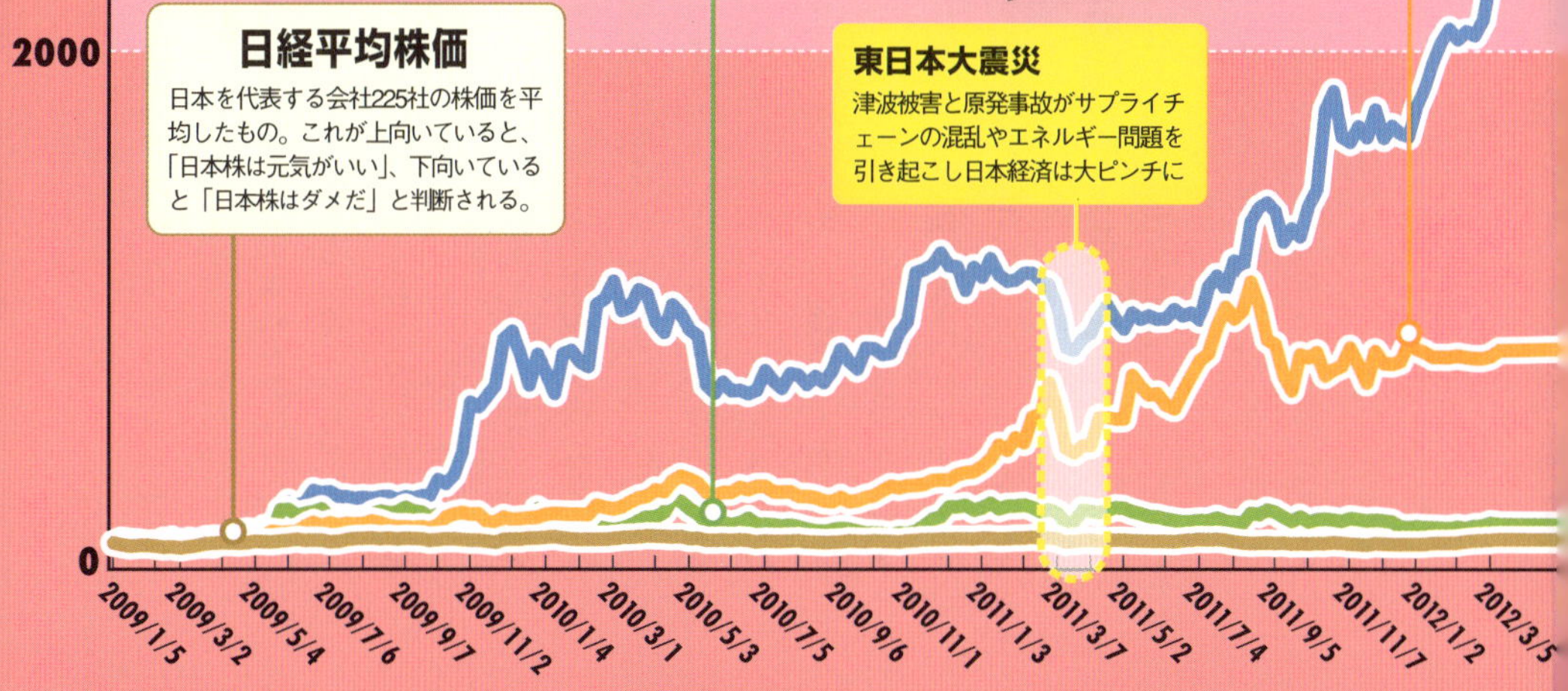

安くてオシャレなメガネで評判「エアフレーム」「JINS PC」がブームで

株価は5年で10倍に!

ジェイアイエヌ

- ●コード:3046 ●市場:JQ
- ●株価:3900円
- ●売買単位:100株

軽くて薄いのに4990円と安いメガネ、パソコン作業でも目が疲れにくいメガネなど次々ヒットを飛ばし、地味(失礼!)なメガネ業界に旋風を巻き起こす。

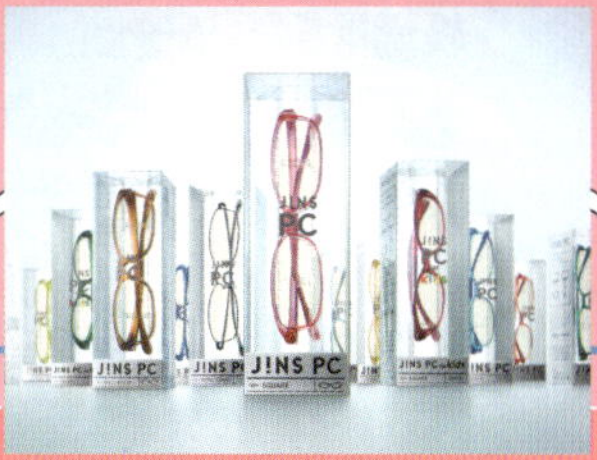

30分体操教室「カーブス」がおばちゃん世代に大人気で

株価は5年で10倍に!

コシダカHD

- ●コード:2157 ●市場:JQ
- ●株価:2247円
- ●売買単位:100株

カラオケ本舗「まねきねこ」で業績を伸ばしながら、低価格で中高年女性をターゲットにしたフィットネスクラブ「カーブス」も爆発的に拡大!

人気サッカー選手もハマってる!? 携帯ゲーム「パズドラ」の大ヒットで

株価は半年で20倍に!

ガンホー・オンライン・エンターテイメント

- ●コード:3765 ●市場:JQ
- ●株価:288万4000円
- ●売買単位:1株

スマホ用ゲーム「パズル&ドラゴンズ」を12年2月にリリースし、1年間で900万ダウンロードと異例のヒット。一気にスマホゲームの盟主になる。

日経平均株価

日本を代表する会社225社の株価を平均したもの。これが上向いていると、「日本株は元気がいい」、下向いていると「日本株はダメだ」と判断される。

東日本大震災

津波被害と原発事故がサプライチェーンの混乱やエネルギー問題を引き起こし日本経済は大ピンチに

意外？ 順当？ ヒントは「身近な」ところにあった！

低価格のトンカツ店「かつや」が成長し続けて
株価は5年で6倍に！

アークランドサービス

●コード：3085 ●市場：JASDAQ
●株価：1668円
●売買単位：100株

運営する「かつや」は、ロースカツ定食が700円前後という安さで食べられることで、首都圏中心にサラリーマンや学生から大きな支持を集めて成長。

おしゃれな100円ショップ女性からの人気が高まって
株価は5年で15倍に！

セリア

●コード：2782 ●市場：JASDAQ
●株価：1724円
●売買単位：100株

100円ショップ業界2位。POSシステムをいち早く導入して効率運営を実現し、デザイン性の高い商品で女性からの支持も得て、業界屈指の成長率を誇る。

ユニクロのグローバル展開にも期待が高まって
株価は5年で2倍に！

ファーストリテイリング

●コード：9983 ●市場：東1
●株価：2万4860円
●売買単位：100株

圧倒的安さはそのままに、今ではヒートテックやウルトラライトダウンなど、素材から開発した性能や品質の高さも武器に世界展開を加速させる！

比較サイト「価格コム」と「食べログ」が好調で
株価は5年で2倍に！

カカクコム

●コード：2371 ●市場：東1
●株価：3510円
●売買単位：100株

家電から保険まで、なんでも比較できるサイト「価格コム」は誰もが一度は利用したことがあるのでは。さらに、飲食店情報サイト「食べログ」も定番の存在に。

長したコシダカホールディグンスの株価は10倍増しています。買い物ついでに30分で高いフィットネス効果を得られるプログラムを提供するとのコンセプトが、健康志向の高まる中高年女性たちの心をつかみました。

この2つの例からも、やはり、**「良いものを低価格で」を実現している会社は依然強そうです。**こうした流れのなかで、ユニクロのファーストリテイリングもさらに伸びましたし、100円ショップのセリアは株価15倍、低価格とんかつチェーン「かつや」のアークランドサービスは6倍など、株価を大きく伸ばすケースが続出しています。

身の回りの人気店やサービスは宝の山！

上がる株を見つけるには、何かスゴい裏情報や、難しい分析が必要なのでしょうか。いえ、そんなことはありません。

デイサービスなど在宅介護が高評価を得て株価は5年で3倍に!

ツクイ

●コード：2398 ●市場：東1
●株価：1632円
●売買単位：100株

調査機関の調べでは顧客満足度が業界首位のデイサービスを運営。そのサービスの質の高さを武器にして施設数、利用者数を順調に伸ばし続けている。

保育園のアスクや、児童館、学童クラブを大きく展開！株価は5年で4倍に!

JPホールディングス

●コード：2749 ●市場：東1
●株価：1221円
●売買単位：100株

保育園を運営する民間企業のパイオニアにして最大手。これまでの保育園にくらべて効率の良い運営と充実のサービスで施設数が急拡大中。

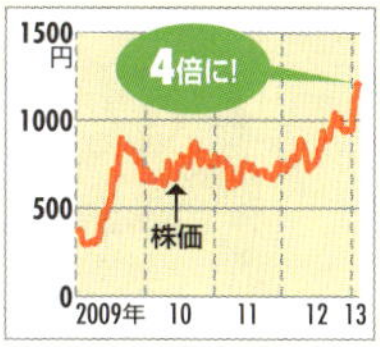

ジェネリック薬品の利用もだいぶ一般的になってきて株価は5年で2倍に!

沢井製薬

●コード：4555 ●市場：東1
●株価：9740円
●売買単位：100株

ジェネリック薬品の業界大手。低価格のジェネリック薬品は、高齢化による医療費の膨張に悩む国も利用を推奨していることもあって、業績は好調！

個別指導塾「TOMAS」や家庭教師の「名門会」などが躍進！株価は5年で3倍に!

リソー教育

●コード：4714 ●市場：東1
●株価：7770円
●売買単位：1株

小中高校生向け個別指導塾「TOMAS」、幼稚園・小学校受験対策塾「伸芽会」など、ハイエンドで高価な塾という独自路線で成長が続いている。

上がる株のヒントは身近なところにあります。たとえば、スマホゲームの「パズル&ドラゴンズ」が大ヒットしたガンホーの株は半年間で20倍にもなりました。「パズドラなら、12年の春から熱中してたよ！」という人なら、株価20倍増のチャンスがあったのです。

その他にも、上でも紹介しましたが最近は教育・保育、介護・医療などからも上がる株が出ています。塾のリソー教育が3倍、保育園運営のJPホールディングスが4倍、介護施設のツクイが3倍、ジェネリック薬品の沢井製薬が株価2倍などです。子どもがいる人なら塾や保育園の評判を聞いたことがあったかもしれませんね。

最近流行ってるな、いいなと思うお店、サービスはありますか？ あなたの興味のなかに、上がる株のヒントがきっとあるはずです。

※各社の株価は2013年2月8日のもの。

株のココがスゴイ 2

「株主優待」は企業からのプレゼント

居酒屋や飲食店で使える金券がもらえる！映画の鑑賞券や、航空券の割引も受けられる！

たとえばこんな優待が。ほんの一部を紹介！

一番人気は「食」の優待！

プレナス 9945

「ほっともっと」「やよい軒」などで使える優待券（2500円相当）を年1回

約15万円で買える！

吉野家HD 9861

3000円相当の優待券を年2回

約11万円で買える！

安永 7271

こしひかり8kg、伊賀牛モモ肉500gなどから選ぶ

約24万円で買える！

三光マーケティングフーズ 2762

「金の蔵Jr.」「東京チカラめし」で使える優待券（3000相当）、もしくは精米1kgを年2回

約10万円で買える！

ダイドードリンコ 2590

自社製品の詰め合わせ（3000円相当）を年2回

約38万円で買える！

コロワイド 7616

「甘太郎」などで使える優待カード（1万円相当）を年４回

※九州産黒毛和牛ステーキなど特産品と引き換え可

約50万円で買える！

ワタミ 7522

ワタミなどで使える優待券（6000円相当）を年2回

約17万円で買える！

※上は1年間保有した場合の例。

自社製品はもちろん金券＆お米もゲット！

株主優待というのは、簡単に言うと企業から株主へのプレゼントです。たとえば、上で紹介しているワタミは、最低単位の株を持っていれば6000円分の食事券が年2回もらえます。よく飲みに行く人にはうれしい特典ですね。ほかに東京一番フーズでは「泳ぎとらふぐコース1人前（5229円）優待券」を年2回もらえるなど、食事券は株主優待の定番中の定番。食べ物関係では、地方の名産品やお米が届く優待もあります。

また、全日空やスターフライヤーなどでは国内線航空券を半額で買える優待券

その他、自社製品がもらえる&割引になる

ビックカメラ 3048

買物優待券
(年3000円相当)

約4万5000円で買える!

ファンケル 4921

3000円相当の自社製品
(化粧品か健康食品か選択)、
または「ファンケル銀座スクエア」利用券

約10万円で買える!

イオン 8267

3%のキャッシュバックが
受けられる
「オーナーズカード」

約10万円で買える!

タカラトミー 7867

限定トミカとオリジナル商品1個
(1000株以上なら限定トミカと
限定リカちゃんなど)

約5万円で買える!

約50万円で買える!

© Tatsunoko Production / Kids Station・AGP

やっぱり嬉しい! 金券・チケット

全日本空輸 9202

国内線片道普通運賃が
50%割引になる優待券を1枚と、
自社グループの
ホテルや旅行が
割引になる
優待券1冊を年2回

約20万円で買える!

スターフライヤー 9206

国内線片道普通運賃が
50%割引になる
優待券を3枚を年2回

約23万円で買える!

ヴィレッジヴァンガード 2769

ヴィレッジヴァンガードで
使える買物券
(1万円相当)

約12万円で買える!

東京テアトル 9633

映画ご招待券4枚を
年2回

約13万円で買える!

が、東京テアトルのような映画館を運営している会社では映画招待券が株主優待になっているケースもあります。

ファンケルやドクターシーラボなどの化粧品会社では、結構な金額分の化粧品がもらえたり、ほかにも鉄道会社、スーパー、テーマパーク、旅行会社……など様々な業種の会社が株主優待を実施しています。これもまた、株を買う楽しみのひとつになりますね!

株主優待をもらうには

- ある特定の日(権利付き最終日)に株主であることが条件
- 年に1度か2度、郵送で届けられる
- 何株持っているかによって、株主優待の内容が変わることも。少ない株数だと、もらえないこともあるぞ!

※株主優待については38ページで詳しく解説します。
株価や優待内容は2013年2月時点のものです。

株のココがスゴイ 3

5万円もあれば株は買える！

ヤフーやセブン銀行の株が3～4万円!?

お金がないから……と、あきらめなくてヨシ！

株を買うのに大金は必要ありません！あのヤフーやセブン銀行も3～4万円で買えますし、スーパー銭湯の極楽湯、通販のニッセン、格安航空のスカイマークなども3～4万円で株主になれます。

しかも、数万円で株主になっても、株主優待がきちんともらえる会社も多いのです。極楽湯は入浴券を、スターバックスコーヒージャパンはコーヒー券がもらえます。面白いところでは、ネット証券のカブドットコム証券は株主優待で株式売買手数料の割引などを受けられます。

5万円もあれば買える有名企業

セブン-イレブンにあるATMが便利
セブン銀行 8410
約2万5000円！

スーパー銭湯の全国チェーン
極楽湯 2340
約3万円！

約4万円！
日本最大のポータルサイト
ヤフー 4689

ハウスウエディングといえば
テイクアンドギヴ・ニーズ 4331
約1万円！

大手ネット証券の一つ
マネックスグループ 8698
約3万2000円！

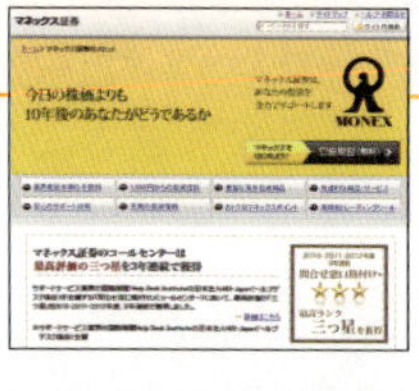

誰もが知ってるあの企業はいくら？

グローバル企業の株主にだってなれる

トヨタ自動車 7203

約48万円！

株主優待でもらえる食事券がうれしい

日本マクドナルド 2702

約23万5000円！

ビールやカルピスが好きなら

アサヒグループHD 2502

約23万円！

就活でも合コンでもモテモテの総合商社

三菱商事 8058

約19万円！

人気セレクトショップも上場している

ユナイテッドアローズ 7606

約25万円！

株主優待でドリンク券が2枚もらえる

スターバックス コーヒージャパン 2712

約7万2000円！

お料理レシピで女性に大人気

クックパッド 2193

約32万円！

駅ナカ事業も大きな収益源に

JR東日本 9020

約68万5000円！

モバゲーや横浜ベイスターズのファンなら

ディー・エヌ・エー 2432

約25万5000円！

トレーダーから支持を集める

カブドットコム証券 8703

約5万円！

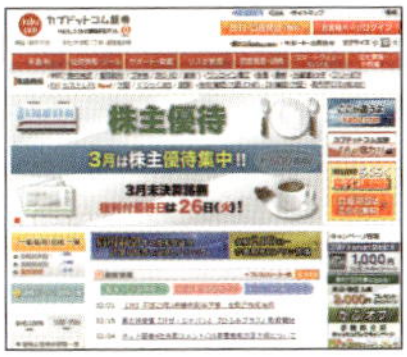

個別指導塾トーマスを運営する

リソー教育 4714

約8500円！

女性に人気のファッション通販

ニッセンHLDG 8248

約3万3000円！

国際線にも進出予定の格安航空会社

スカイマーク 9204

約4万円！

※金額は2013年2月時点の株価をもとに最低売買単位で計算。

株のココがスゴイ 4

株の買い方はカンタンだ！

難しい&面倒なやりとりはナシ！

株取引のプロセス

証券会社に口座を開く ←

株は証券会社で買います！
証券会社

株は証券会社の仲介で買うもの。まず、証券会社に口座を開きます。なんか恐そう？　お金持ちしか相手にされなさそう？

いえいえ、ネット証券なら店舗に行かずに郵送だけで開けますし、難しいことなんて何もなし。銀行に口座を開くのと同感覚でラクラクOKです。

どの株を買うか決める ←

4000社近くもある企業の中から、さて、どの会社の株を買うかを決めましょう。株の取引で一番重要なのがこのプロセス。本書では、株選びのコツをわかりやすく解説しています。基本は普段の買い物と同じで「いいものを安く」。株選びってハマりますよ〜。

注文は30秒で完了 口座開設は郵送でOK

株を買うのはとってもカンタン。テレビゲームやパチンコをするのと同じくらいカンタン……なんて言ったら怒られるかもしれないけど、だってそうなんです！　**インターネットがあれば郵送で口座は開ける**し、あとは証券会社の自分の口座にお金を入れれば株を買うことができます。注文も超カンタン！　慣れれば30秒で完了です。手数料も数百円程度しかかかりません。

注文を出す

どの株を買うかを決めたら、今度は注文です。証券会社に買いたいことを伝えればいいのだけれど、これもインターネットで誰にも会わずにできちゃいます。買いたい値段と数を入力してクリックするだけ。早い人はこのステップ、10秒くらいで済ませるらしい。

注文成立

買えた!

買いたい人と売りたい人が希望価格を出し合って、条件が合えば売買成立！

人気のある株は、買いたい人が殺到して値段がつり上がっていきます。だから株で儲けるには、人気のある株を買うのではなく、売る側にまわること（人気が出る前に仕込んでおくべし！）。

保有中

売却

買った株が値上りしたら、売って儲けてしまいましょう。人気が出そうだな〜と思う株を人気が出る前に“青田買い”して、ホントに人気が出たところで売るのがポイント（前にも言ったっけ？）。まるで新人アイドル発掘オタクみたいだけど、これが儲けのコツなんです。

株のココがスゴイ 5

ネット取引なら儲けられる！

安い！ 早い！ 便利！

今、始めないと一生後悔するかも

「ネット取引」とは、インターネットを使ってする株取引のこと。今やサラリーマン、OL、主婦の間で大ブレイク中です。人気のヒミツは、安くて早くて便利なところ。株を売買する時に証券会社に払う手数料は、ネットならたった数百円からだし、情報はたくさんゲットできるし、注文はスピーディだしいいことずくめ。ネット証券の口座数は、大手6社だけでも700万口座に迫る勢いだとか。

あなたの友だちもコッソリ儲けているかもしれませんよ。

いつでもどこでも売買できる！

インターネットさえ使えれば、いつでもどこでも注文が出せます。仕事をしているフリで株をやってる人、マンガ喫茶で株をやってる人、駅のベンチで株をやってる人、様々です。最近は、スマホでの取引もかなりスムーズになりました。携帯を使って会社のトイレで（隠れて）取引している強者もいるようです！

手数料が安い！

なんといっても最大のメリットはコレ。株の売買が成立すると、証券会社に手数料を払う決まりなのですが、この金額が、ネットだと激安なのです。証券会社の窓口で買うと数千円もする手数料が、ネットなら200円くらいなんてことも！　株のネット取引がブームになるのも納得でしょ？

20万円の株を買うのにかかる手数料例

店舗の場合
1回の取引で 2730円（N証券）

ネットの場合
194円（S証券）

2536円もおトク！

注文もスピーディ!

注文がすばやく手軽に出せる、というのもネット取引のメリットのひとつです。

ほんの数年前までは、証券会社に電話して→担当者を呼び出して→注文を告げて→発注作業をしてもらう、という今にして思うと、とんでもなく面倒な手順を踏む必要がありました。時間がかかるだけじゃなく、担当者に買いたくもない株をセールスされたりするのも、わずらわしかったのです……。

ネット取引なら、クリックするだけで注文完了。株の動きをリアルタイムで確認しながら、30秒もあれば終わってしまいます。

注文を訂正したり、取り消したりする場合も、いちいち担当者に電話してと面倒でしたが、ネットなら、訂正・取り消し手続きも自分でできます。

店舗の場合

電話で営業マンに連絡→営業マンがパソコンで注文

ネットの場合

直接パソコンで注文

リアルタイムで値動きを見ながら注文できる!

情報も早くて豊富!

株は情報戦でもあるので、早くて役立つ情報をどうゲットするかがとても大事。その点もネット取引なら万全です。

たとえば、リアルタイムで取引の状況がわかる「リアルタイム株価情報」、リアルタイムで描かれていく「チャート分析ソフト」などは、ちょっと前まではプロしか使えなかったもの。それが、ネット取引なら利用できるのです。

また、「この会社がすごい技術を開発して上方修正した」というような株式ニュースも続々と入ってきます。記事検索などもあり、株で勝つための強力な武器になります!

高機能な株価チャート

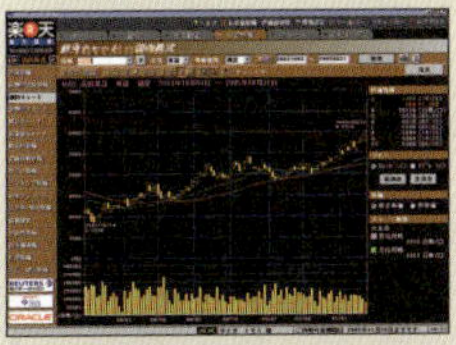

リアルタイムの板情報

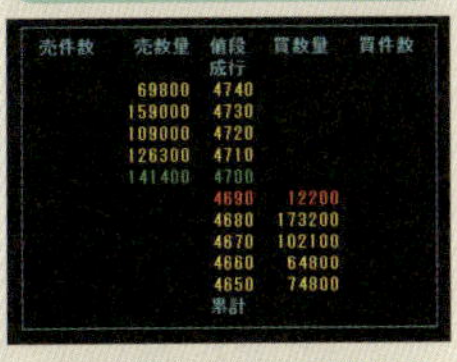

売件数	売数量	値段	買数量	買件数
		成行		
	69800	4740		
	159000	4730		
	109000	4720		
	126300	4710		
	141400	4700		
		4690	12200	
		4680	173200	
		4670	102100	
		4660	64800	
		4650	74800	
		累計		

リアルタイム株価情報

ニュース速報

過去のニュースの検索

最新の企業業績

……など

※画面は楽天証券のもの。

自動売買ができる!

忙しい人にオススメなのが「自動売買」。あらかじめ「ここまで上がったら、○○円で買っておいて」などの指示を出しておけば、自動で売買してくれるというスグレもの。自分の代わりにネット証券が株の動きを見張ってくれている……そんな感覚で日中、株価を見られないサラリーマンに利用されています。

儲かる人、損する人の

株で儲かる人
この本1冊で大丈夫！
本当に必要な株の基本だけはわかってる！
コツがわかればカンタンだ！
買う前に企業のことを調べてる！
儲かる株は日常生活から見つかる！
日常から情報収集のアンテナを張っている！
なるべく1日1回は見る！
株価チャートをこまめに見てる！
焦ると実力を発揮できないぞ
無理しない！夢中になりすぎない!!
ネットで売買してる！
安くて便利なサービスを使い倒せ！

人の勧める株を無条件で買ってはダメ！

株で失敗している人の多くは、人が勧める株をやみくもに買っている場合がほとんど。他人まかせでは、他の投資家のカモになるだけです。

違いはコレだ！

株で
損する人
業績、PERってなんだっけ？
最低限のことを理解していない！
人に勧められた株をやみくもに買っている！
だからいつまでも上達しない…
いいカモになってるかも…
イメージやカン、掲示板情報で売買！
手数料の高い証券会社を使ってる！
安いネット証券を使わないのはなぜ？
買った株が心配で夜も眠れないのでは…
旬を過ぎているのに過去に儲かった銘柄をまた買ってしまう…

株に特別な才能はいりませんが、本当に必要な基礎知識だけは、きっちりマスターしましょう。もちろんこの本1冊で大丈夫。一生使える知識が身につきます。

また、手数料にもシビアにならなければいけません。ネット証券を利用して、ムダなコストをかけないことも大切です。

改訂第2版の発行にあたって

大成長株が続出する時期がやって来た！今こそ、〝株の神様〟の声に耳を傾けよう

〝株の神様〟が成功したシンプルな手法

日常生活の中から株価10倍になる株を探そう！——。これは、〝株の神様〟と言われるピーター・リンチが著書などで繰り返し発しているメッセージです。実際にピーター・リンチは、娘と行くショッピングや妻との会話などを大切にする中からヒントを得て10倍株をたくさん掘り当てました。そして、ファンドマネージャー（資金運用のプロ）として歴史に名を残すほどの成績を収めたのです。

株式投資には様々な手法があります。比較的シンプルでわかりやすい手法もありますし、とても複雑で難解な手法もあります。一見、複雑な方法が優れているように思ってしまいますが、実際には継続的に成功している投資家ほどシンプルでわかりやすい方法を取っているように思われます。ピーター・リンチはその代表格ですし、ピーター・リンチの盟友で世界的な大富豪であるウォーレン・バフェットもシンプルな投資で成功したひとりです。

一方、複雑な手法を取っていた米国の投資銀行やヘッジファンドなどの投資家たち（プロ中のプロといわれた人たち！）はリーマンショックで次々苦境に陥りました。

数十倍銘柄はたくさん出現している

日本でも「日常生活の中から出現した大成長株」は多数あります。コンビニエンスストアを日本に広めたセブンイレブンジャパン（現セブン＆アイ・ホールディングス）、インターネットポータルサイトのヤフーなどは株価３００倍以上になりましたし、ユニクロのファーストリテイリング、「かっぱ寿司」のカッパクリエイト、若い女性に人気のファッションブランド「ローリーズファーム」のポイントなどは株価50倍以上になっています。

さらに、レンタルＤＶＤのゲオ、家具のニトリ、家電量販店のヤマダ電機、１００円パーキングのパーク24などは20倍以上になるなど、数え上げればキリがありません。最近も、メガネ店「ＪＩＮＳ」のジェイアイエヌは80倍、スマートフォンゲーム「パズル＆ドラゴンズ」がヒットしたガンホー・オンライン・エンターテイメントは20倍、１００円ショップのセリアも20倍、低価格フィットネス「カーブス」のコシダカは10倍……というように、

Peter Lynch

ピーター・リンチ

1980年代に活躍したファンドマネージャー。13年間の活動期間に伝説的な成績を収め、世界中の投資家から今でも神様扱いされている。

私たちの日常生活から尽きることなく成長株が出現しています。いずれも、その成長ぶりを生活の中で多くの人が感じられた事例ばかりだと思います。生活に変化をもたらすような企業が出現した時は、大成長株を狙うチャンスでもあるのです（倍率は、いずれも成長期前後の安値《やすね》から高値《たかね》までの動き）。

このように、私たちの日常生活の中には大変な宝が隠されています。それを探すヒントは、身の回りにたくさん転がっています。子どもの遊び、女性の趣味、そして、自分自身の消費行動などです。全くの株の初心者でも、そうしたヒントを生かして大成長株を掘り当てるための基本を伝えるという明確なコンセプトを持ち、本書は05年に発売されました。結果、45万を超える人たちに読んでいただくことができました。

「株ってなに？」から戦略まで、本書で学べる一生ものの知識

とはいえ、株式投資はいいことばかりではありません。

「これはいいな！」と思って買った株が見込み違いで下がってしまうこともありますし、リーマンショック（08年）や東日本大震災（11年）のような危機に遭遇して株価が急落することもあります。

では、どうしたらいいのでしょうか。

目をつけた株が本当にいい株かどうかをチェックし、投資タイミングをはかり、何が

あっても大丈夫なようにリスク管理をし……というようなノウハウ・戦略が必要になります。

逆に言えば、そうしたノウハウ・戦略が身につけば、「身の回りの情報」を次々と宝に変えていくことも可能だということです。本書では、そうした株式投資のノウハウ・戦略を、徹底的にわかりやすくお伝えします。

ですから、本書を読んでいただくとわかりますが、入門書といいながらもかなり実践的な事例と解説であふれています。「単なる基礎知識」を伝えるだけではなく、あくまでも「実践で役立つ基本」をお伝えしたい、というのが本書の思いなのです。

そして、そうした豊富な事例から「基本」を学んでいただくとともに、株式投資のスゴさや楽しさ、さらには「初心者でも大成長株を捉えられるんだ！」というイメージをつかんでいただければ幸いです。

Warren Edward Buffett

ウォーレン・バフェット

バイトなどで貯めた資金からスタートし、一代で6兆円の資産を築いた史上最強の投資家。07年世界富豪ランキングで１位に輝いた。

巻頭特集

やっぱり「株」はスゴかった！

第1章

そもそも株ってなに？

第2章

今すぐ開始！ネット証券で株を買おう　41

第3章

稼げる！株の選び方　いい株ってどんな株？編　65

第5章 売買タイミングがまるわかり！ 株価チャートのテクニック 115

第6章 実践で役立つ！ 儲けるための9の知恵

第1章

そもそも株ってなに?

1分でわかる! これが「株」だ!

1 株は企業がお金を集める手段だ!

事業が
うまくいったら
利益は分配します
こんな
僕ですが、
株を買いま
せんか?

ふーん、ちゃんと
利益を稼いで
くれそうな会社だな。
投資してみよう!

※投資するのは、どんな会社かを調べて、いい会社か確認してから! (65ページ)

2 投資家は企業が上げた利益を受け取れる!

事業は絶好調!
利益を分配
します!

この会社に
投資して
ヨカッタ!

※これを「配当」といいます (36ページ)

3

ちゃんと
利益を出している
いい会社なら、
「株を買って
投資したい」
という人が
増えていく

利益を上げてる
いい会社みたい。
僕も投資しよう
これからも
どんどん利益を
上げてくれそうね。
私も投資したい

私も……
私も……

4

株を買いたい人が
増えると
株の値段（株価）
が上がる！

※株の数には限りがあるからね。
買いたい人が多いと値段（株価）は上がっていく

この会社に
投資したい！
ちょっと高くても
株を買うよ！
私も買いたい！
株を売って
くれ～！

5

株価が
上がったところ
で売れば、
差額が
儲けになる！

株を売ったら
儲かった！
買えて
ヨカッタ！

※買った値段より高い値段で売れば差額が儲けになる。
「できるだけ安く買っておくこと」と、「値上りしそうな
企業の株を選ぶ」ことが大切だね！（66ページ）

「株を買う」ということは、会社のオーナーになるということ！

誰でも少額からプチ・オーナーになれる！

株を買うということは、その会社のオーナーになるということです。

ほとんどの人は、「会社のオーナーになるなんて、自分とは無関係」と思っていることでしょう。しかし、**株は少額からでも会社のオーナーになることのできる仕組みなのです。**たとえば、トヨタ自動車でも、ソニーでも、ヤフーでも、楽天でも、数万～数十万円程度のお金を出すことで、誰でもオーナーとして名を連ねることができます。

ただし、オーナーといっても、その会社を自分の好きなようにできるというわけではありません。あくまでも共同オーナーのひとりということです。その会社が発行している株をすべて買い占めれば、その会社を１００％自分のものにすることができますし、１株だけ買うなら１株

例えば楽天の株を１株買えば、
１兆988億円（楽天全部の値段）分の８万円
（１株の値段）だけの
オーナーになる
ということ
オーナー
オーナーになれば
利益の分け前を
もらえるし…
楽天
株主総会で
社長に質問できる！

分だけ、その会社のオーナーになることができるのです。

たとえば、13年2月現在、楽天の発行している株をすべて合計すると約1兆988億円になります。一方、1株は8万円程度です。つまり、1株だけ買うと、1兆988億円の中の8万円分だけのオーナーになります。パーセンテージにすると本当に僅かですし、まさに〝プチ・オーナー〟という感じですが、それでも、紛れもなくオーナーのひとりであることに違いありません。

事業がうまくいったら〝分け前〟をゲット！

オーナーである株主は、会社が利益を上げれば、持っている株数に応じて分け前を受け取ることができます。これを「配当《はいとう》」といいます。

ただし、利益が上がらなければ配当は受け取れません。ちゃんと利益の上がる事業をしている会社のオーナーになった方がよさそうですね。

また、オーナーは会社の最高意思決定機関である株主総会に出席して、意思表示をすることもできます。その場で社長に質問することもできますし、ちょっと大げさかもしれませんが、株主どうしが共同歩調を取れば、経営陣を替えることだって可能です。なにしろ、社長を含めた経営陣は、オーナーである株主に雇われているという立場なのですから。

その他にも、良い会社の株主になると、いいことがたくさんあります。株の仕組みをもう少し説明しながらそれらを解説していきましょう。

用語解説

株主
かぶぬし

株を持っている人のこと。土地を持っている人のことを地主というように、株を持っている人のことを株主といいます。株は会社の所有権を小分けにしたものなので、株主とは会社の共同オーナーということになります。株主は会社の利益の中から配当をもらえるほか、株主総会にも出る権利があります。

配当
はいとう

会社が稼いだ利益の中から、株主が直接受け取れる分け前のこと。配当は年に1回か2回、実施され（会社による）、3月決算の会社の場合には、6月末くらいに支払われます。

株主総会
かぶぬしそうかい

株主が集まって、重要なことを採決したり承認したりする会議のこと。原則としては年に1回行われます。カンタンにいってしまえば、会社のオーナー会議であり、会社の最高の意思決定会議です。開催時期については、3月決算の会社の場合には、5月頃に決算発表が行われた後、6月後半に株主総会が行われるケースが多いようです。最近は食事が出たり、お土産付きだったり、家族で参加できるなど、様々な特典が用意されているケースが増えています。それら特典を目当てに出席する個人株主も多いようです。

会社の利益は株主のもの！

オーナーと会社の利益の関係について、もう少し詳しく見ていきましょう。

先ほど、利益が上がれば配当を受け取れる、とお話しましたが、ズバリ、会社の稼いだ利益は全部、オーナーである株主のものです。これは、賃貸マンションのオーナーの場合と同じです。マンションの家賃収入はオーナーのものですよね。

しかし、「会社の利益は株主のもの」ということには疑問を持つ人もいるでしょう。たとえば、社員や社長はどうなるんだ、と。実際に一生懸命に働いて利益を稼いでいるのは社員や社長です。彼らが知恵を絞り、汗水たらして働くことで、会社は利益を稼ぐことができるのですから。

実は、社員や社長の給料は会社の経費なのです。会社が稼いだ収入から、社員や社長の給料などの経費を差し引いて、さらに税金を引いて、残ったものが利益になります。そして、この利益は株を買うことで事業資金を投資した、オーナーのものなのです。

利益の一部は、もっと成長するために使われる

では、会社の利益のすべてを株主の頭数で割って（正確には発行している株数で割って）、配当するのかといえば、そういう例はあまりありません。

実際はほとんどの場合、利益の7～9割は翌年以降さらに利益を稼ぐための、事業資金にまわされることになります。

製品を作るための機械を買ったり、出店するための土地や建物を購入したりするのに使われるのです。

株主にもいろんな人がいますから、中には「利益は全額配当しろ」という人もいます。そこは共同オーナーなわけで、株数による多数決によっては全額配当ということもあります。しかし、会社が今年の利益を有効利用することで翌年もっと多くの利益を稼いでくれるのなら、それはオーナーにとって悪いことではないでしょう。

このような、配当されず会社内に蓄えられる利益を「内部留保」といいます。これは会社が株主から預かっているものなので、もし会社が解散するようなことがあれば、株主に返還されることになります。

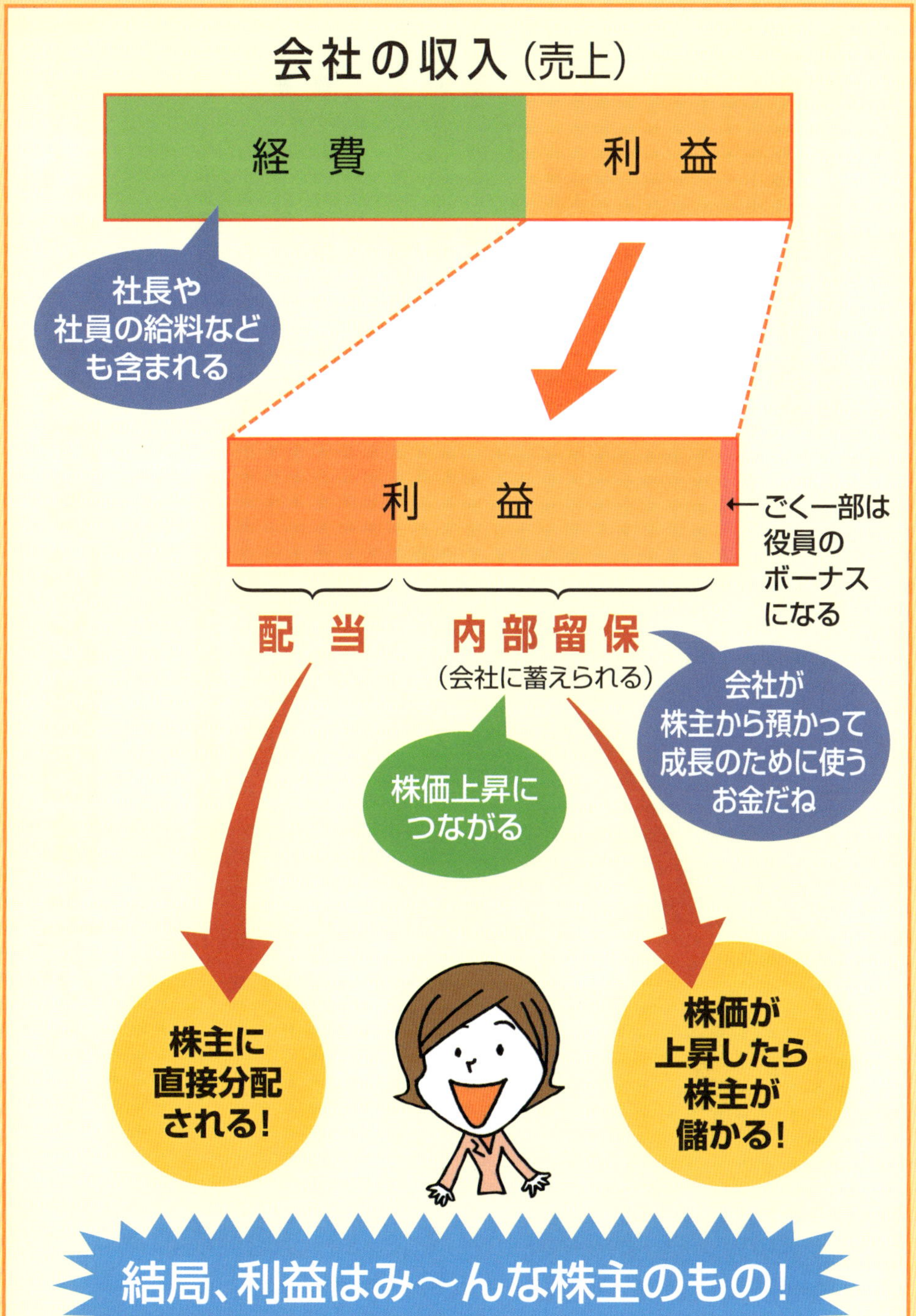

会社の収入（売上）
経　費
利　益
社長や
社員の給料など
も含まれる
利　益
←ごく一部は
役員の
ボーナス
になる
配　当
内部留保
（会社に蓄えられる）
会社が
株主から預かって
成長のために使う
お金だね
株価上昇に
つながる
株主に
直接分配
される！
株価が
上昇したら
株主が
儲かる！
結局、利益はみ〜んな株主のもの！

買いたい人が多いと株価は上がる！

たとえば「トヨタ自動車の株を買いたい」と、トヨタの本社に行っても株は買えません。株は証券取引所で株主どうしが売買するものだからです。イメージとしては、ネットオークションや〝競《せ》り〟でしょうか。**買いたい人と売りたい人が価格と数量を出し合って、折り合いがつけば売買が成立します。**売買が成立することを「約定《やくじょう》」といいます。

株の値段は刻々と変わる！

誰しも利益をいっぱい稼いでくれる会社に投資したいもの。そういう会社は人気があって、株価は上昇していきます。

流通している株の数には限りがありますから、売りたい人に対して買いたい人が多ければ、買いたい人の間で競争が起こるのです。

「100円で買いたい」
「ならば俺は110円だ」
「なんの私は120円」と来て、やっと、
「120円なら売ってもいいか」
という人が現れる……なんて感じです。

こういったやりとりは、実際はコンピューター上で行われます。証券会社が取り次いで、売買注文を証券取引所に流し、条件が合えば約定《やくじょう》します。詳しい取引方法は、次の章で解説しましょう。

株はほぼ毎日取引されています。1日の中でも何度も約定しますが、「株価」というのは、一番最近、売買が成立した際についた値段のことをいうのです。

用語解説

約定
やくじょう

証券会社に出した株の売買注文が成立すること。たとえば、株数や株価などの条件を指定して買い注文を出した時には、別の投資家がその条件と折り合う売り注文を出してくれれば、売買が成立します。いくら売買注文を出しても約定しなければ、株を手に入れたり処分したりできません。

株価
かぶか

株価とは株の値段のこと。投資家どうしが希望価格を出し合って、折り合ったら取引が成立する仕組みなので、株には「定価」はなく、取引が成立するたびに株価は変化することになります。今の株価とは、一番直近に取引が成立した価格のことで、この「株価」で注文を出しても、必ずしも売買が成立するわけではありません。

売りたい
株は 証券取引所で売買される
買いたい
証券会社
取り次ぎ
証券取引所
取り次ぎ
証券会社
投資家
条件が合えば売買成立
投資家
買いたい人が多いと、株価は上がる
売って!
100円
高くても買うよ!
120円
買いたい!
130円!
ま、高い値段なら考えてやってもいいかな‥
買いたい人が殺到!!
売りたい人
売りたい人が多いと、株価は下がる
買いたい人はまばら…
買ってください!
80円!
安くしとくよ!
売りたい!
いらないや
30円なら買ってもいいかも

株価が上がったところで売れば、差額が儲けになる！

「値上《ねあが》り益《えき》」で大きく儲けよう！

株を買うメリットには、利益の分け前としての「配当《はいとう》」のほか、「値上《ねあが》り益《えき》」があります。**値上り益とは、株を、買った値段より高い値段で売ることで得られる利益のことです。**

安く仕入れて高く売る——とても単純ですが、上手に売買できれば、配当とは比べ物にならないくらい**大きな利益を得ることができます。**

コツは、いい銘柄を選ぶことと、いいタイミングで売買すること。

いい銘柄とはもちろん、利益をしっかり稼いでくれる会社の株のことです。できれば、**今後利益がグングン伸びていく会社がいいですね。**そうした会社なら、「自分もその会社の株主になりたい」という人が増えて、株価が値上がりしていくはずだからです。また、利益をしっかり稼ぐ会社、利益をグングン伸ばす会社ならば、配当だって増やしていけます。

しかし、**どんなにいい会社でも、高い値段で買ってはいけません。**普段の買い物もそうですが、ましてや転売して儲けようというのです。できるだけ安く仕入れなければ、儲けられません。

そこで本書では、どうしたら「いい銘柄」を選ぶことができるのかということ、どうしたら「安く」買えるのかということを解説していくことにします。

「こんなにいい株が、こんなに安い値段で売られている！」というものを見つけて、それを仕入れて値上りを待つ——それが賢い株の買い方なのです。

用語解説

値上り益
ねあがりえき

株を売買することによって得られる利益のこと。たとえば、10万円で買った株を20万円で売ることができれば、10万円の“値上り益”となります。その反対に売買して受ける損失のことを「値下り損」といいます。

株でデッカク儲けるには“値上り益”を狙うこと!

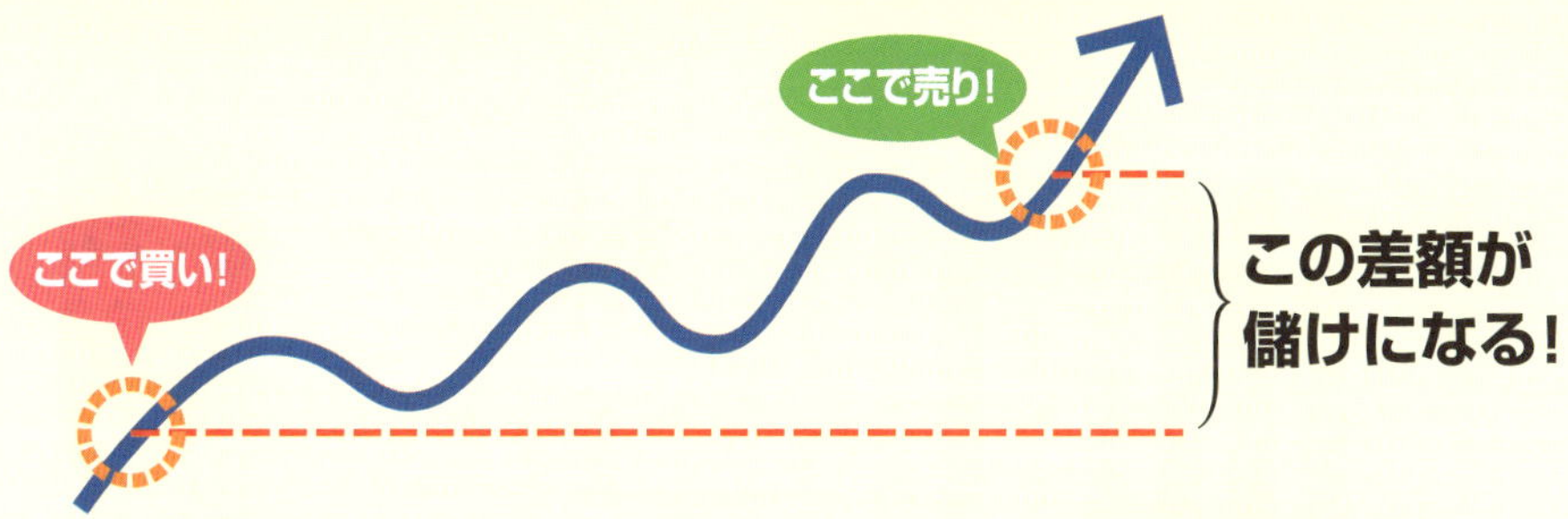

コツは

❶ **値上りが期待できる“いい会社の株”を買う**こと!

❷ **できるだけ安く買う**こと!

利回り3％台もいっぱい！「配当」を受け取ろう！

株の楽しみには「値上り益」と「配当」「株主優待」（6・38ページ）があります。値上り益は、買い値より高く株を売ったら受け取れる利益のことでした。では、配当や株主優待はどのようにしたら受け取れるのでしょうか。

まず、配当から説明します。配当とは、会社の利益を株主に分配するもので、金額は「1株あたりいくら」というふうに、株主総会で決まります。配当額が決まると、株主には郵便為替など、配当を受け取るための証書が送られてきますから、それと印鑑と身分証明書を持って郵便局や銀行に行けば、決まった金額を受け取ることができるのです。

また、証券会社にあらかじめ申し込みをすることで、自分の銀行口座に配当を振り込んでもらう形にすることもできます。また、証券口座を振り込み先に指定することも可能です。

手続きは、証券会社のサイトなどから簡単に行えます。郵便局などへ行く手間も省け、取りっぱぐれもないことから、ぜひ利用したいサービスです。

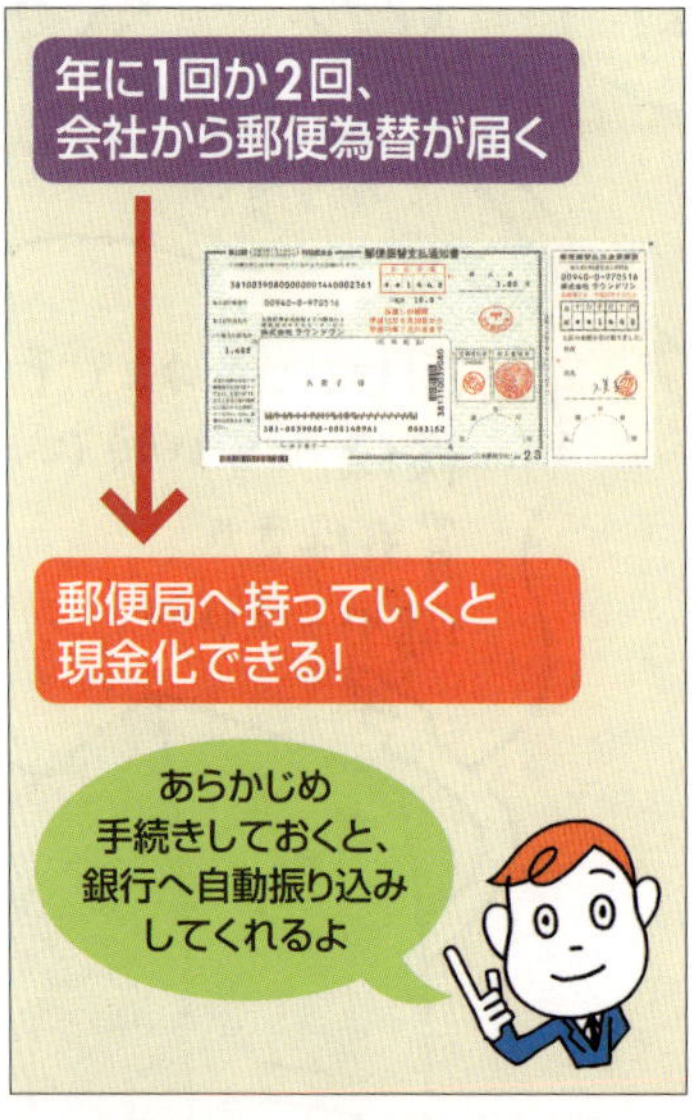
年に1回か2回、
会社から郵便為替が届く
郵便局へ持っていくと
現金化できる！
あらかじめ
手続きしておくと、
銀行へ自動振り込み
してくれるよ

いくら配当を受け取れるかも、会社によってまちまちです。左には、主な会社の13年2月時点での配当利回りをまとめました。配当利回りとは、投資金額（株を買うのに必要な金額のこと。株価×単元株数。詳しくは50ページ）と、配当額を比べて、どのくらい利回りがあるかを計算したものです。

NTTドコモの場合、配当は1株あたり6000円です。14万1000円で株を買ったら6000円受け取れるので、利回りは4・25%です。14万1000円を定期預金にしても年500円の利息を受け取れるかどうかですから、なかなかのリターンといえるでしょう。

ただし、**配当額は会社の業績によって毎年見直されますから、この利回りが来年以降も続くかどうかはわかりません。**業績が伸びれば配当も増えるでしょうし、業績が悪化すれば配当は減る可能性があります。ですから、配当を狙うなら、業績がかなり安定していると思える会社を選ぶべきです。

今どんなに配当利回りが高くても、今後業績が悪化すれば、配当が減るばかりか株価の値下がりで損してしまう可能性もあるのです。

配当利回り3%台もいっぱい！

銘柄コード	銘柄名	株価	単元株数	配当利回り
2730	エディオン	401円	100株	4.99%
9885	シャルレ	603円	100株	4.98%
8186	大塚家具	804円	100株	4.98%
9757	船井総研	598円	100株	4.52%
4708	もしもしホットライン	1281円	100株	4.37%
5012	東燃ゼネラル	872円	1000株	4.36%
2128	ノバレーゼ	5万7600円	1株	4.34%
8053	住友商事	1174円	100株	4.31%
9502	中部電力	1162円	100株	4.30%
8898	センチュリー21	35万2000円	1株	4.29%
3770	ザッパラス	9万8300円	1株	4.27%
9437	NTTドコモ	14万1100円	1株	4.25%
7912	大日本印刷	797円	1000株	4.05%
8001	伊藤忠商事	1090円	100株	4.05%
7751	キヤノン	3345円	100株	3.95%
4523	エーザイ	3905円	100株	3.85%
4502	武田薬品	4790円	100株	3.82%
4568	第一三共	1632円	100株	3.70%
9769	学究社	1077円	100株	3.69%
9832	オートバックスセブン	3910円	100株	3.68%
8798	アドバンスクリエイト	958円	100株	3.59%
2305	スタジオアリス	1262円	100株	3.57%
4714	リソー教育	8030円	1株	3.26%

※2013年2月20日調べ。

年5%近くも!

ノバレーゼの配当は1株あたり2500円。投資金額5万7600円なら、2500円÷5万7600円で利回り4.34%ということ

3%以上の利回りなんて預貯金じゃ望めないよね!

column

「株主優待」と「配当」はスケジュールに注意！

株主優待は6・7ページで紹介したように、会社から株主へのプレゼントです。すべての会社が行っているわけではありませんが、近年、実施する会社が多くなってきています。

株主優待では、自社製品の詰め合わせや、店舗の利用券、割引券のほか、お米券やクオカードなどの金券、地方の特産品がもらえることもあります。各会社から送られてきますが、いくつかの品から選べる場合は、まず、カタログが送られてきて、品物を選んでハガキを返送するなどします。

株を買いたいと思っている会社に株主優待があるかどうかは、その会社のホームページで調べることができます。また、ネット証券の銘柄情報欄やYAHOO!ファイナンスなどでも調べられます。

優待内容を調べる時は、「何株持っていれば優待を受けられるのか」を必ずチェックしましょう。たとえば、「5株で自社製品1000円相当」という場合、1株しか持っていないならこの優待は受けられません。

株主優待はあくまでプレゼントですから、不在の場合や、返送すべきハガキを送らなかった場合にも、会社からは何の通知も来ません。そのまま受け取れなくなることが多いので要注意です。

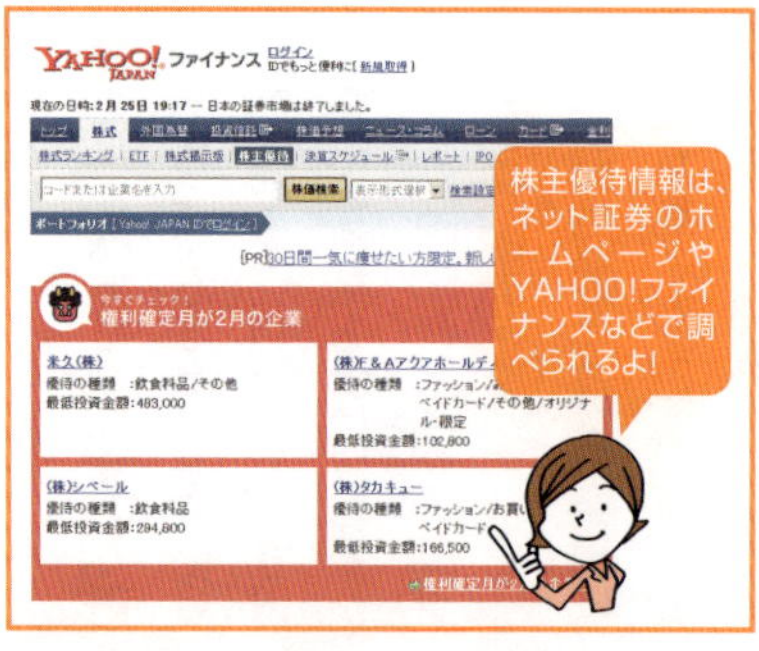

YAHOO! JAPAN ファイナンス
権利確定月が2月の企業
株主優待情報は、ネット証券のホームページやYAHOO!ファイナンスなどで調べられるよ!

「権利付き最終日」までに買って持っておく!

配当、優待ともこの日までに買わなきゃもらえない!

水 25	木 26	金 27	土 28	日 29	月 30	火 31	水 1
	権利付き最終日	権利落ち日	休日	休日		（決算日）権利確定日	

3営業日前

この日に株を売っても、配当や優待はもらえる!

13年の権利付き最終日の例

	4							5							6					
SUN	MON	TUE	WED	THU	FRI	SAT	SUN	MON	TUE	WED	THU	FRI	SAT	SUN	MON	TUE	WED	THU	FRI	SAT
	1	2	3	4	5	6				1	2	3	4							1
7	8	9	10	11	12	13	5	6	7	8	9	10	11	2	3	4	5	6	7	8
14	15	16	17	18	19	20	12	13	14	15	16	17	18	9	10	11	12	13	14	15
21	22	23	24	25	26	27	19	20	21	22	23	24	25	16	17	18	19	20	21	22
28	29	30					26	27	28	29	30	31		23	24	25	26	27	28	29
														30						

● 権利確定日1→ ● 権利付き最終日1　● 権利確定日2→ ● 権利付き最終日2

配当と株主優待について、とても大切なことがあります。それは、「いつの時点で株主であれば受け取れるのか」ということです。これを「権利確定日」といい、この日に株主でないと、配当も株主優待も受け取ることができません。

権利確定日（原則として決算日）に株主として登録されておくには、権利確定日の3営業日前までに株を買って、持っておく必要があります。なぜなら、注文が成立しても、それは契約が成立しただけに過ぎず、実際に株主名簿が書き換えられるまでに時間がかかるからなのです。

この3営業日前の日を「権利付き最終日」といいます。権利確定日が土・日・祝日に重なった場合は、実質的な確定日が前日に繰り上がりますから注意が必要です。また暦上、祝日でなくても、株式市場が開いていない大晦日なども、権利確定日が大納会（その年の市場が開く最終日）まで前倒しになりますから注意しましょう。なお、会社によっては中間決算も権利確定日になることがあります。

いつが権利付き最終日かは、各会社のホームページで調べたり、電話で聞いたりしてもいいですし、証券会社によっては、銘柄情報欄に掲載されていることもあります。権利付き最終日を1日でも過ぎると、配当も株主優待ももらえなくなりますから、くれぐれも注意してください。なるべく期日ギリギリでなく、前もって買っておくといいでしょう。

「株主優待」と「配当」を狙って株価は上昇する!!

たとえば権利付き最終日に株を買い、翌日売ってしまっても、権利確定日には株主であるわけですから、配当も株主優待も受け取ることができます。一見、ものすごい裏ワザのように見えますが、注意しなければならないことがあります。

上の株価チャートを見てください。株価チャートとは株の値動きを表したグラフのこと。詳しい見方は第5章で説明しますが、横軸は日にち、縦軸は値段で、青い部分が株価を表しています。

3月と9月の権利付き最終日に向かってだんだん株価が上昇していっているのがわかりますか？

配当や株主優待を得るために、多くの投資家がこの権利付き最終日を目指して株を買っているため、株価が上昇しているのです。そして、権利付き最終日の翌日には大きく下がっていますね。配当や株主優待の権利を得た投資家は、「もうこの株はいらないや」とばかりに売りに出してしまったのです。

権利付き最終日の翌日を「権利落ち日」といいますが、この日は株主優待や配当の金額分だけ株価が下落することが多くなります。

本当に配当や株主優待が魅力的だと思う会社なら、こういった権利にまつわる株価の動きを気にせずに、売買してもいいかもしれません。しかし、あくまで値上り益がメインで配当や株主優待はオマケと考えるのなら、権利付き最終日直前に株を買うのは高値で買うことになるので避けた方がいいでしょう。

ハーバー研究所（4925）

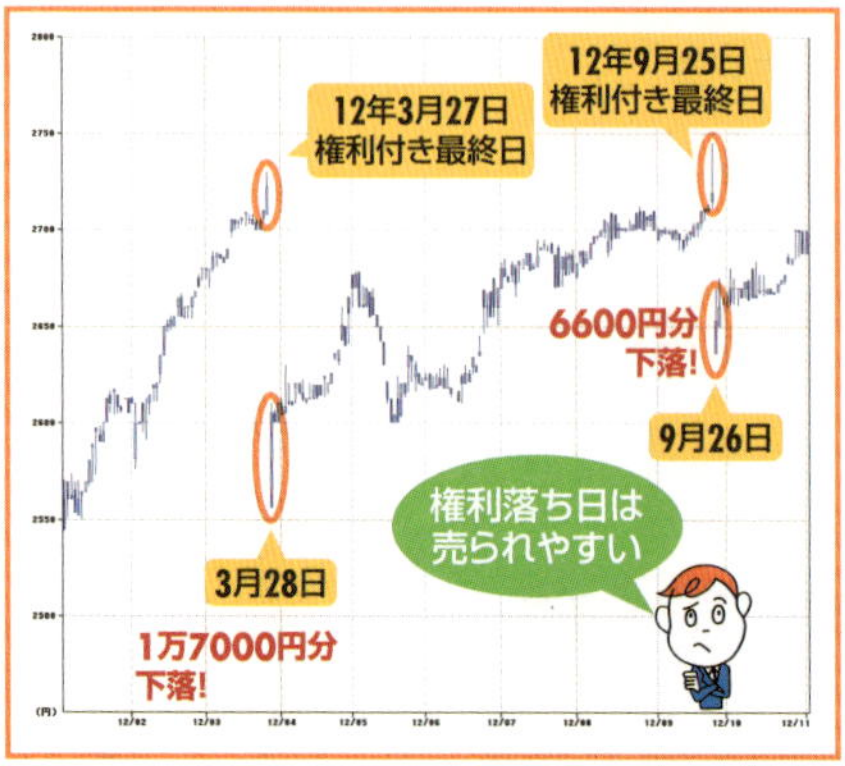

第2章

今すぐ開始!
ネット証券で株を買おう

STEP 1 ネット証券に口座を開こう！

株は証券会社の店頭や、電話でも買うことができますが、インターネットで買うことを強くオススメします。

ネットなら、手数料も安く、豊富な情報もゲットでき、すばやく手軽に注文を出すことができます。株で儲けるには、コストを安く抑えること、良い情報を仕入れること、機敏に売買することが重要ですが、ネット証券を利用すれば、そのすべてが可能になるのです！

口座開設は超カンタン！郵送でOK!!

ではさっそく、ネット証券に口座を開いてみましょう。

まず、ネット証券のホームページを検索して、そのページを開きます。ネット証券の選び方については、60ページからを見てください。そして、トップページに、「口座開設はこちら」などと書かれているはずですので、それをクリックして、ホームページの誘導にしたがって必要な情報を入力すると、「口座開設申込書」が郵送されてきます。あるいは、ネット証券のホームページにコールセンターの電話番号が書いてあったら、そこに電話することによっても「口座開設申込書」がすぐに送られてきます。

「口座開設申込書」が郵送されてきたら、それに記入・なつ印して、運転免許証などの本人確認書類のコピーを同封して送り返しましょう。だいたい1～2週間後には口座開設は完了。取引に必要なＩＤ

やパスワード、入金する時に使う銀行口座が記載された用紙が送られてきます。

株を買う前に口座にお金を入金！

ネット証券を選ぶポイントは、①手数料、②情報の充実度、③取扱商品、④経営の安全性の４つです。

ネット証券の自分の口座にお金を入れて、その資金で株を売買するわけですが、口座へ入金するには、ネット証券側に指定された銀行口座を使います。指定の銀行口座にお金を振り込むと、そのお金が自分の口座に入金される仕組みです。

指定の銀行に振り込んでから、自分の口座に入金されるまでには、時間のかかることもあります。なるべく時間に余裕を持って、入金するようにしましょう。

口座に入金したり、口座から出金する際の手数料は、ネット証券が負担する場合と、顧客（あなた）が負担する場合とがあります。また、提携している銀行を使うと無料になることもありますから、こちらも要チェックです（62・63ページを参照）。

少し面倒だけど、会社員は源泉なしが有利な場合も

申込用紙に記入の際は、投資スタンスは「余裕資金で」を選びましょう。

唯一の悩みどころは、「特定口座」の欄でしょう。株で利益が出たら税金を支払いますが（利益の10％※）、確定申告をしたくないなら、利益が出る都度、源泉される「特定口座・源泉あり」を選びます。確定申告をしてもいいなら、「特定口座・源泉なし」でもいいでしょう。まとめて取引明細を送ってくれますから、それをもとに自分で確定申告を行います。

会社員の場合、給与所得以外の収入が年20万円以内なら、その分に関しては確定申告（納税）が免除されるという特例があります。給与以外の所得がなければ、株での利益20万円までは実質無税になるわけですが、この特例を利用するなら、必ず「特定口座・源泉なし」を選ばなければなりません。この特例を理由にいったん、源泉された税金を返してもらうことはできないからです。

口座開設は無料でできますし、口座を開いたからといって、必ずその口座で取引しなくちゃならないというわけでもないので、あまり悩みすぎずに、いくつか開いてみることをオススメします。

用語解説

ネット証券《ねっとしょうけん》

インターネットで株の売買注文が出せる証券会社のことで、現在、約40社あります。インターネット専業の場合と、従来型の店舗も併せ持つ場合とがあり、手数料が安いのが人気。個人の売買の主流はネット証券に移りつつあります。

※2014年から20%になるという話もあります。179ページも見てください。

口座開設申込用紙に記入しよう！

とってもカンタンだよ！

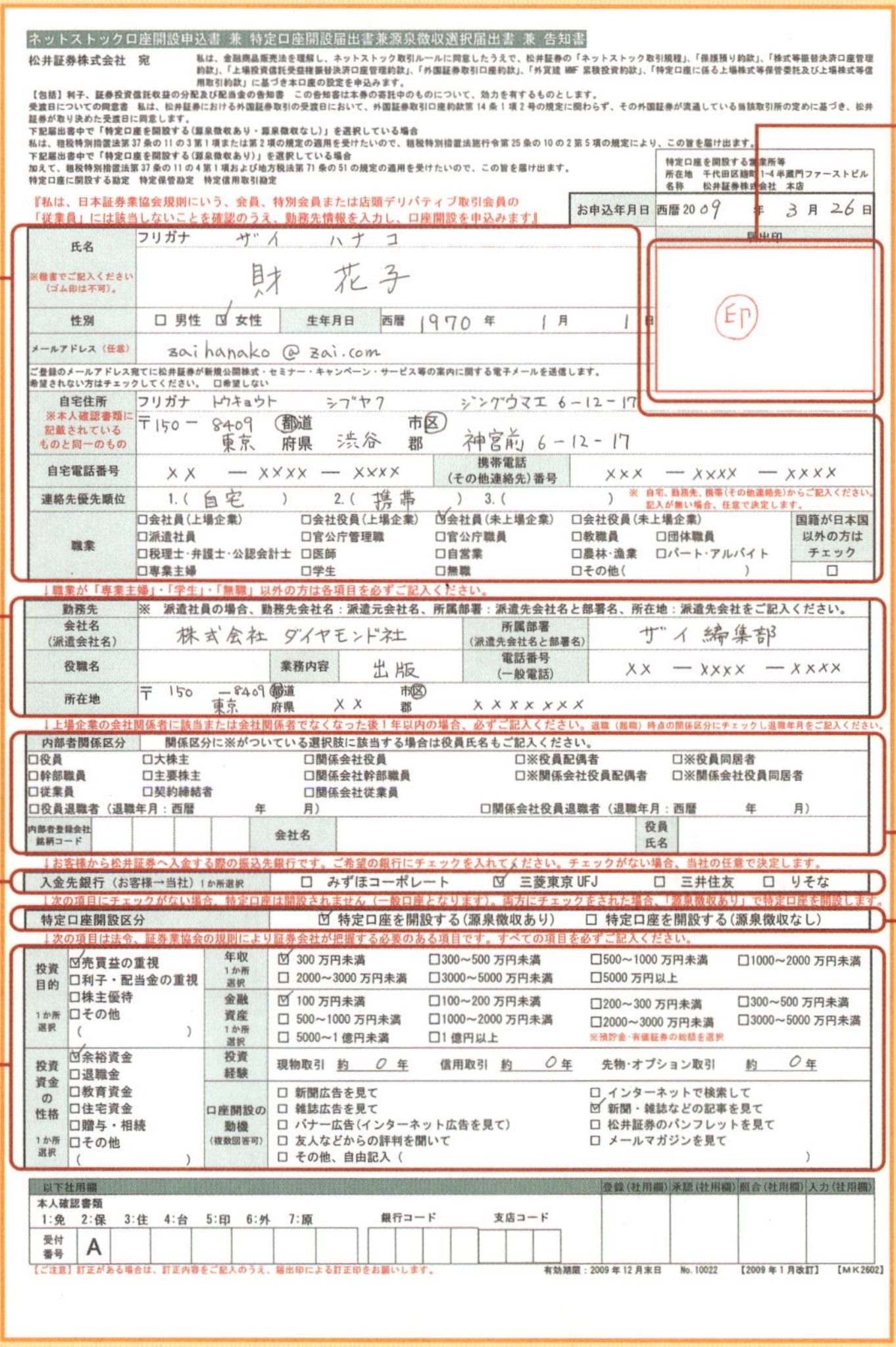

①氏名や住所などを記入！

②なつ印する

いわゆるゴム印はダメ！

③勤務先も記入！

④勤め先が上場しているならここも記入！

⑤開設した自分の口座に入金するのに使う銀行を選ぶ

⑥税金をどう払うかを決める

詳しくは43、179ページを見てね！

⑦投資に関するアンケート

ここも必ず全部記入しよう！

自分の口座に入金する方法

振り込む → ネット証券に指定された銀行口座 → 入金 → ネット証券の自分の口座

※入金の際に、提携している銀行やゆうちょを使うと、振込手数料が無料になるネット証券もあります（ネットでの振込みに限るなど制限あり）。詳しくは62、63ページ。

この書類に本人確認書類のコピーを添えて郵送しよう！

申込用紙に記入なつ印したら、本人確認書類（住所の記載のあるもの）のコピーと一緒に送り返します。すると、1～2週間で、口座開設完了のお知らせが届きます。さっそく、そこに記載されているIDとパスワードで、証券会社のホームページからログインしてみましょう。

STEP 2

どの株を買う？ 銘柄を選ぼう！

銘柄選びのポイントは、まず、①業績のいい会社を探して、②それを安い株価で買う、ということです。そこで、業績の情報や株価の情報が必要になるわけですが、それらの情報は、ネット証券が提供してくれます。

ヤフーなどのポータルサイトでも、株価や企業情報を見ることができますが、速さや充実度では、やはり、ネット証券のものに軍配が上がるでしょう。

ネット証券ならたくさんの情報を見ることができる！

気になる会社が、どんな事業を行っていて、業績はどうなのかを、ネット証券で調べてみましょう。まず、調べたい銘柄の名前か銘柄コードを入力して検索します。すると、その銘柄に関する様々な情報を見ることができます。

会社のプロフィールや業績の推移はもちろん、その会社に関するニュース、株価チャート（値動きのグラフ）、ネット証券によっては株主優待情報なども見ることができるのです。

用語解説

銘柄コード
めいがらこーど

銘柄ごとにつけられている４ケタの番号のこと。似たような名前の会社でも、銘柄コードがあれば、間違えずに注文ができます。銘柄コードが何番かわからなくても、ネット証券のホームページで会社名から検索できますので安心を。

株で成功するかどうかは銘柄選び次第！

銘柄選びのポイントはこの2つ
1 業績のいい会社を探す
2 割安な株価で買う
第3章から詳しく解説するよ！

どんな会社かな？ 業績などを調べてみよう！

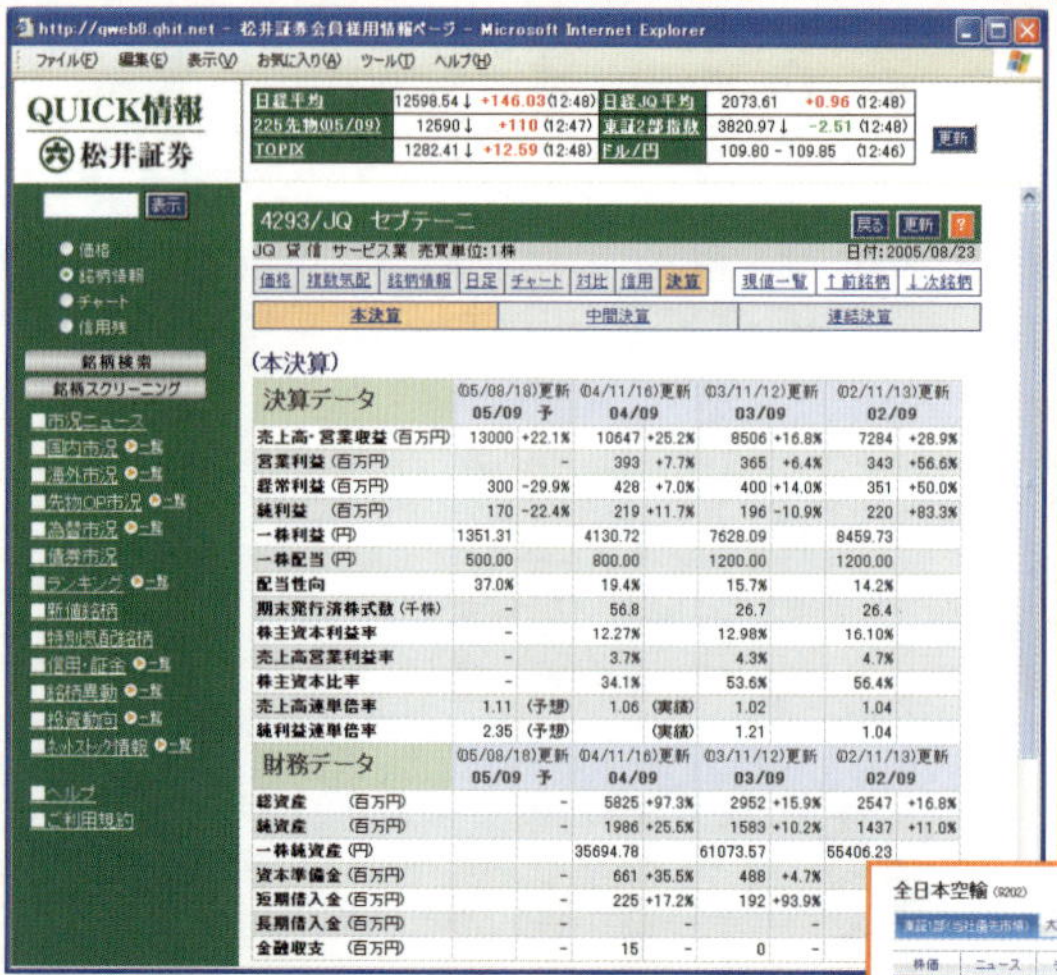

http://qweb8.qhit.net - 松井証券会員様用情報ページ - Microsoft Internet Explorer

QUICK情報 松井証券

日経平均	12598.54↓ +146.03 (12:48)	日経JQ平均	2073.61 +0.96 (12:48)
225先物(05/09)	12590↓ +110 (12:47)	東証2部指数	3820.97↓ -2.51 (12:48)
TOPIX	1282.41↓ +12.59 (12:48)	ドル/円	109.80 - 109.85 (12:46)

4293/JQ セプテーニ

JQ 貸 信 サービス業 売買単位:1株　日付:2005/08/23

（本決算）

決算データ	(05/08/18)更新 05/09 予		(04/11/16)更新 04/09		(03/11/12)更新 03/09		(02/11/13)更新 02/09	
売上高・営業収益（百万円）	13000	+22.1%	10647	+25.2%	8506	+16.8%	7284	+28.9%
営業利益（百万円）		-	393	+7.7%	365	+6.4%	343	+56.6%
経常利益（百万円）	300	-29.9%	428	+7.0%	400	+14.0%	351	+50.0%
純利益（百万円）	170	-22.4%	219	+11.7%	196	-10.9%	220	+83.3%
一株利益（円）	1351.31		4130.72		7628.09		8459.73	
一株配当（円）	500.00		800.00		1200.00		1200.00	
配当性向	37.0%		19.4%		15.7%		14.2%	
期末発行済株式数（千株）	-		56.8		26.7		26.4	
株主資本利益率	-		12.27%		12.98%		16.10%	
売上高営業利益率	-		3.7%		4.3%		4.7%	
株主資本比率	-		34.1%		53.6%		56.4%	
売上高連単倍率	1.11	（予想）	1.06	（実績）	1.02		1.04	
純利益連単倍率	2.35	（予想）		（実績）	1.21		1.04	
財務データ	(05/08/18)更新 05/09 予		(04/11/16)更新 04/09		(03/11/12)更新 03/09		(02/11/13)更新 02/09	
総資産（百万円）		-	5825	+97.3%	2952	+15.9%	2547	+16.8%
純資産（百万円）		-	1986	+25.5%	1583	+10.2%	1437	+11.0%
一株純資産（円）			35694.78		61073.57		55406.23	
資本準備金（百万円）		-	661	+35.5%	488	+4.7%		
短期借入金（百万円）		-	225	+17.2%	192	+93.9%		
長期借入金（百万円）		-		-		-		
金融収支（百万円）		-	15	-	0	-		

業績データは銘柄探しの必須アイテム！

いい株かどうかを判断するには、何をやっている会社なのか、業績はどうなのかなどの情報は欠かせません。企業の業績情報はネット証券のサイトで手軽に見ることができます（左は松井証券のもの）。

四季報も見られる！

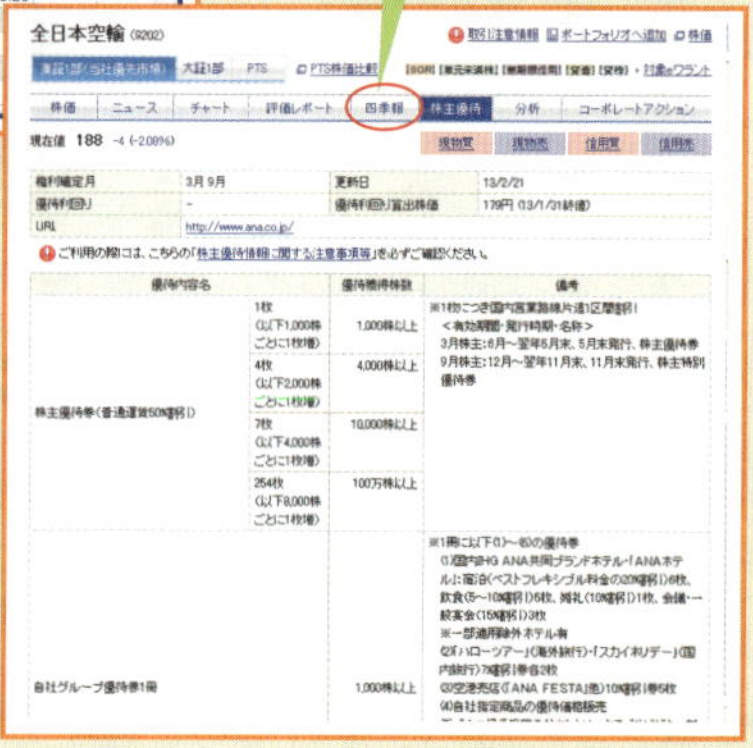

株主優待の情報や『会社四季報』もある

株主優待の内容はもちろん、権利確定月、優待利回りの情報もある。また、タブを切り替えるとニュースや『会社四季報』を見ることができる（右はSBI証券のもの）。

どんな会社なの？ 概要や業績をチェック！

それでは、ネット証券が提供する、銘柄選びに欠かせない情報にはどのようなものがあるのか、主なものを見てみましょう。

まず、各企業の「業績情報」です。業績の詳しい見方は第3章で解説しますが、業績情報からは、どんな会社なのか、売上げや利益は伸びているのか、今後の見通しはどうなのか、などがわかります。

いくつかのネット証券では、『会社四季報』や「QUICK（クイック）」の情報を見ることができます。これらは、銘柄選びに役立つ企業情報を一通り網羅していて、大変便利なものです。

また、アナリストによる分析レポートを提供しているネット証券もあります。業績と合わせて見れば、銘柄選びの参考になります。

株の値動きがリアルタイムでわかる！

「株価チャート」を使いこなして目指せ勝率アップ！

株価チャートというのは、株価の動きをグラフにしたものです。ネット証券なら様々な種類のチャートを見ることができますし、補助線を引いたりして、自分であれこれ“分析”できたりもします（左は楽天証券のもの）。

ちょっと前まではプロしか使えなかったような道具を使えるよ！

刻々と変わる株価の動きに思わず手に汗握る！

値動きや売買注文の入り具合などが、手に取るようにわかるリアルタイム株価情報が使えるのは、ネット証券利用者ならでは（右は楽天証券のもの）。

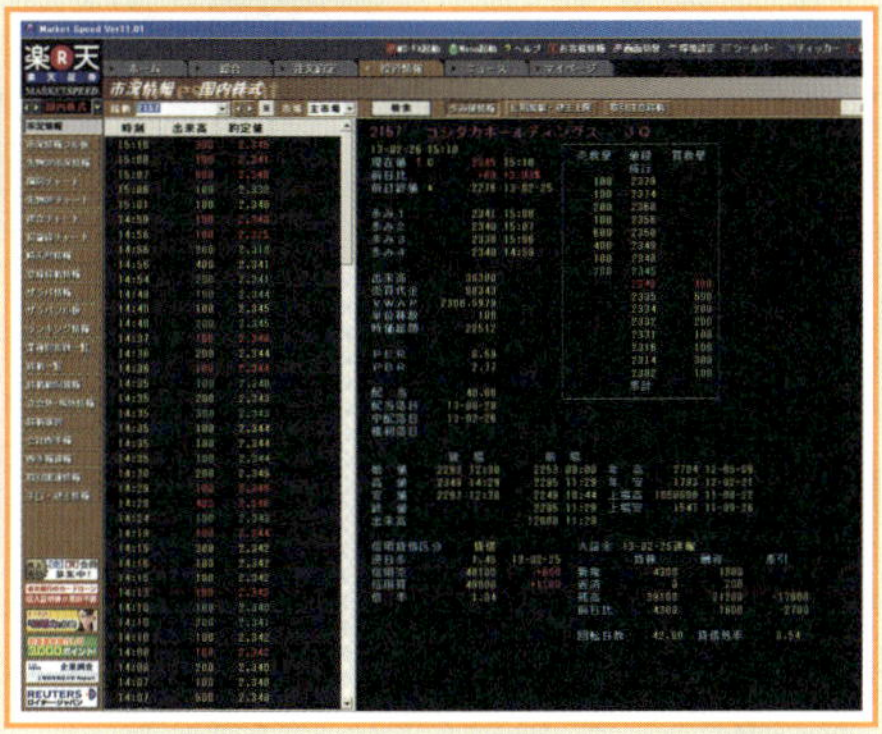

「リアルタイム株価情報」でプロ並みの情報をゲット！

今の株価はいくらなのか、いくらに何株の注文が出ているのか（板情報《いたじょうほう》）、値動きの推移はどうなのか（株価チャート）。

これら、株価に関する情報もまた、銘柄選びに欠かせないものです。無料のものと有料のものがありますが、有料といっても口座にある程度お金が入金されていたり、取引実績があれば無料になる場合がほとんどです。

株価チャートもリアルタイムで描かれて、まさに市場の躍動感をそのまま味わうことができます（リアルタイム株価情報）。

ライバルたちがどんな動きをしているのかがわかるので、適材適所の作戦を立てることができます。もちろん、「ここだ！」というタイミングでピタッと注文を出すことも可能です。

ニュースは速報と検索サービスが便利！

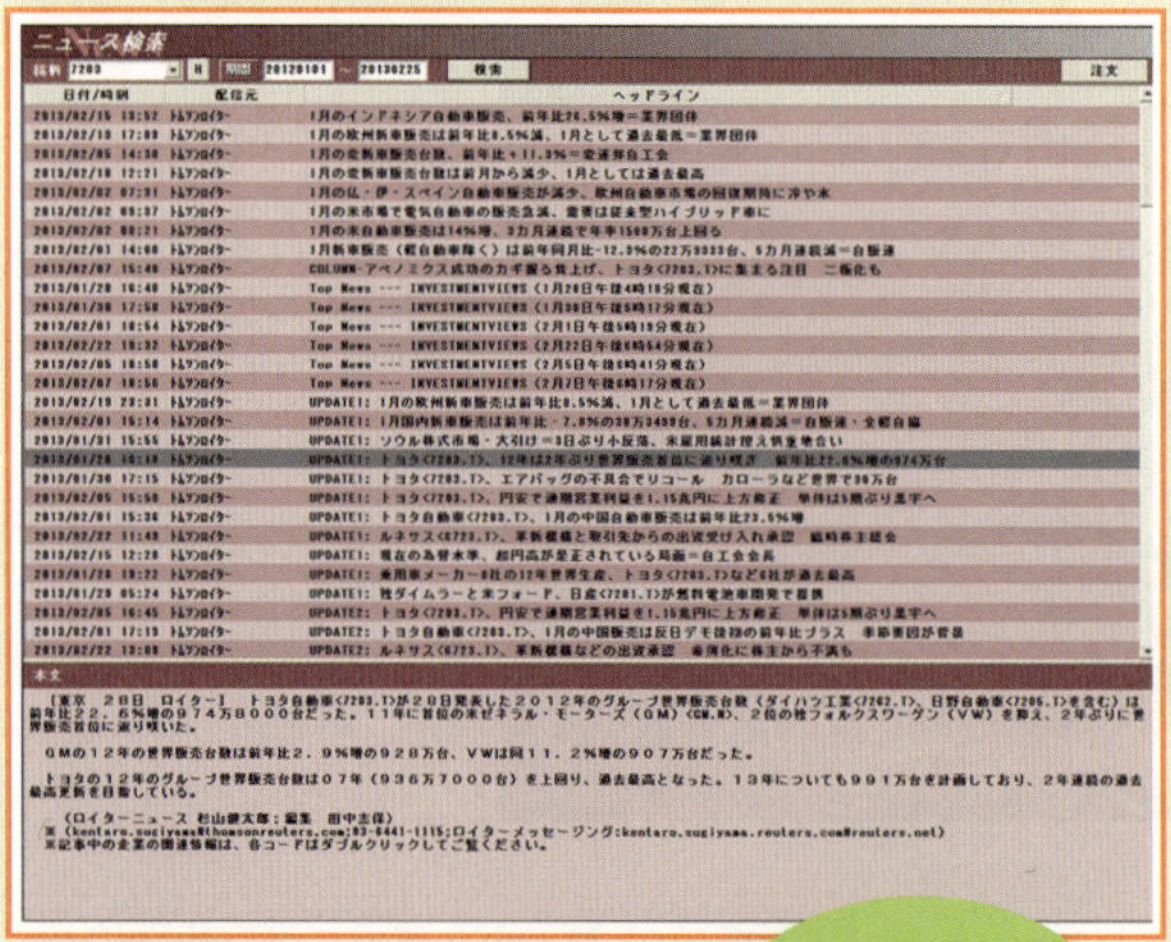
ニュース検索

ニュースの中に儲けるためのヒントあり！

株式市場全体のニュースや、個別の企業ごとのニュースなどを見ることができます。株の専門新聞や、金融情報会社の速報ニュースがリアルタイムで更新されるので、有力情報をすばやくキャッチできます！（左は楽天証券のもの）

決算発表の
速報ニュースなどが
続々と
入ってくる！

情報戦に勝つには ニュースも大事！

リアルタイムで見ることができるのは、株価情報だけではありません。ニュースもまた、続々と配信されます。

「○○会社が新技術を開発した」「好業績を発表した」「訴訟で勝った」などのニュースを早く入手できれば、それだけ有利に取引を進めることができます。

また、各企業ごとに関連ニュースが見られると、大変便利です。たとえば、トヨタに関するニュースだけを集めて閲覧できる……といったサービスです。

ニュースに関するおすすめサービスには他に、「日経テレコン21」があります。これは日経3紙（日経新聞（朝刊・夕刊）、日経産業新聞、日経MJ）などの記事検索サービスです。キーワードを入れて検索すると、関連記事が一覧できます。過去に遡って調べたい時に便利です。

銘柄選びに役立つ、こんなサービスも

ネット証券ならではの「スクリーニング」を使おう！

ネット証券ならではのサービスに、「スクリーニング」があります。これは銘柄検索のことで、業績や投資資金などの条件を入力して検索（スクリーニング）すると、条件に合った銘柄を自動で抽出してくれるものです。

条件としては、たとえば、「利益が20％以上増加していて、25万円以内で買える株」「配当利回りが3％以上で50万円以内で買える株」などが考えられます。その他、株価チャートの形を条件にすることができるなど、各社が競って機能を充実させています。

業績情報、株価情報、株価チャート、ニュース、スクリーニングがあれば、銘柄選びの情報としては完ぺきです。銘柄を選んだら、次は注文です！（銘柄選びは、第3章、第4章で解説します）。

STEP 3 買い注文を出そう！

注文を出すにはまず、注文したい銘柄の名前か銘柄コードを入力して、銘柄ごとの注文画面を表示させます。

今の株価や注文状況を参考に希望価格を決める

左にあるのが注文画面です。注文する前にまず、現在の株価の状況をチェックしましょう。現在の株価はいくらか？　注文の入り具合はどうか？……などを見ます。株価チャートも必ず見るようにしましょう。

これらの情報をもとに、いくらで注文を出すのかを最終決定します。決まったら、いよいよ注文です。

基本的には「指値《さしね》」で注文！

注文方法はとってもカンタン。慣れれば30秒くらいでできてしまいます。

注文時に入力するのは主に3つです。

① 何株注文するのか
② いくらで注文するのか
③ この注文の有効期限

株は銘柄ごとに100株、1000株などの「売買単位（単元株数）」が決められています。この単位ごとの〝セット販売〟が基本なので、たとえば売買単位が100株の場合は、注文は100株か、200株か、300株か——100株の整数倍になります。200株欲しい場合は「200」と入力します。

左の例のように、売買単位は注文画面に表示されることもありますが、あらかじめ、銘柄情報のページなどで調べておくとスムーズです。

用語解説

売買単位（単元株数）
ばいばいたんい（たんげんかぶすう）

株は、銘柄ごとに、「100個単位で注文すること」「1000個単位で注文すること」といった売買できる単位が決まっている。100株や1000株単位の場合が多いが、1株単位の会社も、比較的若い会社を中心に増えてきている。

今の株価をチェック！

❶ 現在値《げんざいね》はいくら？

株の注文を入れる時には、まず、「今、いくらくらいで取引されているものなのか」を、確認してから。現在値というのは、直近で成立した売買の価格のこと。この場合は1243円。

❷ 始値《はじめね》・高値《たかね》・安値《やすね》

次に、今日1日どんな値動きをしているのかを確認。その際チェックしたいのは始値・高値・安値の3つです。始値は、その日最初についた値段で、高値・安値は、その日に一番高く取引された値段と一番安く取引された値段のこと。さらに「株価チャート」で最近の株価の動きも確認しましょう。

株価チャートも見よう！

▲最近の株価の動きは？
詳しくは115ページから！

❸ 板情報《いたじょうほう》も見よう！

「板情報」は、売買注文の状況を表示したもの（詳しくは53ページ）。買い注文や売り注文が、いくらで、何株入っているのかを見て、「今ならいくらで買えそうかな（売れそうかな）」と考えましょう。

買い注文を出してみよう！

注文入力（現物買）　買付・信用建余力　株価　取引所・PTS株価比較

単元株　単元未満株（S株）

キユーピー（2809）
SOR対象銘柄

SOR　東証＊　PTS　▶稼動　自動更新OFF

現在値	1,243 ↑ C ❶
前日比	-4（-0.32%）（13/02/25 15:00）
始値	1,249（09:00）
高値	1,260（09:17）
安値	1,241（12:50）
前日終値	1,247（13/02/22）
出来高	473,400（15:00）
売買代金	590,288（千円）
制限値幅	943 ～ 1,543（13/02/26）
売買単位	100

※東証市場情報

❸

売気配株数	気配値	買気配株数
--	成行	--
28,700	1,250	
32,700	1,249	
33,200	1,248	
36,400	1,247	
39,600	1,246	
24,700	1,245	
16,900	1,244	
3,800	1,243	
	1,241	2,700
	1,240	39,200
	1,239	52,300
	1,238	40,800
	1,237	43,000
	1,236	30,500
	1,235	12,000

株数：100 株 ❶　市場：東証または PTS

価格：◉ 指値 条件なし 1241 円　呼値・制限値幅
○ 成行 条件なし（PTS発注時は最良気配指値）
○ 逆指値 現在値が 円 以上 になった時点で ❷
○ 指値 条件なし 円 で執行
○ 成行 条件なし で執行

期間：◉ 当日中 ○ 期間指定 13/02/27 ❸
（PTS発注時は当日中）

ご注文の際には、こちらの注意事項を必ずご確認ください。SOR対象銘柄でご注文の際は、SOR注文に際してのご注意事項を必ずご確認下さい。

取引パスワード：　注文確認画面へ　注文確認画面を省略　注文発注

入力が済んだら確認ボタンをクリック！

注文を入力しよう！

❶ 何株買いたい？

何株買いたいのか、希望の株数を入力します。入力できるのは、売買単位の整数倍です。この例の場合は100株単位なので、その整数倍となります。くれぐれもケタを間違えないように！

❷ いくらで買いたい？

次に、いくらで買いたいのか、価格を入力します。希望価格がある場合は、「指値」を選択して、その右の空欄に希望価格を入力します（この場合は1241円）。指定できる株価は、「値幅制限（制限値幅）」の範囲で「呼び値」として決められた株価の刻みで決めます（64ページ）。「いくらでもいい」なら「成行（なりゆき）」を選択。

指値《さしね》
希望価格を指定する注文方法。希望に合う売り注文があれば売買は成立する。

成行《なりゆき》
希望価格を指定しない注文方法。売買は比較的すぐ成立するけど、いくらで売買するかわからないリスクも。

❸ この注文は何日有効にする？

株の注文は、原則としては注文したその日だけ有効で、その日の取引時間が過ぎると失効してしまいます。しかし、期間指定をすると、その指定した日にちまで注文を継続することができます。

次に、いくらで買いたいかを入力します。画面を見ると「指値《さしね》」と「成行《なりゆき》」の2つがありますね。**指値《さしね》は、値段をズバリ指定する注文、成行《なりゆき》は、いくらでもいいからとにかく買いたい（売りたい）という注文です。**多くの場合、指値で注文することになると思いますが、急いで売りたい（買いたい）時、どうしても買いたい（売りたい）時などは、**成行の方が指値よりも優先的に約定《やくじょう》される決まり**なので、成行を使うことになります。

ただし、「いくらでもいいから」という注文なだけに、びっくりするような高値で買うハメになってしまっても文句は言えません。基本的には指値を使うようにしましょう。

指値で買う場合、100円で買いたいのなら、100と入力します。そうすると、「100円以下で買いたい」と注文したことになります。「120」と入力すると、「120円以下で買いたい」という注文になります。この場合、大抵は120円で約定することになりますが、稀に110円とか、思っていたよりも安く買えることもあります。

さらに、この注文の有効期限を選びます。「当日中」とは、「注文を出した当日のみこの注文は有効」ということです。その日のうちに約定しなかったら注文は失効します。**ここで1週間を選ぶと、その日に約定しなくても、注文は週末まで継続されることになります。**

最長何日まで注文を継続できるかはネット証券によって違いますが、一般に1週間程度のところが多いようです。

さて、以上で注文は終わりです。確認ボタンを押して内容に間違いがないか確認したら、確定ボタンを押します。これで証券取引所に注文が出されたのです。

注文前に決めておくこと!

銘柄コード（銘柄名）

株を売買する時には、4ケタの銘柄コードか銘柄名を入力します。銘柄コードを入力した場合は銘柄名が、銘柄名を入力した場合には銘柄コードが注文確認画面に自動的に出てくるので、確認しましょう。

何株買うか

次に買いたい希望株数を入力します。銘柄ごとに売買単位が決まっているので、その整数倍を入力する形となります。くれぐれも、株数のケタは間違えないようにしましょう。

指値《さしね》か成行《なりゆき》か

次に希望価格を入力します。希望価格がなく、「いくらでもいい」という場合には「成行」を選択します。希望価格を指定する場合には、「指値」を選択して希望価格を入力します。

注文はいつまで有効か

通常は、株の売買注文は当日限り有効で、その日の取引時間が終わると注文は失効します。しかし、期限を何日か先まで指定しておけば、その期間内は注文を継続することができます。

決めるのはコレだけ!

注文状況が手に取るようにわかる！「板情報《いたじょうほう》」を使おう！

ネット証券では、「板情報《いたじょうほう》」（「気配《けはい》情報」ともいう）を見ることができます。これを見れば、どの価格にどれくらいの注文が入っているのかが一目でわかります。

Aを見てください。真ん中に株価を挟んで、売数量と買数量が並んでいますね。

「板」の見方をマスターしよう！

A

売数量（株）	気配値（円）	買数量（株）
10	1040	
50	1030	
20	1020	
40	1010	
30	1000	
	990	10
	980	20
	970	10
	960	10
	950	13

売りたい人の行列

1000円で30株が売りに出されている

990円で10株の買い注文が出ている

買いたい人の行列

売りたい人、買いたい人が希望している値段。「気配値」という

B

売数量（株）	気配値（円）	買数量（株）
10	1040	
50	1030	
20	1020	
40	1010	
30	1000	
	990	11
	980	20
	970	10
	960	10
	950	13

あなたの注文が反映されて11株に！

このAからは、「今、1000円での売り注文が30株、1010円での売り注文が40株出ていて、一方、990円での買い注文が10株、980円での買い注文が20株出ている」ことがわかります。

ここで、あなたが990円で1株の買い注文を出せば、板はBのように変わります。990円での買い注文が1株増えて11株になりました。この11株目の注文はあなたが出した注文なのです。

板は指値《さしね》を決めるのにメチャクチャ役に立つ！

この状況では、990円で売ってくれる人が現れない限り、あなたはこの株を

買うことはできません。しかも、あなたより先に990円で出された買い注文が10株分もあるのです。

株は、同じ価格なら先に注文を出した人から売買を成立させる、というルールがあります。注文が成立するか、取り消されると、その注文は板から消えていきますから、11番目のあなたはドキドキしながら、前に並んだ10株分の注文が消えていく（成立するか、取消される）様を見ていることになります。

ほとんどのネット証券では注文画面に板が表示されます。板を見れば、いくらで注文すれば約定しそうなのか、注文したら何株待ちなのか……などの状況がわかるので、指値を決めるのに役立ちます。

買いたい人、売りたい人 どっちが多いのか

基本的には、板には買いと売り、それぞれ8つの株価しか表示されません。その上下の価格帯にも注文は出ていますが、とりあえず8つ分の価格と株数がわかれば、その株が目先、どう動くのかを予想することができます。

「買いたい人が多ければ株価は上がり、売りたい人が多ければ株価は下がる」という値動きの基本がありました（32ページ）。ですから、**板を見て買い手が多いなら、目先では「この株は上がりそうだ」ということがわかります。**

板は買い手と売り手の〝今〟の対戦状況を如実に表しています。買い手と売り手のどっちが優勢かを見てとれれば、値動きの次が読めるのです。

板には「成行《なりゆき》」の注文は出てこない！

板を見る上で注意したいことが2つあります。

ひとつは、板から読み取れる値動きというのは、あくまで目先の動きだということです。

取引時間外に表示されている板は、取引時間終了時点での情報になります。今日の取引が終わると、投資家たちはあらためて明日の作戦を立てるので、**取引時間終了後の〝止まっている板〟から明日の値動きを読もうと思っても、なかなかうまくいきません。**

もうひとつは、**板には「成行《なりゆき》」注文の**

〝買い〟と〝売り〟、どっちが優勢？

売数量（株）	気配値（円）	買数量（株）
10	1040	
9	1030	
7	1020	
12	1010	
10	1000	
	990	30
	980	28
	970	20
	960	18
	950	50

売り注文は少ない

買い注文の方が多い
＝
上昇パワーがあるということ！

数は含まれないということです。

値段を指定せず、とにかくすぐに買いたい（売りたい）という成行注文の場合、注文が板に表示される間もなく、売買が成立してしまう、という感じです。

したがって、板では買い手が多いと見えていても、大量の売りの成行注文が入って暴落してしまう……ということもあります。取引時間内に売買をするなら、「歩《あゆ》み値《ね》」という、約定した値段と株数が見られるサービスを併せて見るようにしましょう。

スカスカの板や「特」の文字に注意！

板には時々、特別な表示が出ることがあります。

たとえば、買い（売り）注文に対して売り（買い）注文が圧倒的に多いような場合は、「特別気配」となって、「特」マークが表示されます。

また、ストップ高（値幅制限いっぱいまで買われた）やストップ安（値幅制限いっぱいまで売られた）では、「S」マークが表示されます。こうしたマークが表示されたら、初心者のうちは慎重になった方がいいでしょう。


「板」と「歩み値」の関係をマスターしよう！

板　注文状況を表す

売数量（株）	気配値（円）	買数量（株）
10	104	
9	103	
2	102	
7	101	
3	100	
	99	4
	98	5
	97	7
	96	3
	95	8

99円で1株注文が約定すると、ここが3になって…

歩み値　約定したら更新される

時刻	出来高（株）	約定値（円）
13:15	1	99
13:10	1	100
13:09	2	99
13:09	2	99
13:08	1	99
13:08	3	100
13:08	1	99
13:06	1	100
13:05	1	100

約定した時間　株数　いくらで約定したか

こんなマークが出たら注意！

- 特　特別気配　売り注文か買い注文のどちらか一方が殺到した場合に、両者の株数がつりあうまで、売買を成立させないまま株価を下げ（上げ）ていくこと。
- 注　注意気配　売の注文が並んでいない時に、成行で買い注文を出すと、値段がいきなり上がってしまうので、それを避けて、買い値を時間をかけて上げていくこと。
- S　ストップ高（安）　値幅制限いっぱいまで株価が上がって（下がって）しまうことをストップ高（安）という。Sマークはストップ高（安）の印。

1	999,000	
263	940,000	
-	-	-
	940,000 特	3,844
	930,000	1
	912,000	1
	910,000	7
	906,000	3

特別気配
特別気配は、買いか売りのどちらかが殺到してしまうこと。買い注文が殺到なら「特別買い気配」。

条件付きの注文方法「逆指値《ぎゃくさしね》」に挑戦！

指《さし》値《ね》注文では、たとえば「100円で買い」と注文を出しますが、「株価が100円まで上昇したら、100円で買い」という注文方法もあります。この場合100円まで上昇すれば、「100円で買い」という注文が出されますが、100円まで上昇しなかったら、注文は無効になる、という条件付きの注文で、「逆指値《ぎゃくさしね》」といいます。

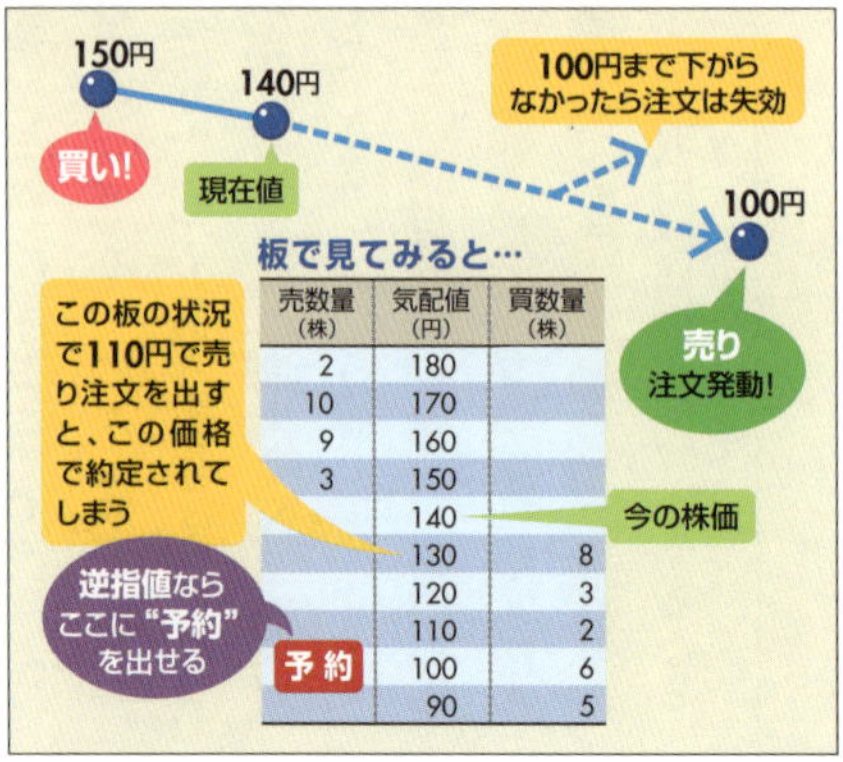
150円
140円
100円まで下がらなかったら注文は失効
買い!
現在値
100円
売り
注文発動!
板で見てみると…
この板の状況で110円で売り注文を出すと、この価格で約定されてしまう
今の株価
逆指値ならここに"予約"を出せる
予約

売数量（株）	気配値（円）	買数量（株）
2	180	
10	170	
9	160	
3	150	
	140	
	130	8
	120	3
	110	2
	100	6
	90	5

第5章で解説しますが、株というのは、いったん上昇を始めると、しばらくその傾向が続くことが多く、逆指値を使えば、上昇しはじめた株を狙えます。

また、**「損切り《そんぎ》」にも逆指値が威力を発揮します。**「損切り」とは、損をしている株を諦めて売ること。株価が下がるにつれて損はどんどん膨らみますので、**ある程度まで下がったら諦めて売ってしまう**のです。

たとえば、150円で買った株があって、今の株価は140円だとします。この株が100円まで下がったら諦めて売りたいとすると、**「100円まで下がったら売り」という逆指値を出します。**

通常の指値では「100円で売り」と出しますが、これだと、140円とか130円とか120円とかで、早々に売れてしまう可能性があります。「100円で売り」というのは、正確には「100円以上で売り」ということだからです。**逆指値の場合は、「100円まで下がる」まで、「100円で売り」という注文は出されません。**条件をつけて、実際にそうなったら注文が出されるというわけです。

STEP 4
株を買った後はどうする?

注文が完了してしばらくしたら、無事買えたかどうか確認しましょう。「約定《やくじょう》一覧」や「ポートフォリオ」などのページを開いてみます。約定《やくじょう》されていれば、そこに、銘柄名といくらで買えたのかなどが表示されているはずです。表示のない場合はまだ買えていないということ。どうしても約定させたいなら、現在の株価を確認した上で、指値《さしね》を変更するといいでしょう。

株価とニュースはなるべくチェック

買えた株はネット証券の自分の口座に入ります。口座の状況を知りたい時は「ポートフォリオ」などのページを開いてみましょう。現在保有中の銘柄が並んで表示されます。損益も自動で計算されて表示されますから、自分がどのくらい儲かっているのかが一目瞭然です。

保有している株の株価とニュースは、なるべく毎日チェックするのが理想です。あらかじめ、「こうなったら売ろう」という自分なりの〝見直しルール〟を決め

用語解説

ポートフォリオ

銘柄の集合体のこと。自分の保有している株を一覧した情報を「持ち株ポートフォリオ」などといいます。株の運用は一点買いではなく、バランス良いポートフォリオを持つことが大事。資金が特定の銘柄に偏ってないか注意しましょう。

株を買ったばかりの人の心得
1. 細かい値動きを気にしすぎるな
ヒ〜
2. "見直しルール"を決めよう!
10%下落したら売り

ポートフォリオは持ち株を入れた"お財布"みたいなもの!

これが「ポートフォリオ」だ!
ポートフォリオ
ポートフォリオ名 買った銘柄
日経平均 11,662.52 ▲276.58 TOPIX 980.70 ▲17.22
今、どのくらい儲かっているのか、損しているのかがわかる
自動で計算してくれるからラク!
売る時はここをクリック!
買った値段
今の株価
保有している株全体の状況もひと目でわかる!
まだ買っていないけど気になる株を登録することもできる
ポートフォリオ名 注目
自分の持ち株の状況は定期的にチェックして!
ニュースやチャート、業績のチェックもしやすくなるね!

ておくといいでしょう。

たとえば、「買った値段から10%下がったら諦めて売ろう」「買った値段から20%上がったら売って利益をゲットしよう」などです。

株価は日々動いていますから、上がる日もあれば下がる日もあって当然です。こういったルールを決めておけば、日々の細かい値動きに必要以上に一喜一憂せずに済みます。

株価が大きく動いた日は、その銘柄に関するニュースが出ていないかをチェック。場合によっては、売ることを検討しましょう。

売ろうかどうか悩むなぁ…

STEP 5 持っている株を売ろう！

株の売り時については、162ページでも解説していますが、**目標の株価まで達した時や、思惑が外れて大きく下落してしまった時などが、売り時**です。

売り注文の出し方は、買い注文の時とほぼ同じになります。

急いで売りたい時は「成行《なりゆき》」も検討

まず、銘柄名か銘柄コードを入力して、売り注文の画面を表示させます。そして、いくらで何株売りたいかを入力し、注文の有効期限も入力したらおしまいです。

ここでも指値《さしね》と成行《なりゆき》があるのですが、大きく損をしていて**とにかく早く売りたい場合は成行《なりゆき》がいい**でしょう。かなり悪いニュースなどが出て株価が猛スピードで下落していて、早く売らないと、どんどん株価が下落してしまう！　という時は成行です。板情報《いたじょうほう》を見て、買い注文がほとんどなく、売り注文が殺到している時がこれにあたります。

一方、利益確定の売りや、**そこまで急ぐことのない場合は指値《さしね》を使いましょう**。

100円で売りたい場合は、100と入力しますが、これは「100円以上で売りたい」という意味です。この場合、ほとんど100円で約定《やくじょう》しますが、稀に110円など、思ったよりも高く売れることもあります。

口座へ入金されるのは3営業日後

株を売ったら、証券会社の自分の口座に売却代金が入金されるわけですが、ここで注意したいことがあります。それは、**お金が入金されるのは、売り注文が約定した日の3営業日後**だということです。急いでお金が必要で、株を売る場合には注意しましょう。

また、自分の口座からお金を引き出すには、銀行口座を指定して、そこに振り込んでもらうやり方が一般的です（一部、ATMからカードで引き出せる場合もあります）。

オススメ一覧付き！　証券会社の選び方

最後に、証券会社の選び方についてお話しします。

証券会社を選ぶポイントは、①手数料、②情報の充実度、③取扱商品、④経営の安全性の4つです。

まず、手数料について。株の取引でかかる費用には、株の代金（株価×株数）と、売買手数料があります。株の代金はどの証券会社で買っても一緒なので、差が出るのは売買手数料です。これは、買い・売りそれぞれの注文が約定《やくじょう》した時に、証券会社に払います。

金額は各社まちまちで、料金体系も1回の約定《やくじょう》ごとにいくらといったものから、1日いくら、1カ月いくら……などがあります。約定《やくじょう》代金によっても変わることがあります（たとえば株の代金が20万円までならいくら、50万円までならいくら、など）。

初心者の場合は、「20万〜50万円くらいの株を1回買った時に、いくらかかるのか？」を基準に、考えてみるといいでしょう。

なお、証券会社によっては、「口座管理料」を取るところもあります。これは株を買った瞬間から取られるもので（口座開設だけでは取られない）、年間いくらというふうに決められています。ネット証券で口座管理料を取るところは稀ですが、注意が必要です。

本格的に始めるなら　リアルタイム株価情報は必須

次に大切なのが、銘柄選びに欠かせない情報の充実度です。どんな情報が見られるかは、各社のホームページで紹介されています。

株価や株価チャート、銘柄の概要や業績などは、大抵無料で提供されます。初心者のうちは、これらの無料情報だけで十分かもしれません。

まず、無料でどんな情報が得られるのかをチェック（本来は有料でも、取引実績があると無料になる場合もあります。それもチェック！）。加えて、有料ならどんな情報が得られるのかもチェックすると万全でしょう。

また、オススメの有料情報に「リアルタイム株価情報」があります。これは、市場で今、この瞬間に、いくらで何株売買されたのか、どんな銘柄が人気なのかなどを自動更新でリアルタイムに見ることができるもの。取引所の躍動感をそのまま味わうことができます。ちょっと前まではプロしか見られなかった濃～い情報を手にできるのです！

タイプ別証券会社の選び方

お金をかけない！	**手数料が安いところを選ぶ** ネット大手なら業績や株価、ニュースなどは無料で見られる！ **ただし…**情報や機能に制約があることも
本気でがんばる！	**手数料とリアルタイム株価情報の利用料を合わせて考える** デモ画面や利用条件をチェック！ **ただし…**最初のうちは機能がありすぎて戸惑うかも
逆指値を使いたい！	**逆指値のできるところを選ぶ** 手数料とリアルタイム株価情報の利用料もチェック！ **ただし…**利用できるネット証券が絞られる
予備口座を開く！	**無料でおいしいサービスのあるところを選ぶ** とりあえず口座開設してオイシイとこ取り！ **ただし…**IDやパスワードの管理が大変！

このリアルタイム株価情報を申し込むことで、業績情報やニュースも有料レベルのものを利用できるネット証券が多いようです。サービス内容や料金は各社で違ってきますが、本格的に取引を考えているなら、コストパフォーマンスを念頭に置いた上で、利用を検討しましょう。

IPO《アイピーオー》の公募株の取り扱いがあるか？

取扱商品で注意したいのは、IPO《アイピーオー》株（新規公開株）の公募です（174ページ）。これらはネット証券によっては取り扱いのないところもあります。

経営の安全性も気になります。ネット証券が潰れても、顧客の資産は守られますが、一時的に資金の出し入れができなくなったり、株の売買ができなくなるなど、問題がないともいえません。この点は大手であれば比較的安心でしょう。

いくつか開いて〝いいトコ取り〟もあり！

口座開設は無料でできますから、とりあえず気になる数社に口座を開いてみることをオススメします。口座を開いたら、必ずそこで売買をしなければならないわけではありません。銀行の口座もそうでしょう？ ほったらかしでもいいのです。

たとえば売買は手数料の安いA社で、情報は無料で取れるB社で……なんていうことも可能です。

売買を始めた後でも、手数料を支払うことで保有している株ごと、別のネット証券に引っ越すこともできます。これを「移管《いかん》」といいますが、手続きはカンタンで、書類に記入・なつ印するだけです。

まず、引越し先のネット証券に「○○証券から移管したいんだけど……」と問い合わせてみるといいでしょう。

表の見方やアドバイス■原則ネットを利用した場合の手数料や情報サービスを記載。「情報サービス」の「トレードツール」欄には、各社の看板ツールの場合を掲載した。無料か、もしくは条件付き無料・割引で利用できることが多い。使いやすさは個人の好みによるが、慣れればみんなそれなりに使いやすいという声も。1日に何度も取引を繰り返すデイトレーダーの場合はツールによって勝負が決まることもあるが、そうでないなら、それほど悩まず、手数料が高すぎないところを2、3選んで、まず、口座を開いてみることをオススメ。完璧な一社を見つけようとがんばるより、口座を開いた後の取引でがんばろう!

大和証券オンライントレード

http://www.daiwa.jp/onlinetrade/

大手証券ならではのアナリスト情報などの情報の豊富さが魅力

手数料が高めなのが個人投資家にとっては難点だが、情報サービスの豊富さが大きな魅力。チャートソフトの高機能さもさることながら、同証券会社の最大のセールスポイントは充実したアナリストレポート。個別株レポートについては小型成長株から大型優良株まで豊富かつ頻繁に配信されている。また、エコノミストやストラテジストによる景気・相場動向、投資戦略の解説なども充実している。

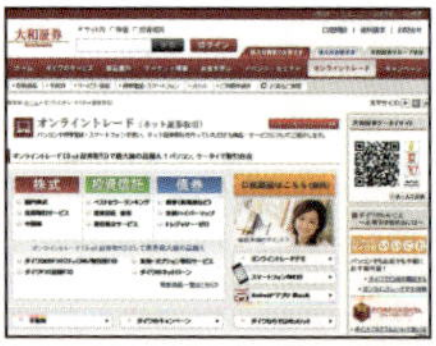

手数料

20万円の株を買ったら?	1050円
100万円の株を買ったら?	3622円

上記は「約定ごと手数料」の場合。約定代金100万円以下なら約定代金の0.36225%で、最低1050円。

情報サービス

トレードツール	高機能な「トレボ」が有料で
業績・ニュース	業績ニュース、アナリストポート、日経テレコン21

大和総研や大和証券のアナリスト個別株レポートなど豊富。日経テレコン21が無料で使えるのもうれしい。

おトクな入・出金方法は?

出金は取引報告書の電子交付などを申し込めば無料に。入金はゆうちょ銀行、みずほ銀行、三菱東京UFJ銀行、三井住友銀行、ジャパンネット銀行のネットバンキングで無料。

取扱商品

IPO　夜間取引　中国株　米国株　FX　海外ETF

楽天証券

http://www.rakuten-sec.co.jp/

ネット証券2位 手数料は全般的に安く トレードツールも人気

SBI証券に続いてネット証券2位の口座数を誇る。手数料は投資金額にかかわらずかなり低水準で、最大でも1277円。トレードツール『マーケットスピード』は、リアルタイム株価、株価チャート、ニュースなど情報ツールとしての使い勝手の良さから人気が高く、それを使うために口座開設する人も多い。『日経テレコン21』も使える。

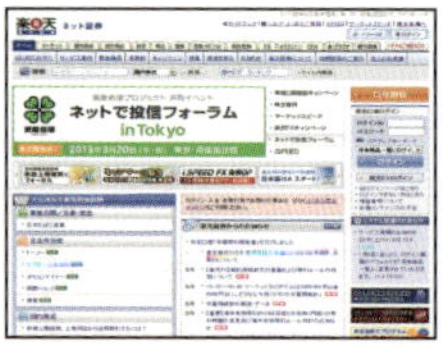

手数料

20万円の株を買ったら?	194円
100万円の株を買ったら?	639円

上記は「ワンショットコース」の場合。「1日定額コース」なら、デイトレードの場合の片道手数料はゼロ。

情報サービス

トレードツール	『マーケットスピード』は投資家に最も人気のソフト
業績・ニュース	業績ニュースなどの他、『日経テレコン21』も使える

投資家に人気の『マーケットスピード』は、30万円以上の残高があるか信用口座を開設すれば無料に。

おトクな入・出金方法は?

出金手数料は無料。入金は楽天銀行、三井住友銀行、三菱東京UFJ銀行、みずほ銀行、ゆうちょ銀行、ジャパンネット銀行、セブン銀行のインターネットバンキングなら無料。

取扱商品

IPO　夜間取引　中国株　米国株　FX　海外ETF

岡三オンライン証券

http://www.okasan-online.co.jp/

手数料は最安クラス 個別株レポートなど 情報やツールも充実

手数料は約定金額10万円以下なら99円、約定金額がどんなに大きくても上限手数料は1260円と、どの取引金額でも全般的に安くてほぼ業界最安値の水準。投資情報は、小型株から大型株の情報までそろった岡三証券のアナリストレポートが無料で閲覧できる。トレードツールも高機能なソフトがそろっており、35日あたり手数料980円分の取引実績があれば最高性能ツールも無料で使える。

手数料

20万円の株を買ったら?	150円
100万円の株を買ったら?	525円

上記は「ワンショット」のプラン場合。10万円までの取引なら99円、上限は1260円と全般的に安い。

情報サービス

トレードツール	高機能な「岡三ネットトレーダー」シリーズ
業績・ニュース	岡三証券のアナリスト個別株レポートが無料

最高性能の「岡三ネットトレーダープレミアム」も、35日間あたり980円の手数料分の取引実績で無料に。

おトクな入・出金方法は?

出金は無料。入金はゆうちょ銀行、みずほ銀行、三菱東京UFJ銀行、三井住友銀行、りそな銀行、ジャパンネット銀行、セブン銀行、楽天銀行、スルガ銀行等のネットバンキングで無料。

取扱商品

IPO　夜間取引　中国株　米国株　FX　海外ETF

カブドットコム証券

http://www.kabu.com/

MUFGと連携したサービスと、多彩な自動売買

MUFG(三菱フィナンシャルグループ)のグループであり、同グループの信用力や、総合力を生かしたサービスが魅力。たとえば、三菱東京UFJ銀行を通じたお金のやり取りは原則無料で即日出金も可能となっている。さらに、同グループのアナリストのレポートも無料で読める。また、逆指値だけでなく、多彩な条件設定ができる自動売買もセールスポイントの一つ。

手数料

20万円の株を買ったら?	283円
100万円の株を買ったら?	1039円

手数料の計算式は(約定代金×0.09%+90円)×1.05で、上限は3874円。シニア割引あり。

情報サービス

トレードツール	高機能な『kabuステーション』が利用できる
業績・ニュース	三菱UFJモルガン・スタンレー証券レポート

業績速報、アナリストレポートが無料で読める。トレードツールは、月1回の取引などで無料に。

おトクな入・出金方法は?

三菱東京UFJ銀行、じぶん銀行など指定銀行だと即日出金が無料。出金も指定銀行のネット取引なら無料になる。

取扱商品

IPO　夜間取引　中国株　米国株　FX　海外ETF

※情報はいずれも2013年2月末時点のもの。変更になる場合もあるので、詳細は各社のホームページで確認してください。

オススメ！証券会社をチェック！

松井証券
http://www.matsui.co.jp/

10万円までの取引や信用取引のデイトレは手数料が無料になる

1日の約定金額が10万円までの取引なら手数料が無料となる。また、インターネット経由の信用取引（自己資金の3.3倍まで取引できる取引法）のデイトレードなら売買手数料は無料（ただし、株を持ち越した場合には手数料が取られる）。この2つの手数料無料サービスが大きな特徴。投資情報についても、株価、チャート、業績ニュース、トレードツールなどの情報サービスは無料提供されている。

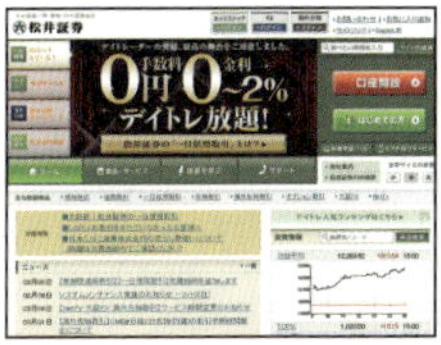

手数料

20万円の株を買ったら？	315円
100万円の株を買ったら？	1050円

約定代金の合計が30万円になるまで何度売買しても手数料は315円。10万円までは無料。

情報サービス

トレードツール	高機能な『ネットストックハイスピード』が無料
業績・ニュース	金融情報サービス「QUICK」の情報やレポートなど

QUICKの情報は、個別銘柄レポート、決算情報、IPO銘柄情報、経済・マーケット情報など多彩。

おトクな入・出金方法は？

出金は無料。入金はゆうちょ銀行、みずほ銀行、三菱東京UFJ銀行、三井住友銀行、りそな銀行、ジャパンネット銀行、セブン銀行、じぶん銀行、スルガ銀行等のネットバンキングで無料。

取扱商品

IPO　夜間取引　中国株　米国株　FX　海外ETF

いちよし証券
http://www.ichiyoshi.co.jp/

アナリストによる小型株レポートの豊富さは群を抜いてる

ネット取引を扱っておらず、支店の担当者を通じた取引か、コールセンターを通じたテレフォントレードのどちらかになる。そのため手数料はネット証券に比べて高め。しかし、小型株情報に関しては、質量ともに圧倒的な存在。小型の個別株については毎日数本程度の新しいレポートが配信されている。その他、成長産業レポートや経営者インタビューなど独自コンテンツを豊富に提供。

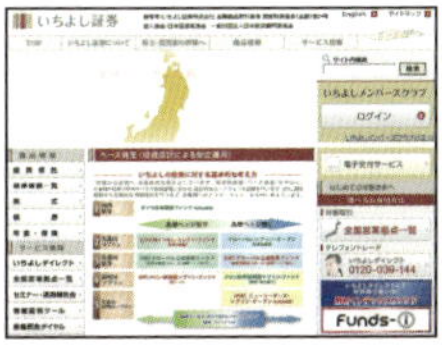

手数料

20万円の株を買ったら？	1575円
100万円の株を買ったら？	5817円

上記は「テレフォントレード」の場合。50万円以下の取引なら約定代金の0.6825%、最低1575円。

情報サービス

トレードツール	ネット取引がないために、特になし
業績・ニュース	小型株中心のアナリストレポートが豊富

小型株中心に毎日数本の個別株レポートが配信されている。その他、成長産業レポートなど多数提供。

おトクな入・出金方法は？

テレフォントレードの場合、出金は1000円以上で振込手数料210円が必要。入金の振込手数料も客負担。

取扱商品

IPO　夜間取引　中国株　米国株　FX　海外ETF

SBI証券
http://www.sbisec.co.jp/

全般的に手数料が安く投資家が利用してるネット証券

ネット証券最大手。手数料体系がシンプルで、取引金額によらず全般的に手数料は安い。どんなに大きな金額の取引でも手数料の上限は1021円まで。「アクティブプラン」を選べば、1日合計10万円の約定まで100円。投資情報は株価、業績ニュース、『会社四季報』、チャートなど最低限必要なものは無料で用意されている。

手数料

20万円の株を買ったら？	194円
100万円の株を買ったら？	511円

上記は「スタンダードプラン」を選択の場合。「アクティブプラン」なら1日合計10万円の約定で100円

情報サービス

トレードツール	月1回の取引で「HYPER SBI」が無料に
業績・ニュース	会社四季報、業績速報、優待検索、チャート無料

優待検索は使いやすい。「HYPER SBI」でリアルタイムの株価やニュースが見れて注文も出せる。

おトクな入・出金方法は？

出金の手数料は無料。入金時はゆうちょ銀行、みずほ銀行、三菱東京UFJ、三井住友銀行、セブン銀行、楽天銀行、ジャパンネット銀行、スルガ銀行のネットバンキングなら手数料無料。

取扱商品

IPO　夜間取引　中国株　米国株　FX　海外ETF

マネックス証券
http://www.monex.co.jp/

投資情報が豊富 多彩な自動売買も人気の秘密

大手外資のJPモルガン証券や、独立系調査機関のTIWなどのアナリストレポートが閲覧でき、さらに同社所属ストラテジストの投資戦略レポートも提供されるなど投資情報は豊富。また、逆指値はもちろん、さまざまな条件設定できる自動売買にも特徴があり、人気の秘密となっている。手数料は100万円までの取引なら比較的安く、10万円以下の取引なら105円とかなり安い。

手数料

20万円の株を買ったら？	189円
100万円の株を買ったら？	1575円

上記は「取引毎手数料コース」の場合。100万円は指値注文の料金で、成行注文なら1050円。

情報サービス

トレードツール	高機能な『マネックストレーダー』が無料
業績・ニュース	JPモルガン証券などのアナリストレポートが読める

高機能な投資ツールや、アナリストレポート、日本証券新聞、独自の投資情報など投資情報は盛りだくさん。

おトクな入・出金方法は？

出金は登録金融機関へ入金なら手数料無料。入金は楽天銀行、三井住友銀行、三菱東京UFJ銀行、みずほ銀行、ゆうちょ銀行、ジャパンネット銀行、セブン銀行ならネットバンキングの場合無料。

取扱商品

IPO　夜間取引　中国株　米国株　FX　海外ETF

株の基本をおさらいしよう！

株は“セット売り”が基本！

「株価×売買単位」が最低購入価格

株は売買できる株数の単位が決まっています。100株単位や1000株単位の株が多く、基本的には単位未満では買えません（「ミニ株」という制度を使えば購入できることも）。ただし、最近は新規上場の会社を中心に1株単位の株も増えてきています。

取引できるのはだいたい9時から15時まで

11時30分から12時30分までは昼休み

株が取引される時間は取引所ごとに少し違いますが、だいたい9時～15時です。11時半～12時半の間は昼休みになります。土、日、祝日はお休みで、年末年始もお休み。ただし、注文の受付については、ネット取引の場合にはほぼ365日24時間受け付けています。

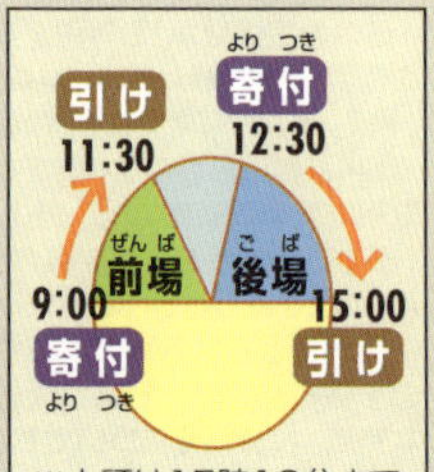

※大証は15時10分まで

株の売買には手数料がかかる！

手数料が格安なネット証券がオススメ

株の売買が成立すると、証券会社に手数料を支払うことになっています。これは、株を買う時にも売る時にもかかります。手数料は証券会社ごとにバラバラですが、一般的にはネット取引の手数料は格安となっていて、50万円以内の売買なら数百円程度です。

「指値《さしね》」と「成行《なりゆき》」を選択！

早く売買したい時は成行を使おう

株の売買注文を出す場合には、「××円で買いたい（売りたい）」と希望値段を指定する「指値」と、「いくらでもいいから買う（売る）」という「成行」のどちらかを選択することになります。指値の場合には、希望の値段も入力して注文を出すことになります。

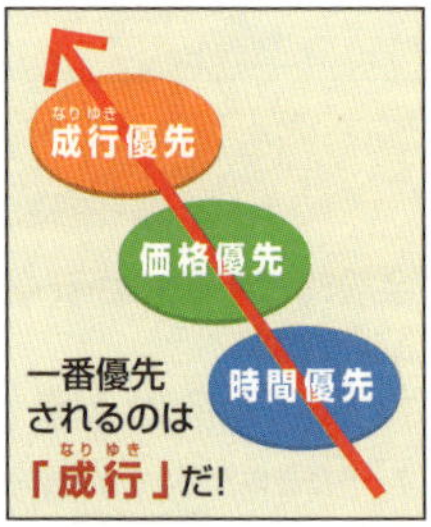

1日に動く値幅の上限・下限は決まっている！

値幅制限の上限までいったら「ストップ高」になる

株価は1日の中で、値動きできる上限と下限が決められています。たとえば、前日の終値が600円ならば、その日は高値700円まで、安値500円までとなります。このような値動きの制限のことを値幅制限といい、価格帯ごとにその幅は決められています。

たとえば…	ストップ安		ストップ高
6万円の株なら	5万円	～	7万円
20万円の株なら	15万円	～	25万円
100万円の株なら	70万円	～	130万円

など、1日に動く値幅の上限・下限は決まっている！

株の値動きの“刻み”は決まっている！

注文エラーが出たらコレが原因かも

株は価格帯ごとに、値段の“刻み”が決まっています。たとえば、3000円以下の株なら1円単位で動きますし、それを超えると5円刻みになります。このように、株価の刻みのことを「呼び値」といい、売買注文もこの呼び値にしたがって出すことになります。

株価	注文できる単位
3000円以下	1円
3000円超～5000円以下	5円
5000円超～3万円以下	10円
3万円超～5万円以下	50円
5万円超～30万円以下	100円
30万円超～50万円以下	500円
50万円超～300万円以下	1000円
300万円超～500万円	5000円
500万円超～3000万円	1万円
3000万円超～5000万円	5万円
5000万円超	10万円

※税金については43・179ページも見てください。

第3章

稼げる!

株の選び方

いい株ってどんな株?編

「いい株を、安く買う」のがすべての基本！

さて、ここからは、ズバリ、どんな株を買えば儲かるのかをお話しします！

結論から言うと、株で儲けるためのコツは、〝いい株〟を〝安く〟買うこと。つまり、「いい株かどうか」「割安かどうか」の2つのポイントを考えていけば、株で儲けることができるのです。

これは普段の買い物と全く同じです。いくら良いものでも、あまりにも高い値段で買ったら損ですし、逆に、どんな安いものでも、粗悪品を買うとかえって損してしまいます。あくまでも、「良いものを、安く買う」ということが、普段の買い物でも、株を買う場合でも大切なのです。

そこで、この章では、まず、〝いい株の見つけ方からお話ししていきましょう。

狙うは利益をグングン伸ばす会社の株

いい株とは、どんな株でしょうか。それは、利益をしっかり稼ぐ会社の株、利益をグングン伸ばしてくれる会社の株です。

たとえば、今後数年で利益が10倍になるような会社を見つけられたらすごいですね。おそらく、その会社の株は大幅に上昇するでしょうし、その株を買うことで大儲けできそうです。

しかも、そうした株は、日常生活や仕事など、自分の身の回りの中から見つけることができます。たとえば、

「この店はすごく伸びそうだな」

「この商品は大ヒットするよ！」

「この会社の製品は画期的だ！」

などに気づいたら、その会社の株を買うことをぜひ検討してみましょう。株価が大幅上昇するかもしれません。

〝株の神様〟のネタ元は日常生活だった！

「普段の生活の身近なところにこそ、いい株を見つけるヒントがある」ということは、いくら強調してもしすぎることはありません。

これについては、１９８０年代のアメリカで最も活躍したファンドマネージャー（プロの投資家）であり、〝株の神様〟と尊敬されているピーター・リンチという人が自著の中で何度も訴えていることでもあります。

実際に、ピーター・リンチ自身、専門家の分析レポートなどよりも、身近なところから銘柄を見つけることによって、株の売買を行うことが多かったようです。もちろん、専門家の分析や情報だって役に立ちますが、「それ以上に日常生活から得られる情報の方が役に立つ」とリンチは言っているわけです。

たとえば、リンチは娘や妻とよく街に出かけて、食事や買い物を楽しんだそうです。そのように家族との生活を大切にし、娘や妻が最近夢中になっているものなどを観察したり、話を聞いたりする中で得た情報を、株の運用に役立てていたのです。

このような話を知ると、株式投資が俄然身近なものになった感じがしませんか？ なにしろ、専門家のレポートや難しい分析法よりも、日常生活の方が投資に役立つというのですから。

そして、そうした目で日常生活や世の中を見渡してみると、いろいろなことに関心がもてるようになってきますし、街を歩くのが楽しくなってくるはずです。

用語解説

ファンドマネージャー

投資信託（投資家からお金を集めて、一定の方針のもとで資金運用する金融商品）や年金など、大きな資金の運用を行うプロの投資家のこと。数億円程度から、大きな資金の場合には数兆円以上ものお金を運用するファンドマネージャーもいます。

ピーター・リンチ

1980年代の米国で最も活躍したファンドマネージャー。1977年から彼の担当したマゼランファンドは、当初約2000万ドルだったものが、引退時の1990年には140億ドルと世界最大級の規模にまで成長しました。個人投資家の啓蒙にも熱心で、『ピーター・リンチの株で勝つ』（ダイヤモンド社）などの著書はベストセラーになっています。

"いい会社"かどうかは数字で確認！

良さそうな会社を見つけたら業績をチェック！

「いい会社」のヒントは日常生活の中にたくさんありますが、「パズドラが流行りそう→この会社、儲かりそう→株を買おう!!」では早急すぎます。日常生活の中から見つけられるのは、あくまでも"いい会社の候補"。本当にいい会社なのかどうかは、ちゃんと"数字"で確認しましょう。

「パズドラがスマホユーザーの間で流行ってるみたい。ブームが来たら、ゲームを作っている会社は儲かるぞ。数字で確認！　ふむ、良さそうだ。株価がまだ安いなら、買っておこう」が正解です。

確認するのは、会社が発表している業績や資産に関するデータです。何やら難しそうですが、そんなことはないので安心してください。

会社の数字については、『会社四季報』（東洋経済新報社）や『日経会社情報』（日本経済新聞出版社）などの本に最低限必要なデータが載っています。また、ネット証券によっては口座開設者に無料で、『会社四季報』のデータを提供しているところも多くあります。コツがわかれば"数字"はどんどん読めるようになりますよ！

これは流行る!!
○×社
○×社、買い!!
○×社株、値上りせず。この会社は別の事業で大赤字を出していた…
……
ちゃんと"数字"で業績を確認しておけば失敗しなかったのに…

column

会社は年1回〝本決算〟を発表して3カ月ごとに〝四半期決算〟を発表する！

上場企業は年1回、「昨年度の業績結果と、今年度の業績予想」を発表します。これを本決算といいます（単に決算ともいう）。

たとえば、3月末決算企業の場合、3月末に帳簿を締めて、前年度（前年4月から今年3月まで）の業績を集計し、だいたい5月頃に「本決算」を発表します。ここでは、今年度（来年3月末まで）の業績の予想数値も発表されます。

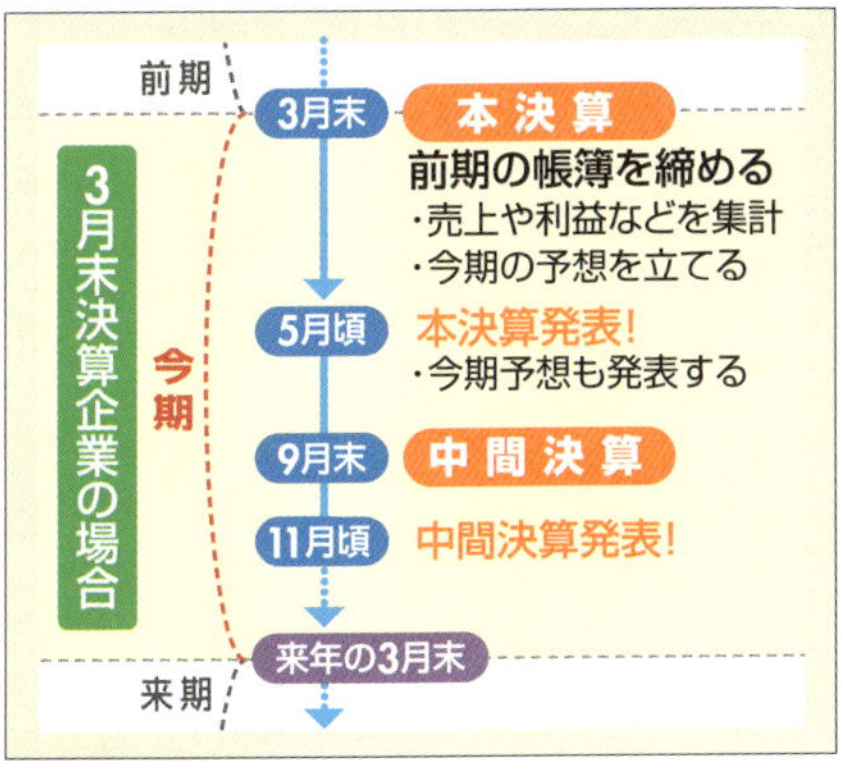

株を保有している会社や気になる会社の本決算発表は要注目。とくに、今年度の予想数値は、株価に対する影響大です。

また、3カ月ごとに途中経過を集計して発表することも上場企業の義務です。これを「四半期決算」といいます。3月決算企業の場合には、6月、9月、12月に途中経過を集計し、それぞれ、だいたい8月、11月、2月頃に発表するというスケジュールです。とくに半年目の途中経過を「中間決算」といいます。

業績の予想数値は、途中で修正されることがあります。「発表した数値よりも良くなりそう」なら、予想値を上方修正しますし、逆の場合には下方修正します。

こうした修正の発表は、四半期決算や中間決算の発表時に一緒に行われることが多いのですが、本決算発表の1週間～1カ月前くらいに行われることもよくあります。

各決算や修正などの情報は、ネット証券の情報ページでも見られますし、自社のホームページで決算書を公開している企業も多いようです。

※予想が不可能だという理由で、予想数値を発表しない企業も一部あります。

売上や利益が順調に伸びているかをチェック！

「この事業は面白そう、この会社伸びそう」と思ったら、業績を確認しましょう。事業内容が面白そうで、数字的にも好調さが裏付けられれば、その会社は本当に良い会社である可能性が高い、といえます。業績はその会社のホームページでも見ることができますし、証券会社のホームページで銘柄検索して、確認することもできます。

では、保育園を運営するJPホールディングスの業績データを見てみましょう。左ページに掲載したのはSBI証券のサイトで見られる会社四季報のデータ画面です（口座開設者は無料で見られます）。まず、「連」と書いてある7行分に注目してください。この部分に書いてあるのは、年度ごとの業績の推移です。「08・3」とあるのは、08年3月期のことで、08年3月に終わる1年間、つまり、07年4月～08年3月までを指します。このデータでは、08年3月期から14年3月期までの7年間の業績のデータが並べられているのです。

13年3月期（13・3）と14年3月期（14・3）の右には「予」とついていますが、これは会社四季報による予想値という意味です。

そして、各年度について、売上高、営業利益、経常利益、純利益……などのデータが書かれています。

3種類の利益と1株益を理解しよう

売上高は会社が商品やサービスを売って得た収入の合計金額です。

営業利益は、本業から得られた利益です。売上高から本業にかかった経費を差し引いて計算します。

経常利益は、本業を含めて普段行っている活動から得られた利益です。営業利益に、本業以外で普段行っている活動の損益を加減して計算します。本業以外に行っている活動とは、たとえば、お金を借りたり預金したりというような財務活動などです。

業績の数字はだいたい、こんなふうに並んでいます

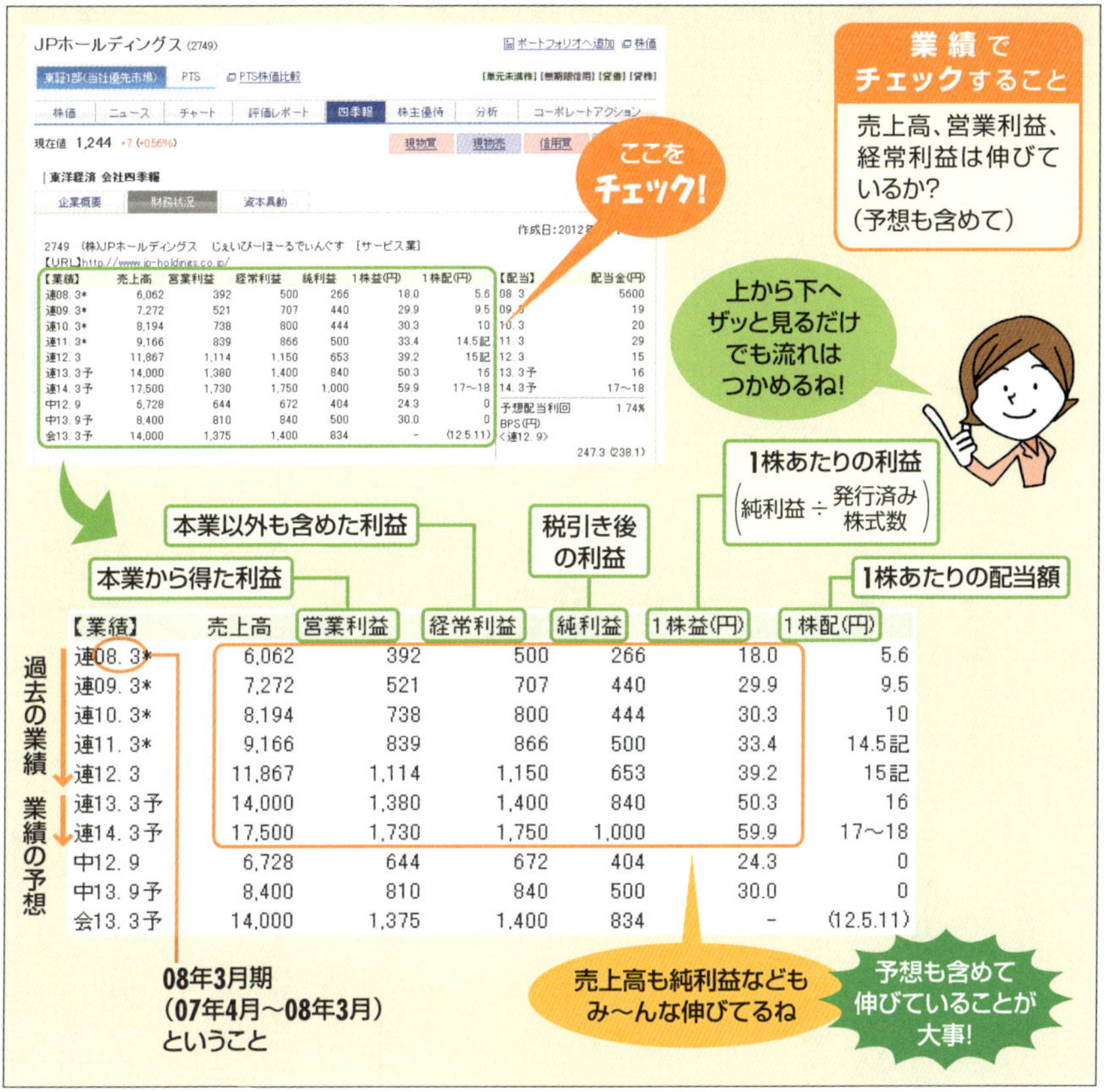

JPホールディングス (2749)
東証1部(当社優先市場)　PTS　PTS株価比較
株価　ニュース　チャート　評価レポート　四季報　株主優待　分析　コーポレートアクション
現在値 1,244 +7 (+0.56%)
東洋経済 会社四季報
企業概要　財務状況　資本異動
2749 (株)JPホールディングス じぇいぴーほーるでぃんぐす [サービス業]
【URL】http://www.jp-holdings.co.jp/
ここをチェック!
業績でチェックすること
売上高、営業利益、経常利益は伸びているか？（予想も含めて）
上から下へザッと見るだけでも流れはつかめるね！
本業から得た利益
本業以外も含めた利益
税引き後の利益
1株あたりの利益（純利益÷発行済み株式数）
1株あたりの配当額
過去の業績
業績の予想
08年3月期（07年4月～08年3月）ということ
売上高も純利益などもみ～んな伸びてるね
予想も含めて伸びていることが大事！

【業績】	売上高	営業利益	経常利益	純利益	1株益(円)	1株配(円)
連08. 3*	6,062	392	500	266	18.0	5.6
連09. 3*	7,272	521	707	440	29.9	9.5
連10. 3*	8,194	738	800	444	30.3	10
連11. 3*	9,166	839	866	500	33.4	14.5記
連12. 3	11,867	1,114	1,150	653	39.2	15記
連13. 3予	14,000	1,380	1,400	840	50.3	16
連14. 3予	17,500	1,730	1,750	1,000	59.9	17～18
中12. 9	6,728	644	672	404	24.3	0
中13. 9予	8,400	810	840	500	30.0	0
会13. 3予	14,000	1,375	1,400	834	-	(12.5.11)

純利益とは税引き後利益のことであり、**当期純利益**とか単に**利益**ともいいます。経常利益から特別損益（一時的な利益や損失）を加減し、さらに、税金を差し引いて残った利益のことです。

30ページで説明した「利益」というのは、まさにこの税引き後利益のことです。これは株主のものであり、本来は全て配当してもらうべきお金です。

この税引き後利益を発行済み株式数で割れば、1株あたりの税引き後利益が出ます。これを「1株益」といいますが、じつはこの1株益は今の株価が割安かどうかを考える上で重要なモノサシになる数字なのです。詳しくは第4章でバッチリ説明します。

1株配は、1株あたりの配当の額です。1株配が10円の場合、1株持っていれば10円が、1000株持っていれば1000円が受け取れるということです。

(単)決算よりも(連)決算を見る

最後に、「連」「単」「中」「四」などのマークについて説明しましょう。

「連」は連結決算のことで、子会社などグループ企業の業績を加えた決算のことです。一方、「単」は単体決算で、その会社のみの決算のこと。現在は子会社が親会社の一部門のような働きをすることが多いため、連結決算の方が実態を表すものと考えられ、**株式投資では単体ではなくて連結の数字を見て判断します。**ただし子会社などがない場合は単体決算しかありませんから、単体決算を見ます。

「中」は中間決算、つまり1年のうちの最初の6カ月間の業績のことです。JPホールディングスの例で「中13・9予」とあるのは、13年9月に終わる中間期、つまり**13年4月〜13年9月までの6カ月間の業績の予想という意味です。**

なお「四」と書いてあるケースもありますが、これは四半期のことで、1年のうちの3カ月間、もしくは9カ月間の数字という意味になります。

またこの例で「会13・3予」と書いてあるのは、会社が出した13年3月期通期の予想値ということです。その4行上にある「連13・3予」「連14・3予」は会社四季報が出した予想値です。

売上高と経常利益の流れを見よう!

業績データの見方を説明しましたが、大切なことは、売上高や経常利益（または営業利益）の流れ（トレンド）がいいかどうかです。**売上高や経常利益（または営業利益）がともに安定しているか、上昇傾向にあるなら、良い会社である可能性は高まります。**

JPホールディングスの場合、12年3月期から14年3月期までの3年間の推移を見ると、売上高118億円→140億円→175億円、経常利益は11・5億円→14・0億円→17・5億円と順調に伸びています。2000年に規制緩和されて以来、民間企業が運営する保育園は増加の一途をたどっていますが、同社はその最大手です。待機児童解消に向けた需要が高まる中で、同社の業績も一段と拡大している様子が数字からもうかがえます。

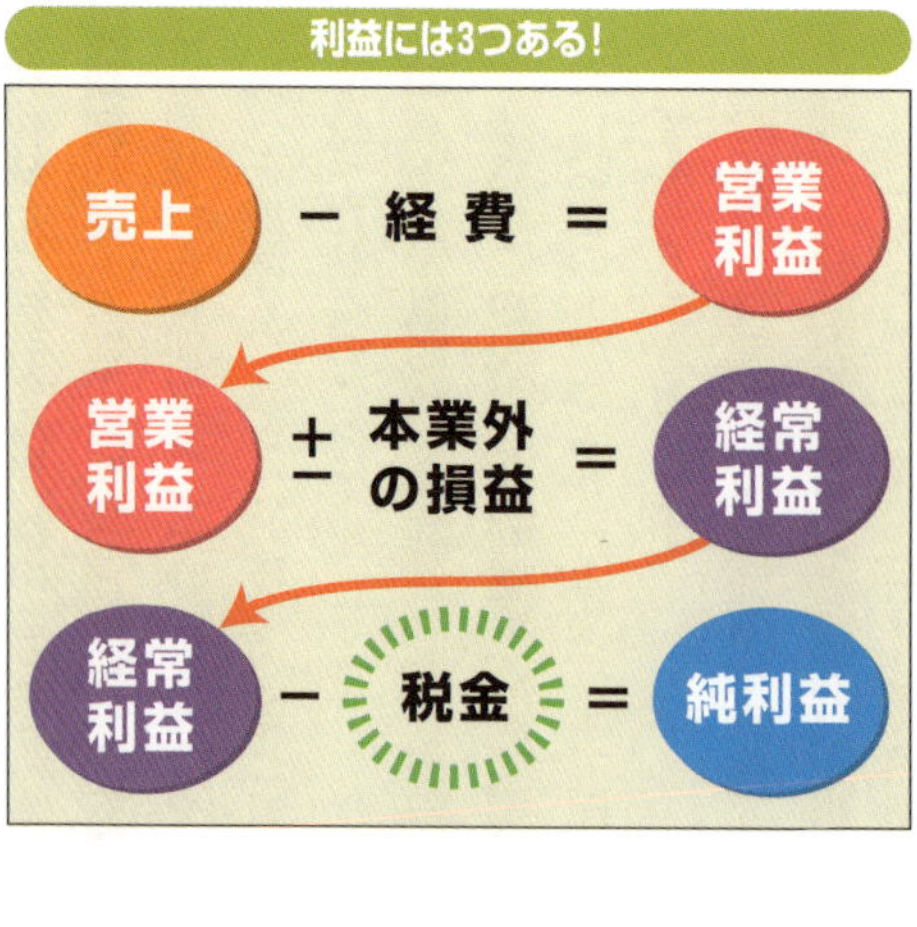

column

会社HP、証券会社、証券取引所…決算の情報の入手の仕方を知ろう

●証券会社のHP
●会社のHP
●取引所のHP
を見れば最新情報がわかるね
HP

会社の業績は一期（1年）だけ見ればいいというものではありません。**重要なのは予想も含めた推移です。**そこで、71ページのような表で推移を確認することが欠かせません。**こうした情報は、証券会社のホームページやトレードツールで見ることができます。**

その上で、より詳しい情報や最新の情報を知りたい場合は、会社のホームページで「決算短信」などの決算情報をチェックします。

「決算短信」は、会社が3カ月ごとに出している決算報告書です。**会社のホームページの「投資家情報」または「IR情報」**というページで見ることができます。かなり分厚い書類なのですが、とりあえず**決算のポイントが端的にまとめられている1ページ目だけを見ればいいでしょう。**

決算短信は、東京証券取引所など取引所のホームページでも見ることができます。**「適時開示情報閲覧サービス（TDネット）」**などのページには、**決算短信をはじめ、会社が何か重要な情報を発表するたびに、その発表と同時に資料がアップされるようになっていて、無料で利用できます。**

決算関連のニュースが発表されたかどうかを手軽に知るには、証券会社のホームページや日経新聞などで、決算記事をチェックするといいでしょう。注目している銘柄にニュースが出たことを確認したら、会社のホームページや適時開示情報閲覧サービスで詳細を見ましょう。

慣れればカンタン！「決算短信」の見方

1ページ目の下の「通期予想」が一番大事！

会社は3カ月ごとに決算発表をしますが、その時の発表資料が「決算短信」です。ここでは、決算短信の見方を簡単に紹介したいと思います。決算短信は十数枚以上の厚い資料ですが、そのエッセンスは1ページ目にコンパクトにまとめられています。ですから、当面は1ページ目だけを見れば十分です。

左ページはユナイテッドアローズの「平成24年3月期決算短信」です。同社は3月決算の会社なので、これは本決算の決算短信ですね。一番上には「平成24年3月期（2012年3月期）」の業績が出ています。これはつい最近終了した年度の業績です。そして、その下にはその1年前の「平成23年3月期（2011年3月期）」の業績が出ていて比較できるようになっています。

ここで最も大切なのは、一番下の部分です。ここには、今期（現在進行中の期）の予想が出ています。この資料では「平成25年3月期（2013年3月期）」です。

一番新しい決算短信を探して一番下の予想数字を見る

会社は、本決算のほかにも3カ月ごとに決算短信を発表しますが、その見方は本決算のものより少し難しくなってしまいます。しかし、1ページ目の一番下に出ている通期の予想が一番大切なのは変わりません。

株の世界では、ここに出ている今期の業績予想と、1株益（1株当たり当期純利益）の予想は本当に重視されます。詳しくは第4章で解説しますが、この株を買うべきかどうかを決めるモノサシとして使われるからです。これらの最新の数字は一番新しい決算短信にあります。会社のホームページのニュースリリースの履歴から、一番新しい決算短信を探して確認するといいでしょう。

決算短信の1枚目を見てみよう!

ユナイテッドアローズの本決算の決算短信

2012年5月9日に発表された、2012年3月期の結果発表だ

平成24年3月期 決算短信〔日本基準〕(連結)

平成24年5月9日
上場取引所　東

上場会社名　株式会社 ユナイテッドアローズ
コード番号　7606　URL　http://www.united-arrows.co.jp
代表者　(役職名)代表取締役 社長執行役員　(氏名)竹田　光広
問合せ先責任者 (役職名)財務経理部部長　(氏名)中澤　健夫　TEL 03-5785-6325
定時株主総会開催予定日　平成24年6月27日　配当支払開始予定日　平成24年6月28日
有価証券報告書提出予定日　平成24年6月28日
決算補足説明資料作成の有無　：　有
決算説明会開催の有無　：　有　(アナリスト・機関投資家向け)

(百万円未満切捨て)

1. 平成24年3月期の連結業績(平成23年4月1日～平成24年3月31日)

(1) 連結経営成績　(%表示は対前期増減率)

	売上高		営業利益		経常利益		当期純利益	
	百万円	%	百万円	%	百万円	%	百万円	%
24年3月期	102,052	12.7	10,193	38.0	10,272	41.9	5,016	39.5
23年3月期	90,571	8.5	7,384	49.4	7,240	43.7	3,596	156.2

(注)包括利益　24年3月期　5,044百万円　(39.9%)　23年3月期　3,605百万円　(161.5%)

	1株当たり当期純利益	潜在株式調整後1株当たり当期純利益	自己資本当期純利益率	総資産経常利益率	売上高営業利
	円 銭	円 銭	%	%	
24年3月期	158.74	157.79	29.2	21.2	
23年3月期	97.02	96.65	18.7	15.8	

(参考)持分法投資損益　24年3月期　―百万円　23年3月期　―百万円

(2) 連結財政状態

	総資産	純資産	自己資本比率	1株当たり純資産
	百万円	百万円	%	
24年3月期	51,278	19,291	37.6	6
23年3月期	45,716	15,103	33.0	478.39

(参考)自己資本　24年3月期　19,291百万円　23年3月期　15,103百万円

(3) 連結キャッシュ・フローの状況

	営業活動によるキャッシュ・フロー	投資活動によるキャッシュ・フロー	財務活動によるキャッシュ・フロー
	百万円	百万円	百万円
24年3月期	12,081	△2,711	△6,875
23年3月期	6,923	△2,069	△3,443

2. 配当の状況

年間配当金				配当		
四半期末	第3四半期末	期末	合計	(合計)	(連結)	率(連結)
円 銭	円 銭	円 銭	円 銭	百万円	%	%
10.00	―	19.00	29.00	1,022	29.9	6.8
10.00	―	26.00	36.00	1,138	22.7	5.9
15.00	―	31.00	46.00		23.0	

3. 平成25年 3月期の連結業績予想(平成24年 4月 1日～平成25年 3月31日)

(%表示は、通期は対前期、四半期は対前年同四半期増減率)

	売上高		営業利益		経常利益		当期純利益		1株当たり当期純利益
	百万円	%	百万円	%	百万円	%	百万円	%	円 銭
第2四半期(累計)	49,818	9.8	3,352	△18.4	3,340	△19.6	1,794	△20.1	56.04
通期	111,469	9.2	11,134	9.2	11,119	8.2	6,414	27.9	200.32

終わったばかりの期(2011年4月～2012年3月)**の業績結果**

その前の期(2010年4月～2011年3月)**の結果も載ってるので比較できる**

自己資本比率(P80)**も確認できる。50%以上あれば安心**

営業キャッシュ・フロー(P84)**ここがマイナス続きは×。**

これが一番大事!

今期(2012年4月～2013年3月)**の業績予想**

P.71で見たような
業績推移の
表のできあがり!

年度順に業績を並び替えると…

		売上高	経常利益
前の前の期	11年3月期	90,571	7,240
終わったばかりの期	12年3月期	102,052	10,272
今期の予想	13年3月期	111,469	11,119

今後も利益が伸びるかを考えるための4つのポイント

業績の〝予想〟が株価を動かす！

業績はチェックできました。さて、次は、会社が出している今期の業績の予想は達成できそうか、来年以降も好調は続くのかをチェックしましょう。

株は過去や現状よりも、〝これから〟を見据えて動くもの。ですから今後の業績見通しこそが重要であり、とくに会社の発表する業績予想には多くの投資家が注目しています。

この予想の数字は、いい方がもちろんいいに決まっています。一方で、この予想は達成可能なのかどうかを考えることも大切です。会社の予想は達成されないこともあります。予想はあくまでも自己申告なので、甘く見積もる会社もあれば、厳しく見積もる会社もあるのです。

どんなにいい予想を出しても達成できなければ絵に描いた餅。予想の下方修正を発表したとたんに、失望した投資家たちが一斉に持っていた株を売りに出すことも考えられます。そうなると、株価は急落……。

予想が信頼できるものかそうでないかを判断するのは、正直、難しい部分もありますが、どんな会社なのか、どんな事業なのかを知ることが、一番の手がかりになります。それには、以下の4つをチェックするといいでしょう。

①商品・サービスは魅力的？

まず、その会社の商品、サービスに魅力があるのか、その会社ならではの強みがあるのか、ということです。これらは

用語解説

上方修正／下方修正
じょうほうしゅうせい／かほうしゅうせい

会社が業績見通しを基に修正すること。企業は新年度がスタートして1～2カ月たった頃、前年度の決算（業績の結果）と一緒に新年度の業績予想も発表します。その後見通しが変われば、この予想を基に修正することがあるのです。

業績を伸ばしていく上での大前提です。

②まだまだグングン伸びそう？

「その会社の事業はまだまだ伸びそうか」を考えてみましょう。そのビジネスをスタートしたばかりの段階なのか、もう、かなり事業範囲を拡大した後なのか。

仮に今、ものすごいブームだとしても、もうこれ以上伸びる余地が大きくないなら、業績や株価の伸びも曲がり角を迎えつつあるのかもしれません。

飽和状態
まだ「伸びる余地」があるかどうかが重要だ

③競争が過熱してない？

次に、ライバル会社がいないか、もしいるなら、そのライバルは脅威的な存在なのかを考えてみましょう。どんなに有望な事業をしていても、ライバルが多すぎて競争が過熱してしまうと、儲かりにくくなってしまいます。会社の業績が悪化する典型的なパターンは、競争が激化して、過度な値下げ競争に巻き込まれることです。できれば、その会社だけしかできないとか、新規参入が難しい事業だといいのですが……。

④会社の規模は大きすぎないか

会社の規模についても考えましょう。

たとえば、新製品がヒットしてその売上が３００億円になったとします。その会社のもともとの売上が30億円だったら、売上は10倍増することになります。しかし、もともと1兆円の売上の会社だったら、３００億円程度のヒット商品が出ても売上の伸びは3％に過ぎません。

ですから、その会社の規模は大きすぎないか、有望だと思った新製品や新サービスにはその会社の業績を変貌させるインパクトがあるのかも考えることが大切です。

社長インタビューで数年先を予想する！

実際に店に行ったり周りの人にも話を聞こう

会社の将来性を考える4つのポイントは以上の通りです。でも、それを考えるには、会社がどんな事業をしているのか、どんな会社なのか、社長はどんな考えのどんな人なのか……という情報が必要になります。このような、数字だけではわからない情報はどのようにして手に入ればいいのでしょうか。

それにはまず、その会社の商品・サービスを利用したり、店舗に行ってみたりするといいでしょう。また、身近な人で、その会社の商品・サービスの利用者やファンがいれば話を聞いてみるのもいいと思います。会社のホームページにも、会社のことを紹介したさまざまな情報が出ているので見てみましょう。

新聞や雑誌の記事、テレビ番組なども重要な情報源となります。テレビについては経済やビジネスの事情を紹介するドキュメンタリーなどに注目し、自分の関心あるテーマや企業が取り上げられる回はぜひ視聴してみましょう。

社長インタビューは特に重要な情報源になる！

雑誌、特にビジネス誌やマネー誌なども有効な情報源になります。

左ページはマネー誌『ダイヤモンド・ザイ』の09年12月号（同年10月21日発売）の記事です。小型成長株の特集で、コシダカの社長にインタビューしています。

同社のカラオケ店がなぜ伸びているのか、その独自の強みに迫り、新規事業として当時力を入れ始めた低価格フィットネス「カーブス」の独自のビジネスモデルについても述べられています。

その強みと成長戦略で「5年後には売上高350億円、経常利益40億円を目指せる」との社長コメントが紹介されていますが、その後実際に12年8月期の時点で経常利益40億円は達成され、株価もそこから5倍に上昇しました。

このように記事を読んだりテレビ番組を見たりしながら、何がその会社の強みなのか、それを支える仕組みや技術はどんなものか、それは簡単にまねされないのか、さらに、どんな将来ビジョンや目標があるのかをチェックしてみましょう。

「コシダカ」はカラオケ事業が成長中！
不景気がチャンスになる理由は!?

市場・コード JQ2157

居抜き出店で成長 カーブスも伸びる

次に訪問したのは、不振のカラオケ業界にあって、高成長を続けるコシダカだ。同社の好調の秘密は、不振店を借り受けて再生させる居抜き出店を得意とすることだ。

「不況の中で廃業する店舗が増えていることが当社にとってはチャンスとなっています」と腰高社長。上の写真のように、コシダカが手掛けると不振店は見違えるように変身し、「売上げが倍増する店舗もある」（腰高社長）という。

同社はもう一つ、「30分フィットネスクラブ」というコンセプトのカーブス事業も手掛ける。カーブスは月の会費が平均5000円台という安さで、それも会員が急増している要因だ。また、女性専用の施設で会員は中高年が中心であり、カーブスがコミュニティの場として機能しているのも大きな強みだ。それによって、会員が会員を呼ぶ状況になり、退会率も業界随一の低さになっている。

腰高社長は、「両事業ともにまだまだ成長余地は大きくて、5年後には全社の売上げ350億円、営業利益40億円程度を目指せるのではないかと思っています」（腰高社長）という。

代表取締役
腰高 博さん
家業のラーメン店を継ぎながら、90年にカラオケ店経営に乗り出す。97年に居抜き出店を開始。快進撃が始まる。

居抜き物件への出店で高成長を続ける!

こんなカラオケ店が…

こんなにキレイに

営業不振のカラオケ店も、コシダカの手にかかるとあっという間に繁盛店に。最新のカラオケ機、きびきびした接客などで店舗は見違えるようによみがえる。

全店舗の売上高も既存店の売上高も好評だ!

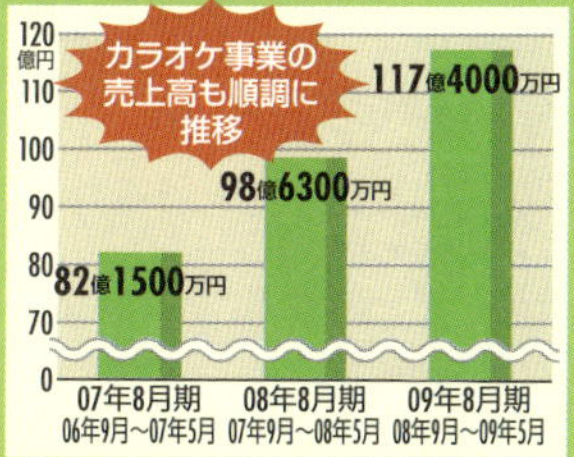

市場が縮小し続ける中、全国のカラオケ店の既存店売上げは軒並み前年比90%（＝前年比10%減）程度に。その状況下、同社は100%程度と健闘。

※『ダイヤモンド・ザイ』2009年12月号を元に再構成しました。

業績のニュースのなかでは特に「業績修正」に注目！

気になる銘柄はニュースも見ておこう

購入した株や、購入を検討している株については、何かニュースが出ないか、日々、注意するといいでしょう。証券会社のサイトで配信されているニュースは見出しだけでもざっと見るようにして、保有株、注目株については、記事を開いて見ます。

ニュースのなかでも最も注目すべきは業績修正のニュースです。会社は通期と第2四半期（中間期）の業績予想を出しますが、特に通期予想の修正は注目されます。上方修正されたら株は上昇しやすいですし、逆に下方修正されたた株は下落しやすい傾向があるのです（ただし、業績修正ニュースで株がどう動くかはやや複雑なケースもあります。詳しくは154ページも参照してください）。

左の鈴茂器工の例では、1月31日に証券会社のニュース一覧に①のような見出しが出ました。「上方修正」という言葉が見えるので、クリックして記事を開いてみます。すると、②のような画面が出てきます。これを見ると、13年3月期（12年4月～13年3月）の通期の業績予想について、売上高は65億円→68・5億円、経常利益7・15億円→8・8億円と上方修正されたことがわかります。

鈴茂器工は寿司ロボットを開発、国内外で販売しているメーカーです。この頃は株価も割安で、チャートの形も右肩上がりとよいものでした。さらにこのニュースを受けて、株価はグンと上昇し始めました。

注目株の情報は見逃せないね

気になる銘柄はニュースもチェック!

証券会社の株式ニュース（決算速報）をザッと見よう

ホーム　マーケット　国内株式　外国株式　投信　債券　FX

TOP | 主要指標 | 外国為替 | ランキング | マーケットニュース | 株式ニュース | 債券ニュース

マーケット > 株式ニュース

注目銘柄 | 株価格付 | 決算速報 | 決算見通 | 海外速報

決算速報

←前へ　　次へ→

①

01/31 12:45 <決算>住友鋼管(5457) 3Q 営業利益 40.0%減(12.28億円 4—12月連結)、2013/03予想 (18.0億円)

01/31 12:30 <決算>鈴茂器工(6405) 上方修正 営業利益(8.6億円←7.15億円 2013/03通期連結)

01/31 12:30 <決算>大正薬HD(4581) 3Q 営業利益 11.9%減(307億円 4—12月連結)、2013/03予想 (355億円)

ニュースが出たようだ!「上方修正」とあるぞ!!

クリック! もっと詳しくみてみよう

②

《連結》　　単位:百万円

■通期予想(2012/04/01～2013/03/31)

	今回(A)	前回(B)	増減額(A-B)	増減率	前期実績(12/03)
売上高	6,850	6,500	350	5.4%	6,315
営業利益	860	715	145	20.3%	711
経常利益	880	715	165	23.1%	714
純利益	510	390	120	30.8%	361
一株利益(円)	102.83	78.63			72.80

up!　up!

新しい業績予想　　以前に出した業績予想

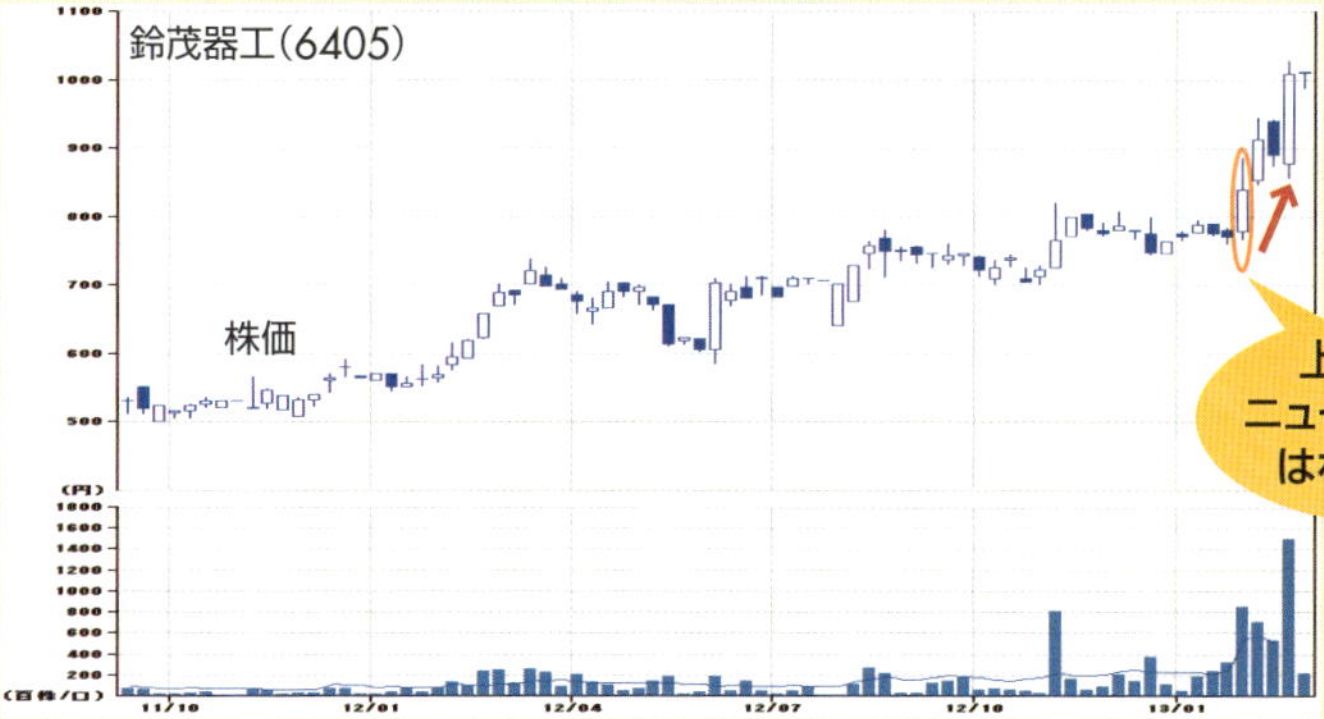

上方修正のニュースで株価がはね上がった!

"自己資本比率"が低い会社は要注意

今まで、業績の話をしてきましたが、もうひとつ、大事なことがありました。それはその会社が"危険ではないか"を考えることです！

具体的には、借金が多すぎないかどうか、を考えましょう。上場企業には、ほとんど借金していない会社もあれば、たくさん借金している会社もあります。

もちろんチャンスがあれば借金をしてビジネスを拡大するのは悪いことではありません。しかし、「チャンスだ！」と思ってたくさんの借金をしてまで事業を拡大したのに、それが上手くいかなくなったら経営は傾いてしまいます。たとえ

これが自己資本比率だ！

会社の総資産
負債
借金など、返さない（支払わない）といけないお金
自己資本
（＝純資産）※
返さなくていいお金
純粋な会社の資産だ
ここの割合が、自己資本比率だ！
50％以上ならまず安全
20％以下だと要注意！
業種によって借金が多くて当たり前のところもあるから、同業他社と比べてみるといいよ！

自己資本比率はネット証券、ポータルサイトの銘柄情報ページでも見られるよ

※厳密に言うと、純資産からいくつかの項目を除いたものが自己資本になります。ただし、ほとんどのケースでほぼ同額になるので、純資産≒自己資本と考えてもいいのです。

ば、景気が大きく悪化した08年には、売れない在庫の山、使われない生産設備の山、それらを買うためにした借金の山を抱えて倒産した企業がたくさん出ました……。

借金が多すぎないかどうかを簡単にチェックするのに役立つのは「自己資本比率」です。これは、会社の資産のうち負債以外の部分がどのくらいの割合あるのか、を見る指標です。

右ページの図を見てください。会社の総資産から負債を引いた部分を純資産といいます。これは返さなくてもよくて、自分自身に属している資産であることから自己資本と呼ばれます。この自己資本が資産のうちどのくらいを占めるのか、その割合を見るのが自己資本比率なのです。

自己資本比率が高いほどその会社の安全性も高いといえます。業種によっても異なりますが、一般的に50%以上ならば安全性が高いと判断できます。

50%未満でもダメだということではありませんが、危険な会社も少し交ざってきます。20%未満になると、危険な会社が随分と交ざってきます。

金融や不動産など特殊な業種では10%前後でも通常の姿といえますが、金融は1ケタ台前半、不動産は1ケタになると危険性が高くなってきます。

いずれにしても、自己資本比率が低すぎる会社にはよく注意をし、原則として投資対象から外すのがいいでしょう。

理解できない会社の株には投資するな！

最後に、66ページにも登場した〝株の神様〟ピーター・リンチの言葉を紹介しましょう。それは、**「理解できない会社の株には投資するな」**というものです。リンチ自身はハイテクが苦手で、どんなにすごい技術が開発されたと聞いても投資しなかったそうです。

難しい技術とか、複雑で難解なビジネスモデルとか……人はそういうものに対して、なんとなくすごいと思ってしまいます。しかし、そんな、「なんとなくすごそう」という状態ならば、株を買うのには慎重になった方がいいと、リンチは言っています。投資において、わからないことほど危険なことはありません。

何事もそうですが、銘柄を選ぶ時も、**自分の好きな分野、自分の得意な分野で勝負することが勝つ秘訣です。**

用語解説

自己資本
じこしほん

会社の資産から負債を差し引いた、その会社の純粋な資産といえる部分のこと。これは、株主が出資した金額と会社内に蓄えた利益を合計したもので、会社が株主から預かっている資本です。会社が解散すると株主に戻されます。

column

危ない会社は「営業キャッシュ・フロー」で見抜け！

営業CF ▲1,365（▲859）
投資CF
……
カッコは前の期のこと
あぶねー
あぶねー
2期連続でマイナス!!

最近、株式投資の情報を見ていると「営業キャッシュフロー（営業ＣＦ）」という言葉を目にすることが多くなりました。その見方について簡単にお話します。

キャッシュ・フローというのは現金の流れのことで、営業ＣＦが1億円の黒字という場合は、本業の活動によって現金が1億円増えたということを意味します。逆に1億円の赤字という場合は1億円現金が減ったということです。営業ＣＦは本業の活動で実際に入ってきた現金収入から支払った現金を引いて求めます。

営業ＣＦは黒字が望ましいのですが、商品だけ納品して支払は数カ月先といったように、現金の出入りはズレることもあるので、一年くらい多少赤字になったからといってすぐに「危ない会社」と判断することはありません。しかし、あまりにも大きな赤字であったり、2年も3年も赤字が続いたりするようだと、これは資金の流れに異常が出ている可能性があります。

たとえば、不良在庫をたくさん抱えていたり、取引先からの現金回収が滞っていたりするかもしれません。粉飾決算、黒字倒産（経常利益が黒字なのに倒産すること）などがときおり起こりますが、そうしたケースのほとんどは、営業ＣＦの大きな赤字が続いていたケースです。

営業ＣＦは本決算の決算短信の1ページ目や、会社四季報のデータなどで確認できます。気になる銘柄の営業ＣＦをチェックして、危ない会社に投資するリスクを抑えましょう。

第4章

稼げる!

株の選び方

割安な株ってどんな株?編

株の割安度を測るモノサシ「PER《ピーイーアール》」を使おう！

1000円のものを500円で買え！

〝いい会社（株）〟であることを確認したら、次に、その株がお買い得なのかどうか（割安かどうか）を考えることが大切です。

たとえば、どんなに素敵な時計でも、10万円くらいの価値のものを20万円で買う気にはなれないですよね。逆に、すごく気に入った時計が、通常の相場の半値くらいで売られていたら、それはお買い得だ！ということになります。

株も全く同じことで、価値ある株、いい会社を探して、それをすごく割安な株価で買うことが大切なのです。

20世紀に最も成功した投資家に、一代で5兆円近い資産を築いたウォーレン・バフェットという人がいます。彼は、世界の富豪ランキングで、マイクロソフトのビル・ゲイツと並ぶ常連です。

そのバフェットは、株で成功する最も大切なコツについて、「1ドル札を50セントで買うように、株を買うこと」と言っています。日本式に言い換えれば、「1000円札を500円で買うように、株を買え」ということです。その心は、「どう考えても1000円の価値はあると思える株が、500円くらいになった時に買え」ということです。

要するに、バフェットは、「割安さ」こそ投資で成功するために最も大切なポイントだと言っているのです。

「1株益の何倍か」で割安さを考える

株の割安度を判断するのに役立つのが、「PER《ピーイーアール》」という指標です。**PERは、会社の収益力（利益）から見て、今の株価が割安かどうかを測るもの。**株価を1株あたりの利益（1株益）で割って求めます（株価÷1株益）。

要するに、今、**株価が1株益の何倍になっているかを見るわけです。**

1株あたり年100円稼ぐ会社があって、今の株価が1000円なら、PERは10倍です（1000円÷100円）。同じく、1株あたり年100円稼ぐ会社があって、今の株価が2000円なら、PERは20倍になります。

利益の10倍の値段で買うのと、20倍の値段で買うのなら、10倍の方が割安ですよね。そういうわけで、**PERは数字が低いほど割安**ということになります。

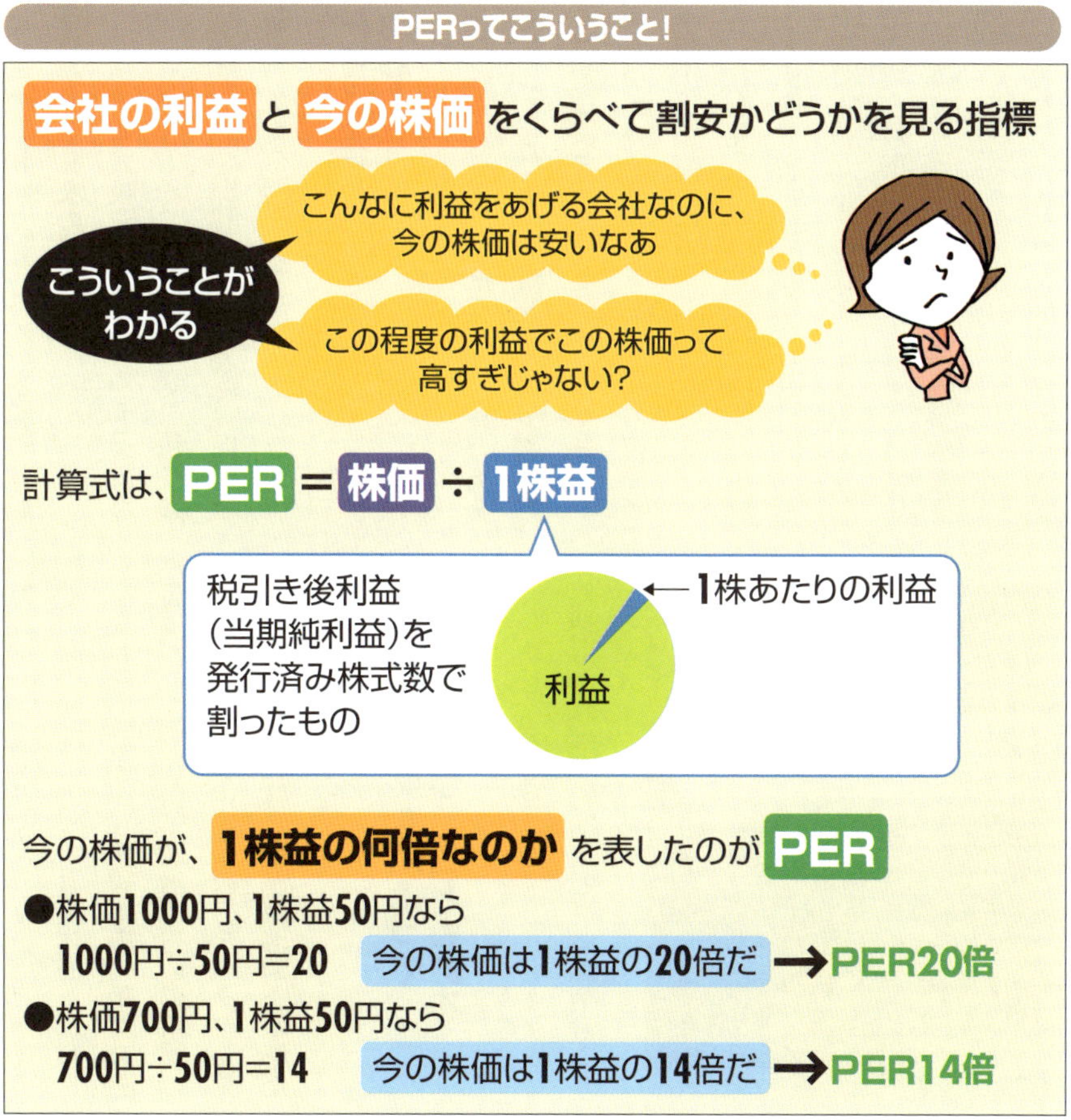

PERってこういうこと！
会社の利益 と 今の株価 をくらべて割安かどうかを見る指標
こういうことがわかる
こんなに利益をあげる会社なのに、今の株価は安いなあ
この程度の利益でこの株価って高すぎじゃない？
計算式は、PER ＝ 株価 ÷ 1株益
税引き後利益（当期純利益）を発行済み株式数で割ったもの
1株あたりの利益
利益
今の株価が、1株益の何倍なのか を表したのが PER
●株価1000円、1株益50円なら
1000円÷50円＝20 今の株価は1株益の20倍だ →PER20倍
●株価700円、1株益50円なら
700円÷50円＝14 今の株価は1株益の14倍だ →PER14倍

ＰＥＲの計算に使う1株益は予想の数字を用います。株は常に将来をにらみながら動いているので、それを分析する数字も、新しいものを使うのです。

会社をまるごと買うつもりで考えてみる！

ここで少し視点を変えてみましょう。会社をまるごと買うのに必要な金額を「時価総額」と言いますが、これは、株価×発行済み株式数で求められます。たとえば、ヤマダ電機の場合は３４００億円です。それに対して同社の12年度の税引き後利益の予想は３４０億円（13年2月現在）。もしあなたがすごいお金持ちでヤマダ電機をまるごと買ったとすると、３４００億円で、年３４０億円の利益を生み出す会社を買ったことになります。購入代金の３４００億円は1年の利益の10倍。つまり、「購入代金は10年で回収できそうだ」ということになります。実は、この「10年」という投資金額の回収年数がＰＥＲなのです。

ふつう株式投資は会社まるごとではなく「1株いくら」で買うので、利益も「1株あたりの利益」を使って、回収年数を計算するわけです。

ＰＥＲの標準はおおむね15倍

左ページに実際の企業のＰＥＲの例を掲載しました。株価は毎日変動するので、そのたびにＰＥＲも変動してしまうのですが、これは、13年2月15日の株価と、予想1株益で計算したものです。

これを見るとコンビニのファミリーマート15倍、無印良品の良品計画14倍、ＪＲ東日本は15倍……など、業績が安定していて一般的に優良企業と考えられている企業のＰＥＲは10倍台のものが多くなっています。

もちろん、リーマンショックのような時期やバブル相場のような時期もあり、その時の状況によっても全体的なＰＥＲも変わるのですが、株式市場の平均ＰＥＲはだいたい10倍～20倍くらいの水準で推移しており、古今東西のデータから見るとＰＥＲは15倍程度が標準的な水準だといってよさそうです。

ＰＥＲは将来性によってプレミアがつくこともある

しかし、表を見ると、ＰＥＲ1ケタの銘柄もあれば、約30倍と高い銘柄もあり

用語解説

発行済み株式数
はっこうずみかぶしきすう

会社が発行している株の総数のこと。株をすべて買い占めるために必要な金額を「時価総額」といい、株価×発行済み株式数で求められます。時価総額は、その会社の「市場でついたお値段」。つまり大きさを金額で表したものといえます。

ます。どうしてPERにこんなに違いが出るのでしょうか。

　一般的には、「将来的に利益が伸びそうだな」と期待されている会社の株にはプレミアがつけられてPERが高めになる傾向があります。このことは、株を買ったり売ったりする人の気持ちになって考えればよくわかると思います。今株を持っている会社が「今後グングン利益を伸ばしそう！」と思うなら、普通の値段では売りたくないですよね。逆に、そういう株を今から買おうという人なら、「多少上乗せした値段でも買いたい！」と考えるかもしれないですよね。

　一方、「今後、利益が減っていきそうだな……」と懸念されるならば、多少安い値段でも売ってしまおう、と考える人が出てきますし、買うにしても「ディスカウントしてくれないと買いたくない」と思うでしょう。

　このように投資家たちはPER15倍くらいを標準に、将来性を考えながらプレミアをつけたりディスカウントしたり値踏みをしているわけです。

　そうしてついた値段の中で、もし、「ほんとうは利益が伸びそうなのに、PERが低くなっている」という銘柄があれば、それこそがお買い得ということになります。

いろんな会社のPERを見てみよう！

銘柄	株価①	1株益②	PER（①÷②）
セブン&アイ	2756円	161円	17倍
ファミリーマート	3840円	256円	15倍
良品計画	5220円	376円	14倍
ファーストリテイリング	2万4860円	820円	30倍
ヤマダ電機	3515円	351円	10倍
NTTドコモ	13万7000円	11615円	12倍
KDDI	6790円	524円	13倍
JR東日本	6520円	439円	15倍
全日空	186円	11.4円	16倍
グリー	1086円	145円	7.5倍
ヤフー	3万8050円	1913円	20倍
カカクコム	3510円	119円	30倍
リブセンス	3535円	121円	29倍

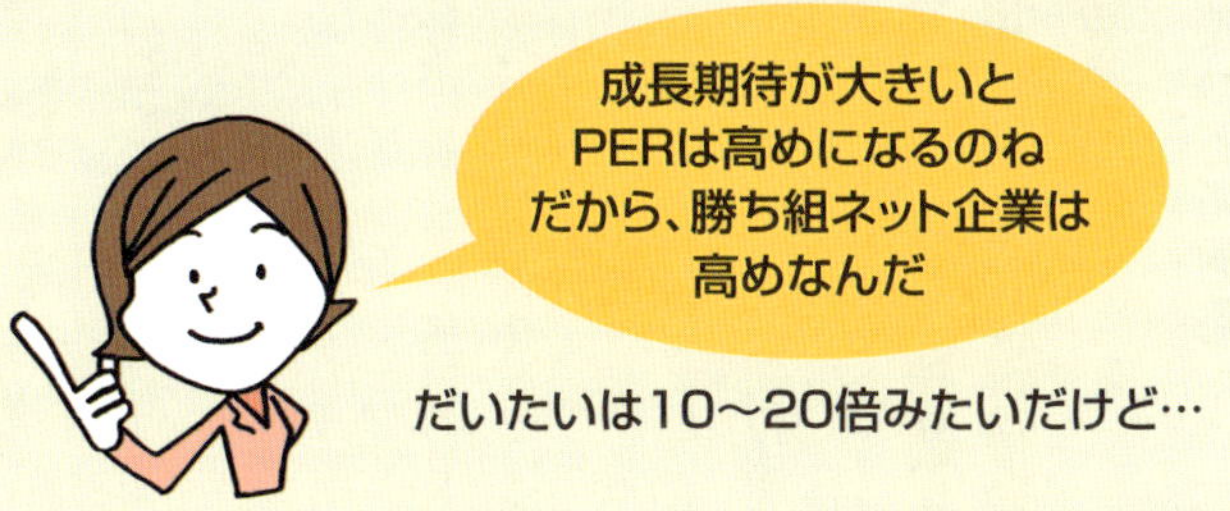
成長期待が大きいと
PERは高めになるのね
だから、勝ち組ネット企業は
高めなんだ
だいたいは10〜20倍みたいだけど…

※株価は13年2月15日時点。

利益をグングン伸ばしている会社のPERは高くなる！

PERは投資家の期待のバロメーター！

前ページで解説したとおり、ＰＥＲはその会社の将来性に対する投資家たちの期待によって決まります。投資家たちの間で将来性の期待が高ければその株のＰＥＲは高くなりますし、期待が低ければＰＥＲは低くなります。投資家たちはいつも、「この会社の実力から考えてＰＥＲは何倍くらいかな」と値踏みしながら売買をしているからです。

このように、株式市場で株価が決まる様子を式にすると「1株益×ＰＥＲ＝株価」となります（左ページの図を参照）。

これは、1株益に対して、何倍のＰＥＲに評価されるかを掛け合わせると株価になる、ということを表しています。1株益は足元の利益を示していますし、ＰＥＲは将来性に対する投資家の期待感を示します。この2つの掛け合わせで株価が決まるわけです。そして、1株益が増えるか、ＰＥＲが上がれば、株価は上昇することになります。

PERを使ってできる割安株投資と成長株投資

そこで、ＰＥＲを使った投資戦略が2つ考えられます。

ひとつ目は「割安株投資」と呼ばれるものです。つまり、「収益力の安定したいい会社なのに、ＰＥＲが低すぎる（たとえば1ケタの）銘柄を狙う」のです。

こうした株は後になって、「あっ、この会社はなかなかいい会社かもしれない。ＰＥＲがこんなに低いのはおかしい」と投資家から評価し直されれば、ＰＥＲは上がっていき、それによって株価が上昇する可能性があります。

ふたつ目は「成長株投資」と呼ばれるもので、「ＰＥＲは低くなくても（たとえば、15～20倍と多少高くても）、1株益が大きく伸びる銘柄を狙う」ものです。利益が大きく伸びて成長することによる株価の値上がりを狙うわけです。

業績とPERと株価の関係を見てみよう

ここでポイントという会社の例を見てみましょう。同社は「ローリーズファーム」という女性に人気の衣料品チェーンを展開していますが、01年から06年にかけて株価が100倍近く上昇しました。

株価はこうして決まる！

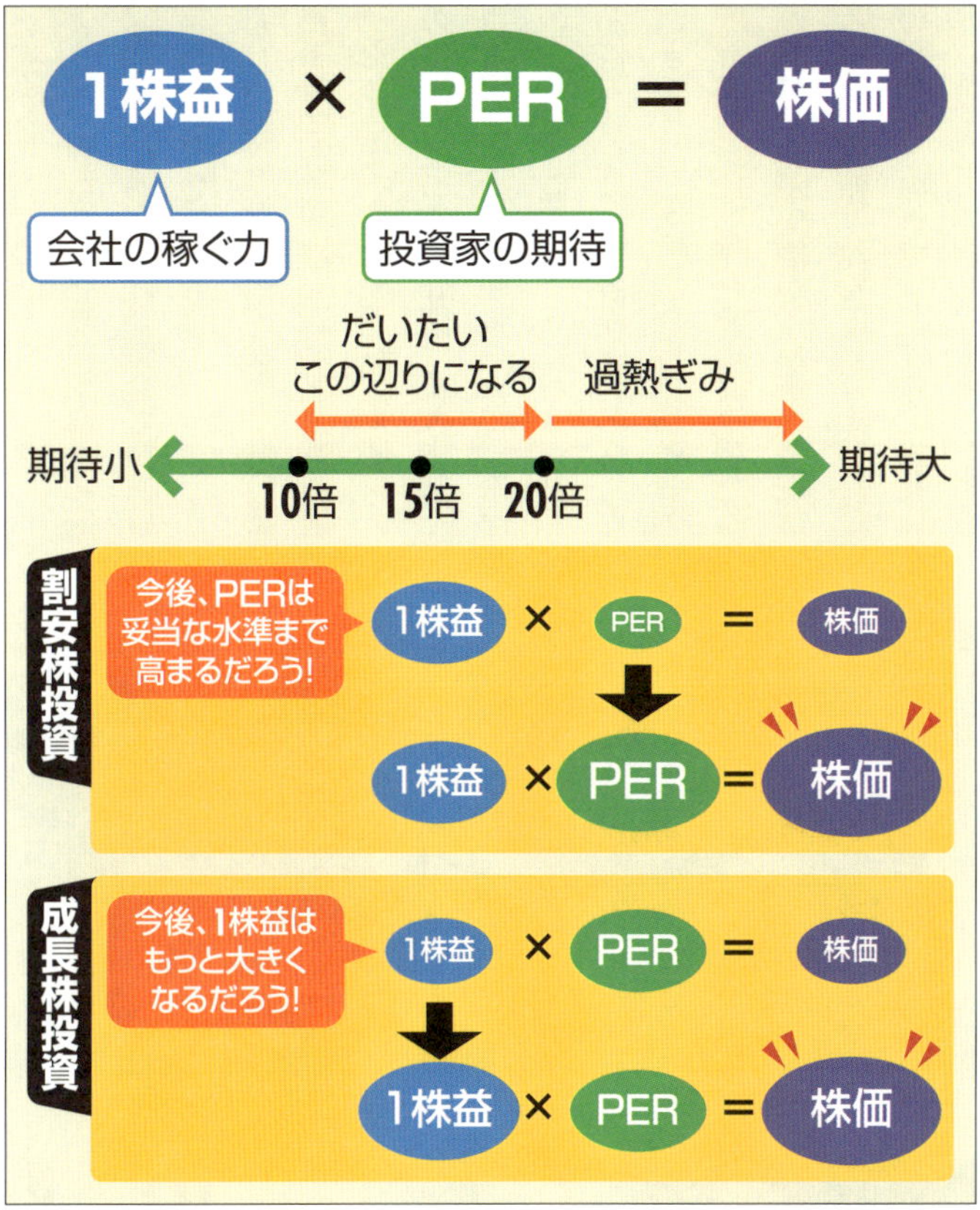

01年頃、「ローリーズファーム」は徐々に若い女性の間で人気が高まり始め、同社の利益も年率10～20％くらいのペースで成長していました。売上高はまだ100億円をやっと超えたところで大手衣料チェーンに比べてそれほど大きくない状況でしたが、会社は人気の高まりを受けて積極的に店舗を増やしているところでした。こうした状況を考えると、「当面高い成長が続きそうだな」と判断できるところだったと思います。しかし実際は、この段階でこの銘柄の良さに気づいた投資家は少なく、PERは5倍とかなり低い状態でした（潜伏期）。

その後ポイントの成長は加速し、02年、03年と、この会社の成長ぶりに気づいて投資する投資家がどんどん増えていきました（評価タカマル期）。

01年から06年にかけて利益は10倍になりましたが、投資家からの注目度や期待もどんどん高まり、たった5倍だったP

ＥＲは最終的には50倍にも達しました。

このように、利益もＰＥＲの水準も10倍増し、その変化率を掛け合わせて株価は１００倍となったのです。

しかし、いくら業績が好調とはいえ、ＰＥＲ50倍はあまりにも高すぎて過熱気味だったといえそうです（バブル期）。

その後も同社の業績好調は続きましたが、投資家たちは熱狂からさめて、冷静にこの会社を評価するようになり、ＰＥＲは20倍、さらには15倍程度へと落ち着いていきました。株価とＰＥＲがピークをつけた06年1月以降も業績は伸びたのですが、ＰＥＲが50倍から15倍へと正常化する中で、株価は沈んでいきました。

このポイントの例では割安株と成長株の両方の面を備えていて、株価が1株益とＰＥＲで動く様子がよくわかると思います。また、割安さと成長性の両方を備えていると株価が爆発的に上がる可能性があることを教えてくれます。

約5年で株価100倍になるメカニズム

ポイント（2685）
株価
(円)
12000
10000
8000
6000
4000
2000
5000
4000
3000
2000
1000
01/01
02/01
03/01
04/01
05/01
06/01
07/01
08/01
潜伏期
PER5倍
ほとんど値動きがなくPERも5倍程度だが、実は女性からの人気が高まり積極的な店舗拡大により20%近いペースで利益を伸ばしていた。
この会社の良さに、みんながまだ気づいていない時期
評価タカマル期
PER急上昇中
業績は期待以上のペースでグングン伸び、投資家からの人気が高まってPERも30倍を突破！
「この会社良さそう…」とみんなが買いに走る時期
評価爆発！
PER50倍!?
「株価が50年先の利益まで織り込んだ状態」。仮に利益が2倍になってもPER25倍だ。
買いが買いを生んで、実態以上に買われる時期
バブル崩壊期
PER急降下
さすがにPER50倍は高すぎ、これはバブル…と判断した投資家の利益確定売りなどが出て株価下落。
「さすがにPER高すぎ」とみんなの熱が冷め出す時期
妥当な水準期
PER15倍
成長はだいぶ落ち着いてきたが、利益はしっかりと増やし続けている。PERは標準的な15倍前後の水準に。
熱狂が冷めて冷静な判断で売買される時期

column

大切なのは「実績PER」ではなくて、あくまでも「予想PER」!!

投資家は、終わってしまったレース
(=前期の結果)に興味なし!

PERについて、ここで強調したいことがあります。それは、「PERは、あくまでも予想値を見る」ということです。どうしてこんなことを言うのかというと、新聞やインターネットの情報などを見ていると、単にPERとあって、それが「実績PER」だったり「予想PER」だったりするからです。

実績PERは、前期の実績によって計算したPERということ。一方、予想PERは業績予想で計算したPERのことで、一般的には今期予想に基づくPERのことを指します。

このうち、重要なのは今期予想PERです。「今期予想」とは「今、進行中の年度の業績がどうなるか」ということ。たとえて言うと、「現在行われているレースの結果がどうなるか」という予想です。みんなの関心があるのは、終わってしまったレースではなくて、今行われているレースの結果の予想なのです。その上で、さらに次のレース(来期)の予想も重要になります。

厄介なことに、新聞などには、単に「この会社のPERは×倍」と書いてあって、それが実績PERであるケースがあります。実績によるPERを見てもあまり意味はありません。ネット証券が提供する情報は予想PERを採用しているかと思いますが、ポータルサイトの情報では実績PERの場合も少なくありませんから、単にPERとある場合は、それが実績なのか予想なのかを必ず確認しましょう。

成長株のＰＥＲは成長率の１倍が標準！

Ａ社とＢ社、どっちがお買い得？

成長期待が高いほどＰＥＲは高くなるという話をしましたが、その株が割安かどうかを考えるのに、もう少し具体的な基準はないのでしょうか。

ここで、少し例を使って考えてみましょう。今、左ページの囲みのように、Ａ社とＢ社があるとします。今の１株益（13年予想の１株益）はどちらも１００円ですが、株価はＡ社が１０００円でＢ社が２０００円となっています。この２社のＰＥＲは何倍になるでしょうか。

計算すると、Ａ社は１０００円÷１００円＝10倍、Ｂ社は２０００円÷１００円＝20倍となります。標準的なＰＥＲは15倍ですから、単純に比較すればＡ社は割安でＢ社は割高に見えますね。

しかし、Ｂ社は成長性が高くて、３年後に１株益が２倍の２００円くらいになりそうだとします。一方、Ａ社は衰退傾向にあり、３年後に１株益が半分の50円くらいに下がりそうだとします。

ここで、３年後の１株益からＰＥＲを計算してみましょう。すると、Ａ社は１０００円÷50円＝20倍、Ｂ社は２０００円÷２００円＝10倍となります。こう見ると、Ａ社は１０００円でも割高、Ｂ社は２０００円でも、実は割安に見えます。

妥当な株価水準は３年後の１株益の15倍

では、Ａ社とＢ社の妥当な株価水準はどのくらいなのでしょうか。

Ｂ社は１株益が３年後には２００円くらいになりそうだということなので、それに標準的なＰＥＲ15倍を掛けて３０００円くらいでも妥当なのではないか、と考えられます。株価３０００円は、今期１株益（１００円）から見ると、ＰＥＲ30倍の水準です。

一方、Ａ社は１株益が３年後に50円くらいになりそうなので、それに標準的なＰＥＲ15倍を掛けて７５０円くらいでも妥当なのではないか、と考えられます。株価750円は今期1株益（100円）から見るとPER7・5倍となります。

結局のところ株価というのは、「将来の1株益の15倍の水準を探って動いている」といえます。ここで「将来」というのは、だいたい2～3年くらい先までと考えておけばいいでしょう。つまり、「株価は2～3年先のPER15倍の水準を探って動く」傾向があるのです。

その結果、今の1株益から見たPERはバラバラになるわけです。つまり、1株益が2倍になるなら、今の1株益から見たPERも標準の2倍（PER30倍）でもいいし、1株益が半分になるなら、今の1株益から見たPERも半分（PER7・5倍）でいいのではないかという話になります。

成長率の1倍のPERなら標準レベル

ここまでの話をさらに進めて、「成長率とPERの関係」を考える簡便法を紹介しましょう。

たとえば、今後3年間10%ペースで利益成長する会社の場合、1株益は3年後に何倍になるでしょうか。1・1を3回掛ければいいですね。電卓で計算してみてください。答えは、1・3倍です。ということは、この会社のPERは「標準的な水準である15倍」の1・3倍、つまり20倍でもいいのではないかということになります。

同じように、成長率20%の場合にはPERはだいたい25倍と計算できます。

さらに、面白いことに、成長率30～100%の場合に同じように計算すると、「成長率の1倍程度のPER水準」という結果がでてきます。つまり、ザックリ

PERが「妥当なPER」の半分ならお買い得!

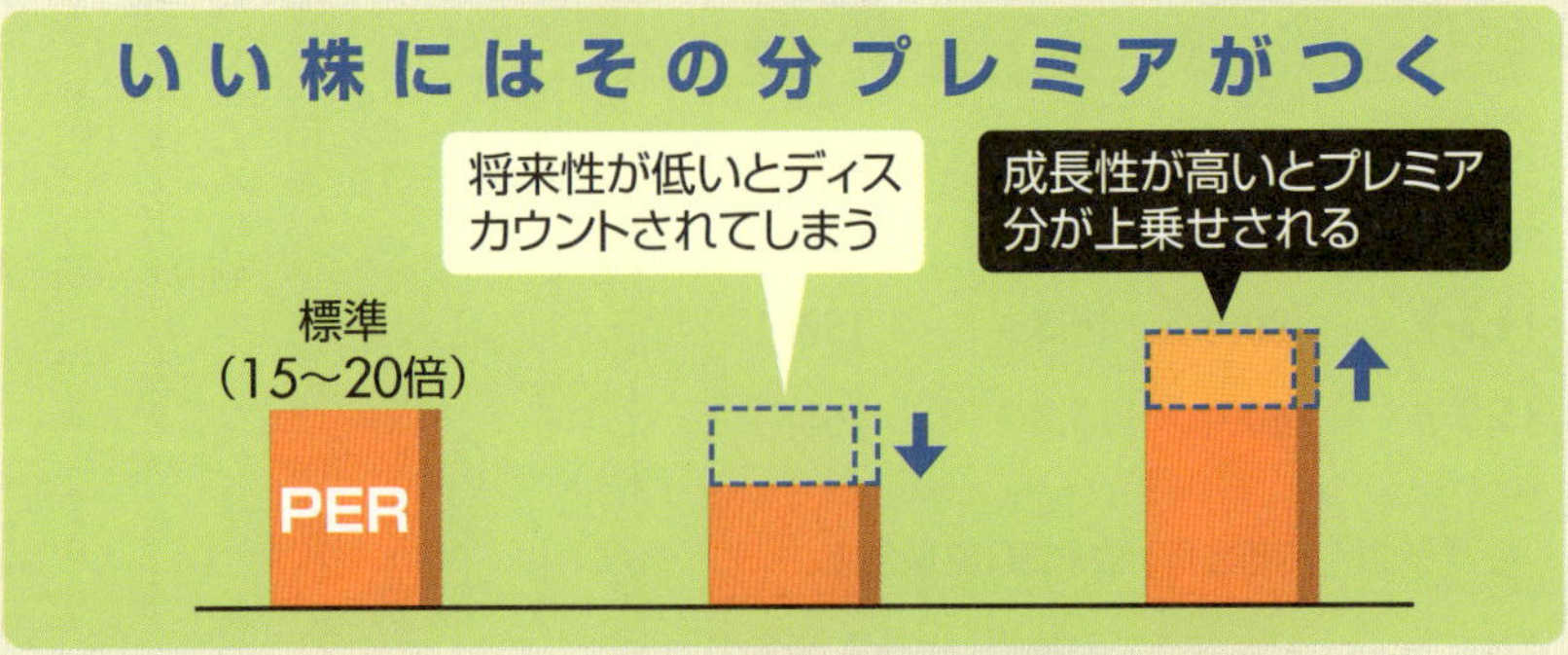
いい株にはその分プレミアがつく
将来性が低いとディスカウントされてしまう
成長性が高いとプレミア分が上乗せされる
標準（15〜20倍）
PER

成長株を買うなら、この妥当PERの半分くらいの株価の時を狙おう!

ただし、PER30倍以上の株への投資は慎重に!

利益成長率と妥当PERの早見表

利益成長率	PER
利益半減	7.5倍
0%（現状キープ）	15倍
10%	20倍
20%	25倍
30%	30倍
⋮	⋮
100%	100倍

成長率30〜100%の場合「成長率=PER」だ

言って、成長率30%ならPER30倍、成長率40%ならPER40倍、成長率50%ならPER50倍……という計算結果になります。これらが、「成長株にとっての標準的（妥当な）なPER」ということになります。

株を買うポイントとしては、この標準的と思われるPERよりも大幅に安い水準を狙うことをおすすめします。「妥当なPERの半分くらいの値段で買う」と考えるといいかもしれません。たとえば、成長率30%くらいと考えられるなら、妥当なPERは30倍ですが、それが15倍くらいのときに買うという感じです。

ただし、50%を大きく超えるような高成長の場合でも、「株を買うならPERは30倍くらいまで」と考えておくのが無難です。PERがあまりにも高い水準になると、株価が乱高下しやすく、その会社が期待外れになった時の株価下落リスクも高くなるからです。

column

成長率って、どう見積もったらいいの？

「成長率をどう求めたらいいのか」を考えるには3つのポイントがあります。

1つ目は、成長率は営業利益や経常利益で考える、ということです。純利益や1株益だと一時的な要因が混ざってしまうからです（106ページ）。利益を見積もるには営業利益か経常利益で考えるのが最適です。

2つ目は、考えるのはあくまでも〝今後の〟成長率だ、ということです。少なくとも、向こう3年くらい続きそうな成長率です。今成長率が高くても、それが今後も続くとは限りません。規模が大きくなると、規模が小さかった頃のような高い成長率の維持は難しくなる、という点も考えた方がいいでしょう。

3つ目は、以上のことを踏まえ、慎重めに見積もる、ことです。ビジネスの内容や将来の見通しを考えて、「少なくとも×%以上の成長は続きそうだ」と考えられる最低線の成長率を採用するといいでしょう。

過去の業績推移は今後の成長率を考えるための参考データとして見ます。20%以下と落ち着いた率で毎年一定の成長を続けている会社は、今後も成長を維持する信頼性が比較的高くなります。一方、成長率がデコボコの場合は今後を予想しづらく信頼性もやや劣ります。成長率が高いケースは魅力的ですが、成長率が高いほどその持続は難しくなります。そうした点も考えながら、成長率はあくまでも慎重（低め）に見積もるのがコツなのです。

業績の安定した優良株を低ＰＥＲで買う！

堅実に安定成長している会社を狙え！

それでは、ここからＰＥＲを使った投資戦略について詳しく見ていきます。

ＰＥＲを使った第１の投資戦略は、割安株投資、つまり、「業績が安定しているのに、ＰＥＲが低いものを狙う」というものです。具体的には、同じ水準の業績を毎年しっかり維持していたり、少しずつでも伸びている会社です。そうした銘柄がＰＥＲ１ケタ台で放置されている場合は、投資チャンスである可能性があります。

左ページのアークランドサービスの09年の例を見てください。同社は09年2月10日に本決算発表を行いましたが、その時の業績は表にあるように、売上高72億円→80億円→85億円、経常利益７・８億円→８・６億円→８・８億円と着実に伸びています。ハデな成長というわけではありませんが、まさに安定成長しているという感じがしますよね。

業績の好調さは納得できるもの？

数字の確認をしたら、その背景を考えましょう。会社のホームページを見ると、同社は低価格のとんかつ屋「かつや」をチェーン展開し、店舗数も１００店舗を超えて順調に拡大しているところでした。このころから街中でもよく「かつや」を見かけるようになりましたし、サラリーマンや学生たちの間でも低価格で気軽にとんかつを食べられる店として人気が少しずつ広まりはじめていました。そうした動きが、業績でもしっかり確認できる状況でしたので、とくに「かつや」を愛用している人などは、親しみをもってこの会社の株に関心を持つことができたのではないでしょうか。

この会社のＰＥＲは15倍くらいでもいい

業績とその内容から「この会社はなか

この会社が5倍は低すぎでしょう…

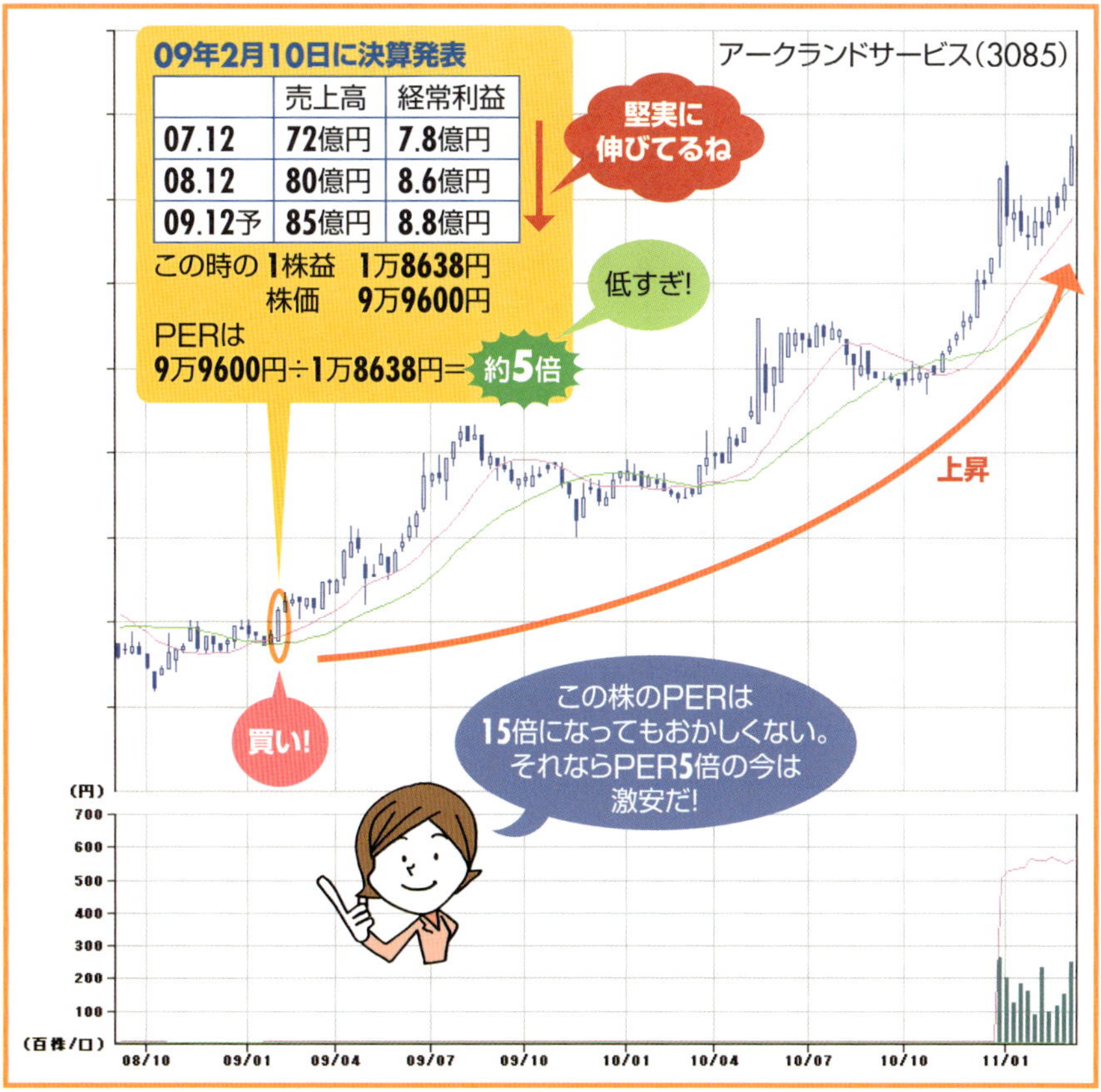

なか良さそうだ」と判断したら、次にPERの確認です。この時の今期（進行中の期）の予想1株益は約1・9万円でした。それに対して株価は10万円ほどでした。となると、PERはいくらでしょうか。10万円÷1・9万円で5倍強という計算になります。

ここまで学んだように、業績が安定していればPERは15倍くらいになってもおかしくありません。ですから、当時のPER5倍強という水準は、「あまりにも割安だ」と感じられたのではないかと思います。PERが15倍になれば、1株益×PERで計算すると株価は28万円近くまで上がることになります（1万8638円×15）。そうなれば今の株価約10万円はお買い得ですよね。

実際に、本決算発表を見てそう感じた投資家が多かったのだと思います。株価はそこから順調に上昇し、半年間で約6割上昇、16万円近くに達しました。

PERを使った投資戦略 2

ものすごい高成長株を狙う!

メガネブームを起こして急成長!

ＰＥＲを使った２つ目の投資戦略は「成長株投資」です。これは、「ＰＥＲはやや高めでも、利益成長がすごくて、それによって株価が化けるような株を狙う」というものです。

具体的には、94ページで考えた「成長株のＰＥＲ」の考え方を使います。「今後3年間の成長率はこのくらいは行くんじゃないか」ということを考えて、その成長率からみて妥当なＰＥＲより大幅に安い水準を狙うのです。

左に挙げたのは09年以降に株価80倍以上と大化けしたジェイアイエヌです。

同社は巻頭特集でも紹介したようにメガネ店「ＪＩＮＳ」を展開していますが、軽くてかけ心地もよくデザイン性もいい「ＡＩＲ　ＦＬＡＭＥ」というメガネを４９９０円という超低価格で提供することから始まり、花粉対策メガネ、ＰＣ用メガネなど次々と新しい機能性メガネを販売してはブームを起こしました。メガネ使用者はもちろん、メガネ使用者ではない人でも知った存在になっていると思います。

ここで取り上げるのは、11年10月時点の話です。この時にはすでに同社の勢いは明らかになっていて、業績も株価も完全に拡大トレンドに入っている時でした。そして、この11年10月14日に発表された本決算の数値は左ページの通り、経常利益は6億円→10・5億円→16・6億円と年率50%を超える凄まじいペースでの成長が続いていました。

この当時店舗数はやっと１００を超えたところでしたが、ライバルの大手が7００店舗程であったのと比べると、まだ全国への出店余地はかなり大きいと考えられました。また、新しい地域に出店すればあっという間に人気店になる状況でしたから、業績の伸びる余地もかなり大きいと想像できる状況でした。

50%成長を続ける会社ならPER19倍はお買い得!

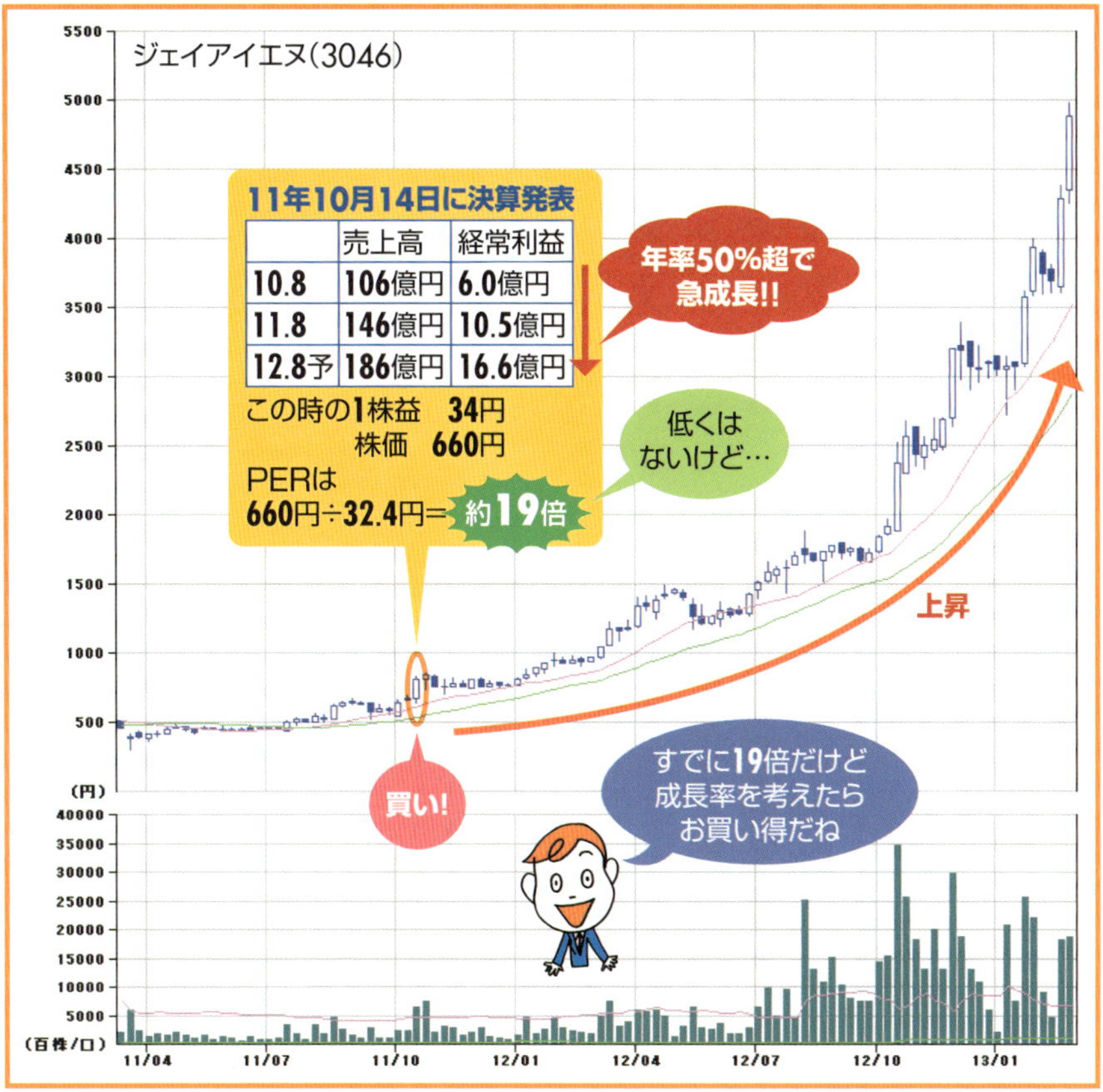

ジェイアイエヌ(3046)
11年10月14日に決算発表
	売上高	経常利益
10.8	106億円	6.0億円
11.8	146億円	10.5億円
12.8予	186億円	16.6億円
この時の1株益 34円
株価 660円
PERは
660円÷32.4円＝約19倍
年率50%超で急成長!!
低くはないけど…
上昇
買い!
すでに19倍だけど
成長率を考えたら
お買い得だね
5500
5000
4500
4000
3500
3000
2500
2000
1500
1000
500
(円)
40000
35000
30000
25000
20000
15000
10000
5000
(百株/口)
11/04
11/07
11/10
12/01
12/04
12/07
12/10
13/01

成長率を考えれば19倍のPERは安い

このように業績も中身も魅力の高さは折り紙つきでしたが問題はPERです。この11年10月14日に発表された数値では、今期（進行中の期）の予想1株益は34円でした。一方で株価は660円前後まで上昇していましたから、PERは660円÷34円＝19倍でした。

PER19倍という水準は低いものではありませんが、50%以上もの利益の急成長が続いていて、実際に起きているJINSブームの勢いや成長余地の大きさを考えると、19倍はむしろ割安に感じられるのではないでしょうか。実際にそう感じた投資家も多かったようです。株価はこの決算発表を受けて800円台まで上昇し、さらに上昇が続いて、翌年の12年末にはなんと3000円、そして13年2月には4000円突破となりました。

PERについてのよくある質問に答えます！

Q よくある質問 1 赤字会社のPERについてはどう考えればいいですか？

下にあるのは、13年2月15日現在の業績不振企業のPERの例です。

まず、シャープを見てください。シャープのような赤字企業の場合、PERは計算できません。1株益がマイナスでは、計算をしてもPERもマイナスになってしまい、意味をなさないからです。

ではその場合、株価の割安さをどう考えればいいのでしょうか。2つ考え方があります。ひとつは資産から見た割安さを考えるということで、これは108ページでPBR《ピービーアール》という指標を学びます。

もうひとつは、あくまでも収益力から割安さを考える方法です。「今赤字だけど、リストラなどで体制を立て直せば利益が出る」という場合には、その時1株益がどのくらいまで回復する可能性があるのか、その数字を考えてPER計算します。

たとえば、もともと1株益1万円くらいの実力があって、今は不振だけど、いずれ元の収益力に戻ると考えられるなら、1株益1万円を基準にPERを考え、今の株価水準がお買い得かどうか考えてみてもいいと思います。

1株益がマイナスならPERは算出不可

	株価	1株益	PER
シャープ	321円	−394円	−
任天堂	8470円	99円	86倍
ソニー	1313円	20円	66倍

赤字だとPERが計算できない！

そんな場合は…

①「資産」で割安度を測る（108ページ）

②業績回復が見込めるなら、1株益を見積もってPERを計算してみる

全盛期と同じくらい回復するだろう…

全盛期の半分くらいまでは回復するだろう…

Q

よくある質問❷

業績不振企業なのに、PERが高くなっているケースがあります。これも将来性が期待されていると考えていいのですか？

今度は任天堂とソニーのデータを見てください。

どちらもPERが非常に高くなっていますが、これは、1株益があまりにも少ないのに、株価がそれに見合っただけ下がっていないために、これだけ高いPERになっていると考えられます。

この時点で任天堂やソニーは極度の業績不振に苦しんでいて、純利益はピーク時に比べて、任天堂が22分の1、ソニーが18分の1になっています。しかし株価は利益ほどには下がってないので、結果的にPERが高くなっているわけです。

また、これらの会社はある程度の資産の蓄えや営業基盤を持っていますので、利益ほど株価が下がっていないのだ、とも考えられます。

このように、利益水準が極度に低くなったり、赤字に転落すると、投資家はPBR（108ページ）など、PERとは違ったモノサシを使って割安さをはかろうとします。

また、「地力はあるから、今後ある程度利益が回復するだろう」と考えることもできるかもしれません。そう考えて投資を検討する場合には、投資家はどのくらい利益が戻るのかを考えてPERを計算します。

たとえばピークの半分くらいまで戻るのなら、ピークの半分の1株益を使い、再びピークまで戻る可能性が高いならピーク時の1株益を使ってPER計算して割安さをはかればいいでしょう。

なぜPERが高いのか？

	株価	1株益	PER
シャープ	321円	−394円	−
任天堂	8470円	99円	86倍
ソニー	1313円	20円	66倍

PERがめちゃくちゃ高い！

なぜこんなにPER（株価）が高いのか？

有形・無形の資産があるから、利益のわりに株価が落ちていない

割安度を測るには、PERと違ったモノサシが必要になるね！

Q

よくある質問③

成長率50%をはるかに超えて、100%成長しているような会社の株については、「妥当PERは100倍だから、PER50倍で買えれば割安」と考えていいのでしょうか？

基本的にはその通りです。

ただし、問題は本当に100%成長が3年間続くのかということです。

100%成長ということは、利益が1年で2倍になるということであり、3年間で8倍になるということです。

本当に3年間で利益が8倍になる可能性が高いと考えられるのならば、PERは100倍どころか、15倍の8倍で120倍くらいが妥当と考えていいでしょうし、その半分のPER60倍でもお買い得と考えてもいいと思います。

しかし、「3年間で利益が8倍になる」というシナリオが実現するのは、一般的にはかなり高いハードルですし、その高成長を実現するために会社が果敢に先行投資をしたことが裏目に出て、業績が悪化するようなことがあれば、高いPERも平均的な水準かそれ以下まで落ち込んでしまう可能性もあります。

たとえば、利益が2分の1になって、PERが60倍→12倍と5分の1になれば、その掛け合わせて株価は10分の1になってしまいます。（91ページ）。

ですから、一般的には、やはりあまりに高いPERの株に投資するのは、それなりにリスクがあると心得ておいた方がいいと思われます。

3つの質問のまとめと解説

要するに、大切なのは将来の利益がどうなるか

以上、3つのよくある質問に回答しましたが、その結論は共通していることに気づきましたか？

そうです、結局、PERというモノサシで株の割安さを考える時に最も大切なのは将来の利益なのです。投資家たちが株を売買するときに最も頭を使って考えるのはその会社の将来の利益がどうなるかであり、最終的にはそれによって株価が動くからです。

もちろん現在の業績の数字も重要なのですが、それはあくまでも将来を予想するための手がかりのひとつであり、株価を決める絶対的な要因ではありません。

もちろん現在の業績がきれいに拡大している方が、将来も成長が続くと予想しやすい、とはいえます。

しかし、現在赤字だったり利益がすごく少ない状態だとしても、将来大きく回復したり、成長したりして、1株益が大きくなることが予想できるなら、その15倍くらいまで株価が上昇する可能性は十分考えられるのです。

ただし、今後大きく業績が回復（成長）することを正確に予想して投資するのは難易度も高くリスクも伴います。ですから、「最低でもこのくらいまでは回復する（成長する）のではないか」というように慎重に考えて、「その慎重な想定で計算しても、あまりにも安すぎる」という水準で買うようにするといいと思います。

将来の利益を見積るためのヒント
会社の発表に注目する
1
会社の発表の裏付け調査をする
2
会社の過去の調査も……
2008
2004
1998
3
ひらめきも大事！
4

PERの異常値には気をつけよう!

「経常利益」と「純利益」がほぼ同額なら注意!

PERについて、もうひとつとても重要な注意点があります。それは、「1株益が異常値になっているケースに気をつけよ」ということです。

左ページには、04年9月時点の日産ディーゼルの業績を挙げました。05年3月期の予想を見ると、経常利益が165億円、純利益が175億円となっています。

71ページでも説明したように、経常利益から特別損益（一時的な損益）を加減して、さらに税金を支払って残ったものが純利益（税引き後利益）です。法人税率は約4割なので、特別損益がない場合には、経常利益の6割程度が純利益として残ります。

経常利益の何割が純利益として残るかについては、連結決算が絡んでくると、7割程度になったり5割程度になったりと、各企業の事情ごとに異なってきます。これについては、過去の例を見れば、経常利益の何割くらいが純利益になるのかがわかります。

いずれにしても、純利益が経常利益を超える水準になっているというのは異常値といわざるを得ません。こうなると、1株益も異常値となります。

どうして、純利益が異常値になってしまうのかというと、たとえば法人税が免除になっているケースがあるからです。日産ディーゼルの場合には、前年までに大きな赤字を計上していて、これが翌年以降に繰り越されています。その結果、法人税が免除されているのです。

1対0・6でなかったら自分で計算しよう

1株益が異常値になるのは、大きな特別損益があるケースか、法人税が免除されているケースです。

特別損益というのは、一時的で特殊な要因による損益です。

また、前年までに損失が出ている場合には、その損失が繰り越されて、利益と相殺され、その分だけ法人税が免除されます。大きな損失が繰り越されると、その年の利益にかかる税金が丸ごと免除されることもあります。日産ディーゼルの事例はこれに当てはまります。

純利益が多すぎる会社に注意!

日産ディーゼルの04年9月時点での業績推移

前年の大赤字で05年度は税金免除に

	売上高	営業利益	経常利益	純利益	1株益
03.3	3813.23億円	114.57億円	60.20億円	−33.47億円	—
04.3	4529.7億円	282.47億円	191.18億円	−402.73億円	—
05.3予	4020億円		165億円	175億円	71.67円

ここに注目!

普通なら、経常利益の5〜7割くらいが純利益なのにおかしいな

純利益がおかしいと1株益もおかしなことに

計算しなおそう!

修正計算のやり方

①経常利益に0.6を掛けて、
「純利益(税引き後利益)の実力値」を出す
※過去の業績を見て、その会社の経常利益と純利益の通常の比率がどのくらいかを見て、その倍率を掛ける。わからなければ0.6でもそんなに支障ない)

②純利益の実力値÷実際の純利益
×1株益=1株益の実力値

③株価÷1株益の実力値=本来のPER

以上のように、特別益が加わったり、税金が免除されたりすると、純利益と1株益は実力値よりも膨らみ、逆に大きな特別損があると純利益と1株益は実力値よりも縮んでしまいます。**経常利益と純利益の比率が、1対0・6の比率から大きくズレている場合には、修正計算しないと、実力に見合った本来のPERが計算できません。**

その手順は左図の通りです。やや面倒ですが、1株益が異常値になっている場合、こうした修正計算は必須になります。

「1株純資産」は、下値《したね》のメドになる！ PBR《ピービーアール》を活用しよう！

資産面から株の割安さを見る指標

株の割安さを測る方法には、もうひとつ、「PBR《ピービーアール》」という指標があります。PBRは、その会社の資産から見て今の株価が割安かどうかを測る指標です。計算式は、株価÷1株純資産。要するに今、株価が、1株純資産の何倍になっているのかを見るわけです。

純資産については、82ページでも説明しましたが、会社の総資産から負債を引いた金額のことであり、純粋にその会社の資産といえる部分のことです。

また、純資産は株主が最初に出資したお金に、その後会社が稼いだ利益を蓄積したものを加えた金額でもあります。つまり、純資産は株主から預かっている資産といえるのです。

そして、これを1株あたりに割り振ったものが株主に属する1株あたりの資産

PBRってこういうこと！

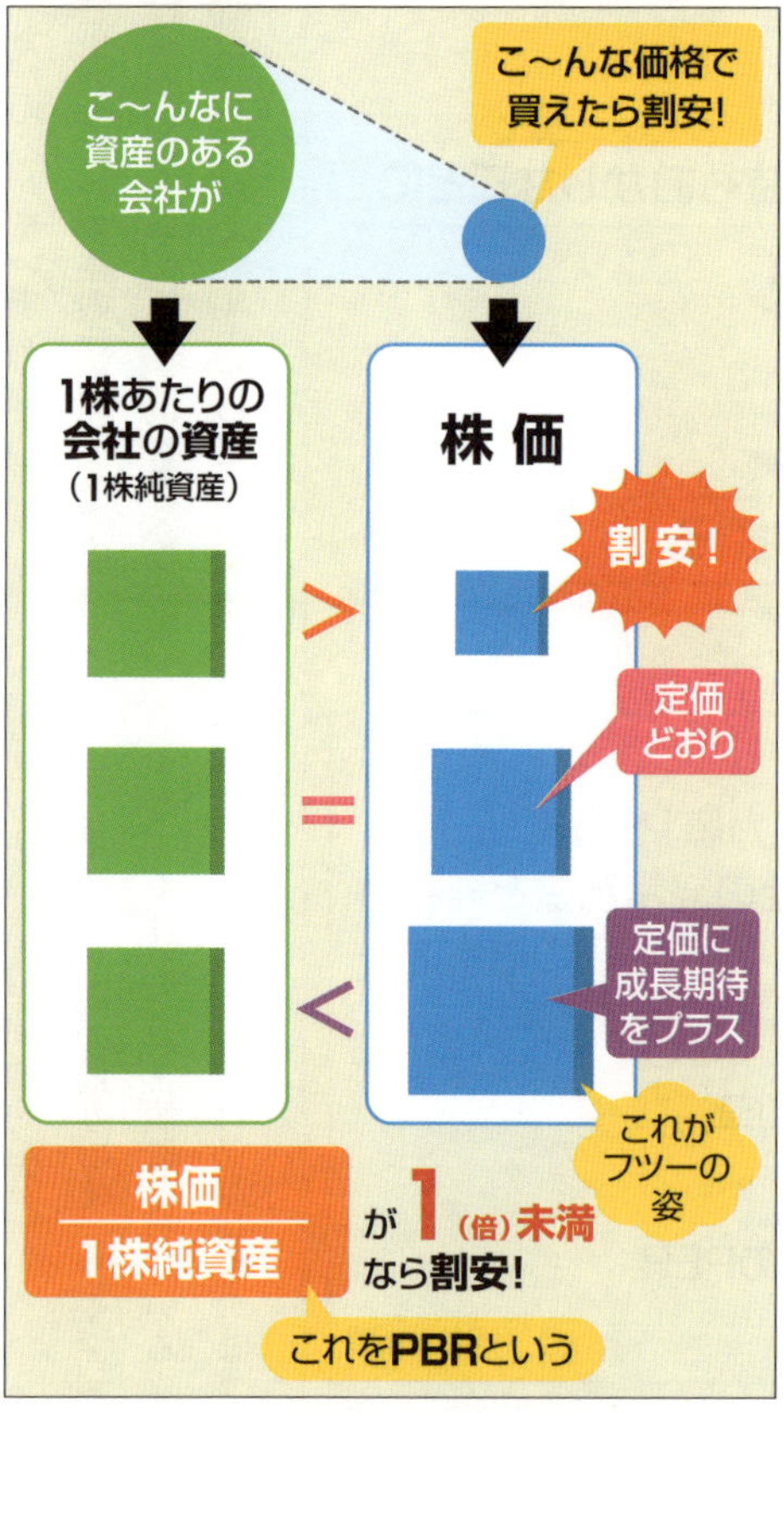
こ〜んなに資産のある会社が
こ〜んな価格で買えたら割安！
1株あたりの会社の資産（1株純資産）
株価
割安！
＞
＝
＜
定価どおり
定価に成長期待をプラス
これがフツーの姿
株価／1株純資産
が1（倍）未満なら割安！
これをPBRという

金額ということになり、「1株純資産」と呼ばれます。これは、会社が解散した場合に株主に配分される資産ともなるため「解散価値」とも呼ばれます。

この「1株純資産」は帳簿に載っている現預金や不動産などの資産から計算した金額ですが、きちんと経営されている会社の場合には、それに加えてノウハウや技術やブランド力などといった帳簿に載っていない価値も蓄えられています。ですから、普通ならば、会社の価値は純資産以上になるはずであり、株価は1株純資産以上（PBR1倍以上）の状態であるはずなのです。

「PBR1倍」の2つの使い方

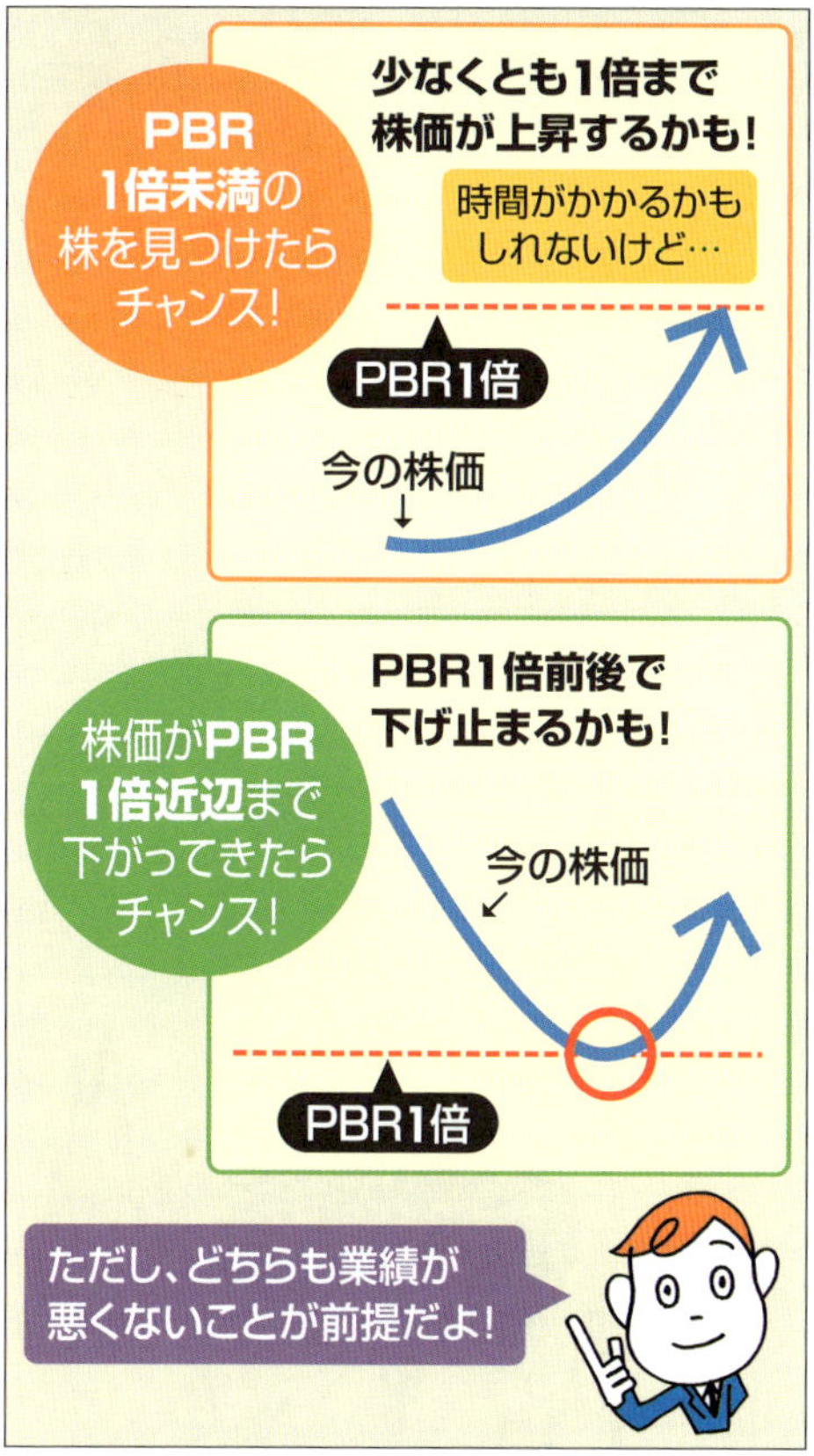
PBR
1倍未満の
株を見つけたら
チャンス!
少なくとも1倍まで
株価が上昇するかも!
時間がかかるかも
しれないけど…
PBR1倍
今の株価
株価がPBR
1倍近辺まで
下がってきたら
チャンス!
PBR1倍前後で
下げ止まるかも!
今の株価
PBR1倍
ただし、どちらも業績が
悪くないことが前提だよ!

まともな会社のPBRが1倍以下ならお買い得！

ところが、実際にはPBR1倍割れの会社は何社もあります。これは、①赤字垂れ流しのダメな会社か、②優良企業だけど何かの理由で一時的に大きく株価が下がっているか、のどちらかです。このうち①の場合にはPBR1倍割れでも買いチャンスとはいえませんが、②の場合には、絶好の買いチャンスとなります。

まず、赤字垂れ流しのダメ会社の場合、もしくは、将来そうなってしまう可能性のある会社の場合には、純資産そのものがどんどん減っていきます。ですから、今の純資産はアテにできず、今の純資産を基に計算したPBRが1倍を割れていても買いチャンスとはいえないのです。

一方、本来は将来見通しの良い優良企業だけど、一時的に調子が落ちているとか、株式市場全体の暴落につられて下がったなどの理由でPBR1倍を割れている場合には、買いのチャンスになります。この場合は一時的な理由で激安になっているわけですから、やがて再評価されて

PBR1倍の〝まともな価格〟まで戻ることが期待できますし、さらに上昇していく可能性だってあるからです。

PBR1倍は底値のメドにもなる

また、PBR1倍を「底値のメド」として売買に生かす方法もあります。

たとえば、下のトヨタ自動車のチャートでは、PBR1倍時点の株価が、株価の底打ちのメドとして強く投資家から意識されながら動いていることがわかります。トヨタ自動車は92年、95年、03年と景気の悪化や急激な円高で経営が苦しく株価が大きく下落しましたが、いずれの場合もPBR1倍近くのところから株価は反転しています。トヨタ自動車のように日本を代表する優良企業で注目度も高い銘柄の場合、PBR1倍近くまで下がると、「底値」と考えて株を買う投資家が多いためだと考えられます。

PBR1倍付近で株価の下落はストップしやすい!

column

PBR1倍を下回ったトヨタをどう考えるか

右ページでは、「PBR1倍が有力な下値メドになる」という話と、その例として「トヨタ自動車はPBR1倍近辺が絶好の買いポイントになってきた」という過去のケースを見ました。

しかし、08年のリーマンショックでトヨタ自動車株はPBR1倍の水準を大きく割り込み、その後も東日本大震災やタイの洪水など立て続けに悪い出来事が続いて、11年には当時のPBR1倍水準（約3100円）を3割近く割り込む2330円まで株価が下落しました。

なぜこんな動きになってしまったのでしょうか。

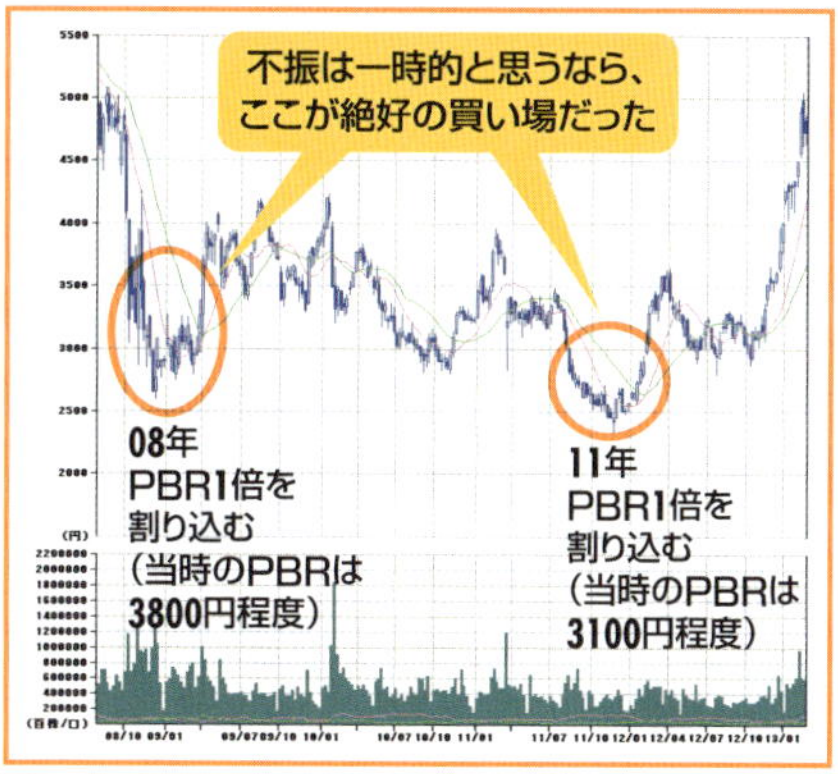

不振は一時的と思うなら、
ここが絶好の買い場だった
08年
PBR1倍を
割り込む
（当時のPBRは
3800円程度）
11年
PBR1倍を
割り込む
（当時のPBRは
3100円程度）

リーマンショックや震災などの打撃で、「もうトヨタ自動車は以前のように利益を稼げる会社ではなくなったのかもしれない」という不安が投資家の間に広まり、それが株価に反映されたのだと考えられます。その頃の同社は急激な景気悪化に対応できずに業績も落ち込んでいましたから、投資家の間で不安が広がるのも仕方なかったかもしれません。

しかし、「トヨタ自動車の不振は一時的なもので、いずれまた活躍するようになる」と判断できたなら、PBR1倍割れの水準を絶好の買いチャンスと捉えることもできたと思います。実際にトヨタ自動車はそれらの試練を乗り越えて、ハイブリッド車などの製品力を一段と磨くことで業績を回復させ、13年2月現在は株価もPBR1倍水準を大きく上回る5000円台まで戻しています。株式市場ではこのようにPBR1倍を巡って様々なドラマが繰り広げられるのです。

日本一の個人投資家

竹田和平さんに聞こう

「世の中のためになる会社、好きな会社を、支えるような気持ちで投資しよう」

自分にとってわかりやすい分野から、良い会社を選んで、安く買う――。このシンプルな投資こそ、成功者の多くに共通した方法です。その代表選手としてウォーレン・バフェットとピーター・リンチを紹介しましたが、今度は竹田和平さんを紹介します。

竹田さんは、なんと100社近くの会社の大株主リストに名を連ねていて、「日本一の個人投資家」「日本のバフェット」などとも呼ばれています。投資する際に心がけていること、そして、今後の株式投資のあり方をどう考えるかなど、竹田さんにお話を聞きました。

“旦那”になったつもりで投資先と付き合おう

竹田さんは「株主になるということは、旦那になるのと同じこと」といいます。昔の商人の世界では、旦那が目をかけている人を番頭にしてお金を出して商売を任せました。旦那は、時には励まし、時には注意しながら、期待をかけて番頭の働きを見守ります。結果として番頭がたくさん稼いでくれれば、旦那も大きなリターンが得られるわけです。

実際に竹田さんが株を買う場合には、「ここは見込みがあるな」という会社を見つけて、その会社の株が大きく売り込まれているような時に、その会社を支援

個人投資家
“平成の花咲爺”
竹田和平さん

竹田製菓の経営者にして100社近くの上場企業の大株主。最近は徳を積む「貯徳活動」を展開中。近況はホームページ（http://www.takedawahei.net/）で。

竹田さんってこんな人

あの“タマゴボーロ”の会社の社長さんです

子どもの頃に誰もが食べた「タマゴボーロ」や「麦ふぁ〜」などのヒットを生み出し竹田製菓を大きく成長させた名経営者。株式投資は99年頃から本格化させて、その後100社近くの大株主になった。投資先は「そんな会社あったの？」というような、地味な会社がほとんど。会社四季報を見て業績が底を打ってからやや回復してきた株に目が留まるという。

竹田さん年表

1933年	名古屋の小さな菓子業者の一家に生まれる。父親はボーロを焼く菓子職人。
1951年	独立した父親の片腕として働く。商売が順風満帆で、竹田製菓㈱が発足。
1955年	事業拡大を目指し、単身北海道へ渡る。倒産の危機から挽回し大成功する。
1956年	**証券営業マンに勧められ、株を始める。**4勝1敗ながら儲からなかった。
1959年	父親の死去で帰郷。人に任せた北海道の会社は撤退。ボーロ製造を機械化。
1970年	菓子ビジネスの頭打ちを感じ取り、ボウリング場経営を始めて成功する。
1976年	ボウリングブームが去り同業者が続々倒産する中、経営手腕で生き残る。
1997年	**山一証券破綻。**社長は社員に謝ったが、個人筆頭株主の竹田さんには、挨拶ひとつなかった。
2004年	99年頃から株式投資を本格化させて、この頃には100社近くの大株主として有名に。

するような気持ちで投資します。

銘柄の選び方について竹田さんは、「世の中のためになりそうな会社、そして、何よりも自分が好きなモノやサービスを提供している会社を選ぶといい」といいます。そして、「株主になったら、その会社のモノやサービスを積極的に利用して、良ければ株主として褒め、ダメな点があれば注意してあげるといい」といいます。

また、竹田さんは、99年前半とか、02〜03年のように株価が全体的にものすごく安い時にたくさんの株に投資してきました。このような時は、景気が悪くて、他の投資家たちが皆株を投げ売りして、結果的にPERが低くなり、配当利回りが高くなっているような時です。リーマンショックの年にも、株価が安くなって「配当利回りが5％で、借金もほとんどないような会社を買った」（竹田さん）とのことです。

目先の利益ばかり追求すると失敗する

竹田さんがとくに強調するのは、「自我の時代は終わり、真呂の時代になってきた」ということ。自我とは自分の利益ばかり追求することであり、真呂とは他人や社会を思いやる真心のことです。「自我の時代は終わった」というように、自分の利益を強烈に追求したアメリカの大手金融機関は08年に軒並み苦境に陥りました。「金融は本来、モノやサービスを提供する会社を陰で支えるものなのに、それを忘れ、彼らは金融そのもので利益を上げることに夢中になった。こうした自我経営の当然の報いとして破綻に向かった」（竹田さん）のです。

このことは、個人投資家についても当てはまります。竹田さんは、「目先の利益ばかり追求する短期売買など上手くいくはずがない」といいます。08年のリーマンショックでも、目先の利益を追う投資家ほど壊滅的な損失を受けてしまいました。投資も社会的な活動の一環ですから、その本来の意味を考えて、自我を抑え社会のためという意識を少しもつようにすることが、長い目で見れば自分の利益にもつながるようです。

自我を抑えるために竹田さんが勧めるのは、「ありがとう」をたくさん唱えること、そして、自然と触れ合って心の中で会話してみること。「木に手をあてて、『いつも癒してくれてありがとう』といえば、自我がすーっと消える」といいます。こうしたことも心がけながら、くれぐれも、ガツガツした投資家になることを戒め、本質を押さえてゆったりと投資していきましょう。それが、竹田和平さんやバフェットなどに少しでも近づく道といえそうです。

投資
種をまいたら
実りが欲しい
のであって、
畑ごと売っぱら
おうなんて人は
いやせんよ
配当

ありがとう

第5章

売買タイミングがまるわかり!

株価チャートのテクニック

絶好の売買タイミングは「株価チャート」で判断できる！

ここまで「いい株を、安く買う」ための手順やコツを紹介してきましたが、実際にどのようなタイミングで売買するかを決めるには、株価チャートが役立ちます。

株価チャートは株価の動きをグラフにしたもの。それを見ることにより、

「まだ、下落が続いているな」

「この株を買う人が増えてきたぞ」

「上昇基調が崩れ始めた感じ。注意しなきゃ！」

など、その時々の株の状態を見てとることができます。そして、今株を買うべき時なのか、少し待った方がいいのか、ということを判断できるのです。

株価チャートは難しくありません。いくつかの基礎知識とコツを知るだけで、そこからいろいろな情報を読み取ることができます。

この章では、実践で役立つ基礎知識&コツを紹介していきましょう。

「ローソク足《あし》」と「出来高《できだか》」でできている

それでは、ヤフーのチャートを例に、実際に株価チャートを見てみましょう。

まずは、チャートを見る基礎の基礎を簡単に説明しておきます。株価チャートは、株価の動きを示すグラフと、出来高《できだか》（取引された株数）を示す棒グラフから成り立っています。あとで説明しますが、株価と出来高の動きを一緒に見ることで、その株の状態がよくわかるのです。

さて、株価の動きを示すグラフを見ると、ローソクのような形をした図形から成り立っていることがわかります。この1本ずつをローソク足《あし》といいます。

左上に掲げたヤフーの株価チャートの場合は、ローソク1本で1週間の動きを示しています。その他にも、ローソク1本で1日の動きを示すチャートや、ローソク1本で5分の動きを示す5分足《ふんあし》チャートなど、様々な期間のローソク足があります。ローソク1本が1日を表す場合は日足《ひあし》チャート、1週間の場合は週足《しゅうあし》チ

これが「株価チャート」だ!

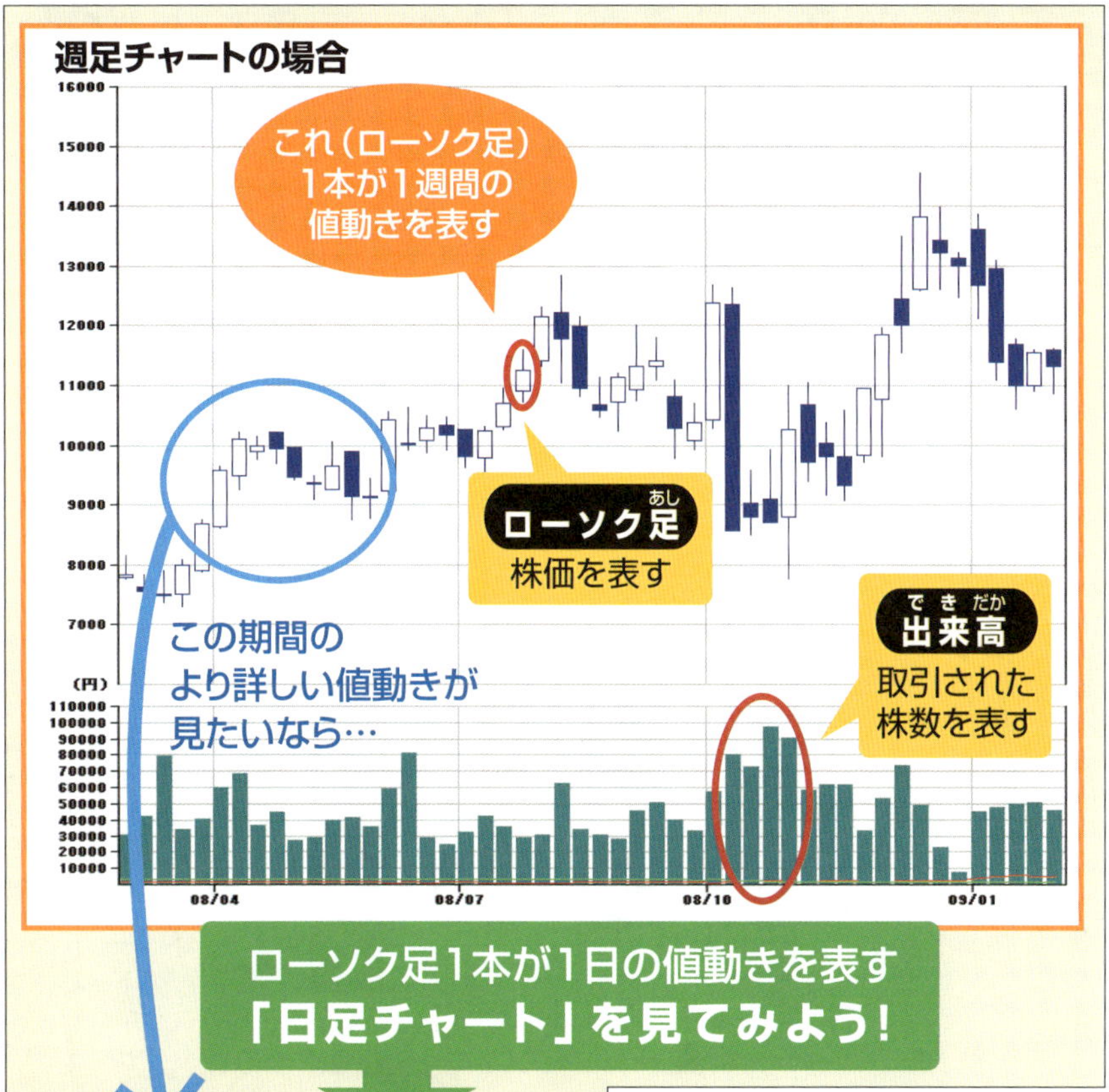
週足チャートの場合
これ（ローソク足）
1本が1週間の
値動きを表す
ローソク足《あし》
株価を表す
出《で》来《き》高《だか》
取引された
株数を表す
この期間の
より詳しい値動きが
見たいなら…
(円)
08/04
08/07
08/10
09/01
ローソク足1本が1日の値動きを表す
「日足チャート」を見てみよう!

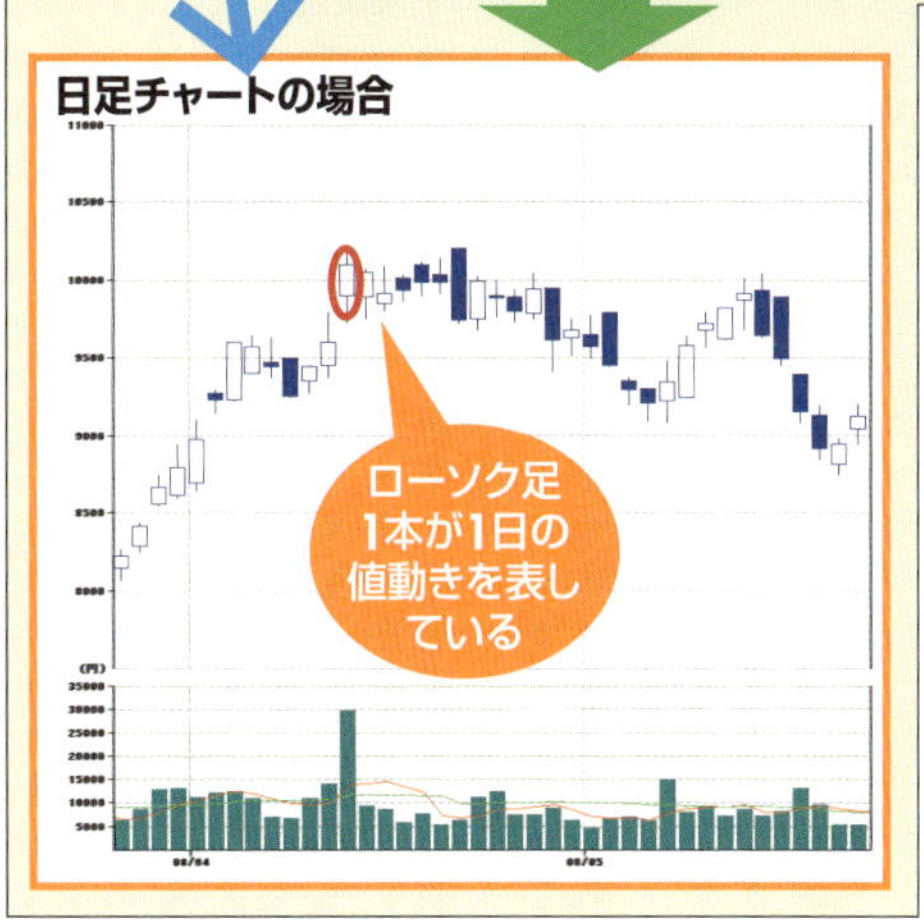
日足チャートの場合
ローソク足
1本が1日の
値動きを表し
ている

ャート、5分間の場合には5分足チャートなどと呼びます。

一般的には、日足チャートか週足チャートが使われることが多いのですが、大きな流れを見たい時は週足チャート、株の動きをより細かく見たい時には日足チャートというように使い分けます。

ローソク足は株の動きをビジュアル化したもの

ローソク足の見方は簡単です。真ん中に太い胴体の部分があり、その上と下に細い線（ヒゲ）がくっついた形になっています。

胴体は白いもの（陽線）と黒いもの（陰線）がありますが、白い陽線の場合には、下辺が始値《はじめね》、上辺が終値《おわりね》を表しています。つまり、陽線の場合には、始値から終値にかけて上昇している動きを表しているわけです。

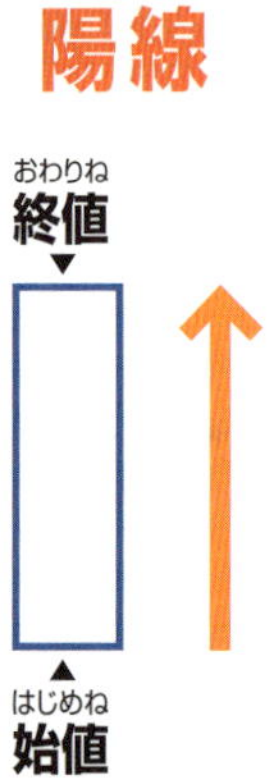

黒い陰線の場合には、逆に、胴体の上辺が始値で、下辺が終値を表しています。つまり、始値から終値にかけて下落している動きを示しているわけです。

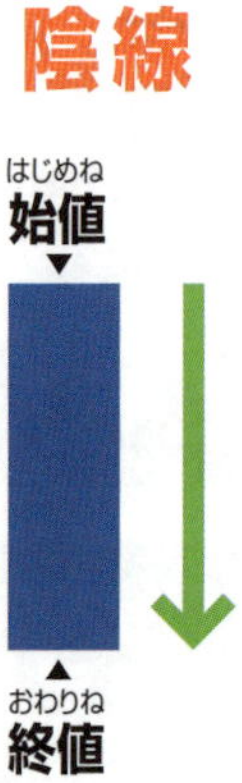

そして、陽線でも陰線でも、上《うわ》ヒゲの先は高値、下《した》ヒゲの先は安値を示しています。

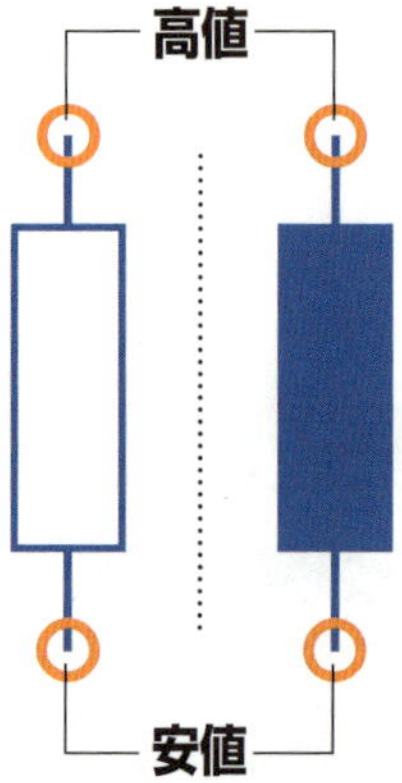

ローソク足はいろんな形になる！

ローソク足（週足）の形は、1週間の株価の動きによって様々に変化します。たとえば、1週間の始値と終値が同じであれば、左ページのAのように胴体がぺちゃんこな形になります。また、始値と安値が同じであれば、Bのように下ヒゲがない形に、終値と高値が同じであれば、Cのように上ヒゲがない形になります。

それから、始値から終値にかけて大幅に上昇すれば、Dのように長い陽線になります。このように長い陽線のことを大《だい》陽線《ようせん》と呼びます。逆に、始値から終値にかけて大幅に下落すれば、Eのように長い陰線になります。これを大陰線《だいいんせん》といいます。いずれにしても、株価が大きく動いたことを示します。

また、株価が大きく上昇したものの、その後急落した場合には、Fのような上ヒゲが長い形になり、逆に、株価が大きく下落したものの、その後急上昇した場合には、Gのような下ヒゲが長い形になります。

値動きがこうなら、ローソク足はこうなる！

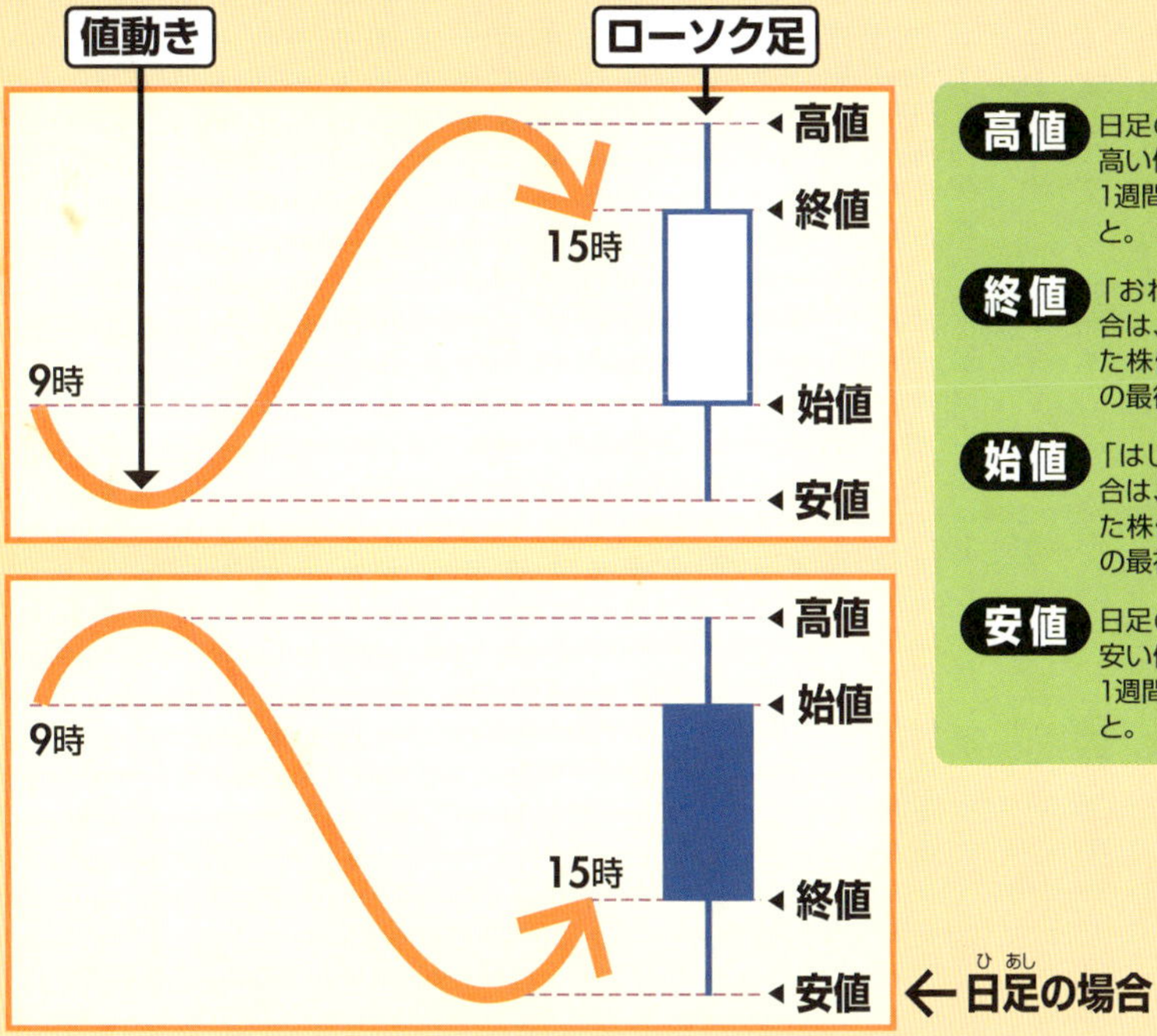

高値 日足の場合は、1日の中で一番高い値段のこと。週足の場合は、1週間の中で一番高い値段のこと。

終値 「おわりね」と読む。日足の場合は、その日の一番最後についた株価。週足の場合は、1週間の最後の株価。

始値 「はじめね」と読む。日足の場合は、その日の一番最初についた株価。週足の場合は、1週間の最初の株価。

安値 日足の場合は、1日の中で一番安い値段のこと。週足の場合は、1週間の中で一番安い値段のこと。

ローソク足からだいたいの値動きがわかる！

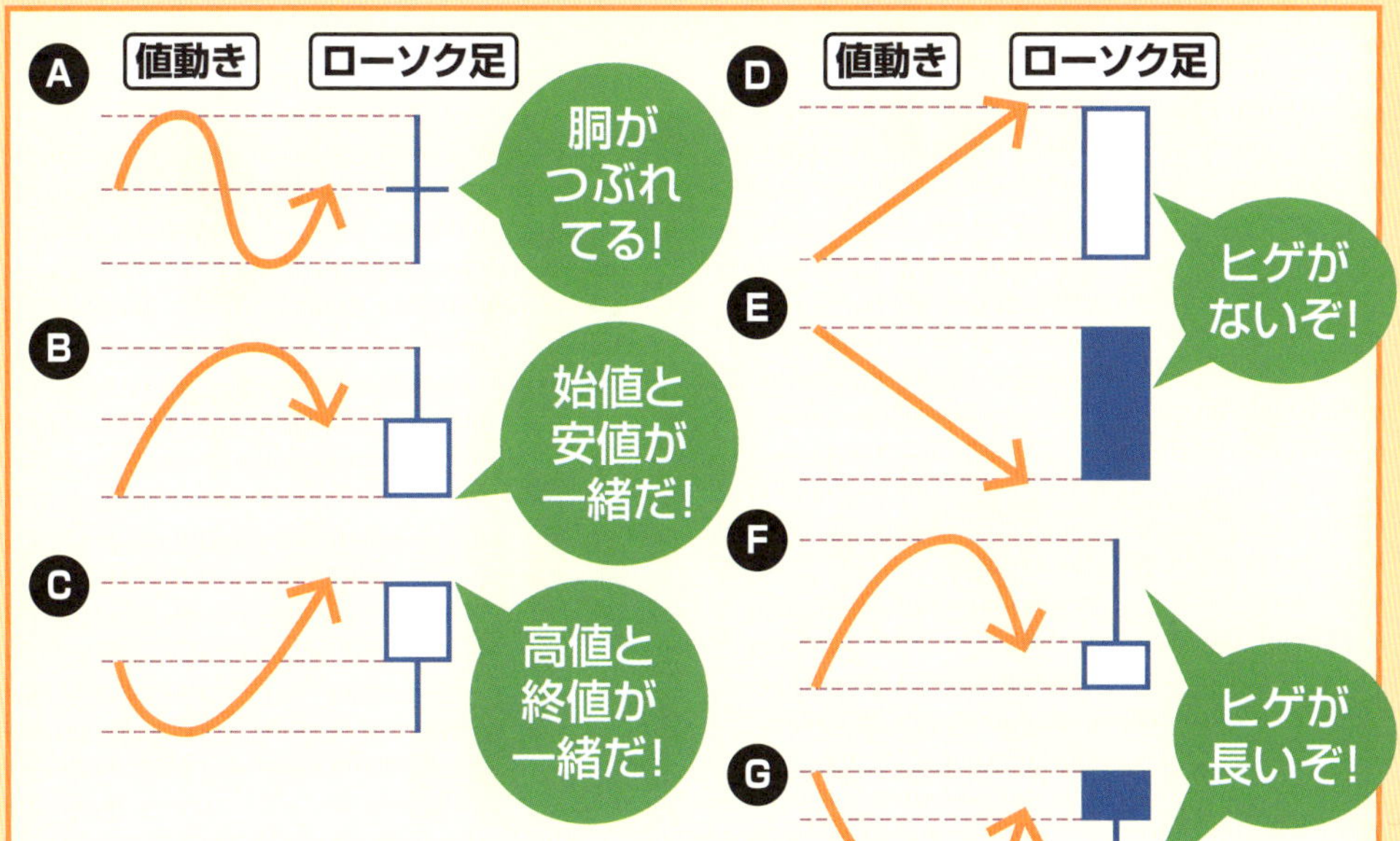

なにより大切なのは、「3つのトレンド」を意識すること！

上昇か、横ばいか、下降か それを考えよう！

株価チャートを見る上で大切なことは、株価のトレンド（流れ）を意識するということです。

左に掲げたスターバックスコーヒージャパンの週足《しゅうあし》チャートを見てください。期間Ⅰ～Ⅲの株価の動きを見ると、トレンドがはっきりと異なっていることがわかります。つまり、期間Ⅰでは下降が続き、期間Ⅱでは横ばいの動きが続き、期間Ⅲでは上昇の動きが続いています。

もちろん、Ⅰ～Ⅲの各期間の中では、細かく上下動を繰り返していますが、期間Ⅰでは「上下動しながらも、大きな流れとしては下落」、期間Ⅱでは「上下動しながらも、大きな流れとしては横ばい」になっています。とくに期間Ⅲでは、上昇したり、横ばいになったり、下落したりという動きが細かく繰り返されていますが、大きな流れとしては上昇しています。

このような、上下動しながらも下落していく動きを「下降トレンド」、上下動しながらも横ばう動きを「もみ合い」、上下動しながらも上昇していく動きを「上昇トレンド」と呼びます。また、AやBのように、トレンドが変わるポイントを「転換点」といいます。

ここで注意したいことは、下降トレンドが続いている時には、株を買っても下がる可能性が高いということです。

株の動きというのは非常にダイナミックなものであり、一度トレンドが生まれると（一方向に動き出すと）、かなり大

用語解説

トレンド

株価の大まかな方向性のこと。株価は短期間で見ると細かく上下動していますが、長い目で見ると上昇に向かっているとか、下落しているというような傾向が見えてきます。そうした株価の大まかな傾向がトレンドです。

パッと見ただけでもトレンドはわかる!

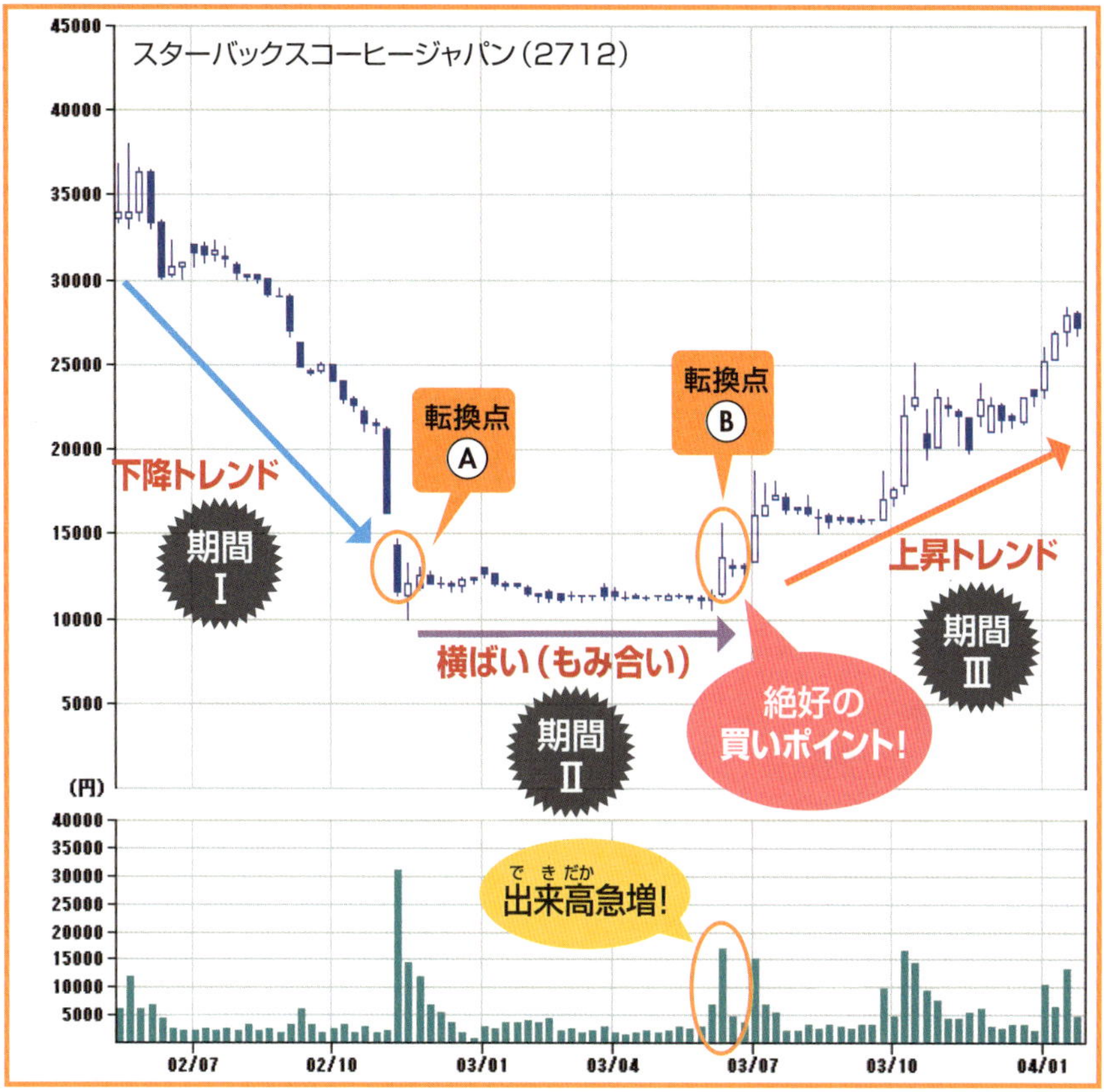

きく変動することが多々あります。このスターバックスコーヒージャパンの場合には、チャートでは前の期間が途切れてしまっていますが、実は8万円台から下落し続けています。この頃のスターバックスコーヒーは一時のブームが終わり、タリーズなど類似のコーヒーショップもたくさん出てきて競争が激化したこともあって、業績が落ち込んでいました。そうしたことを反映して株価も下がり続けていたのです。

上昇トレンド開始は絶好の買いポイント

しかし、1万円を割り込んだところ（A地点）でやっと下げ止まっています。その後は、値動きも小さく、横ばいの動きが続くようになりました。出来高《できだか》（取引量）も少なくて、ほとんどの投資家が関心をもたない「不人気」な状態になっていたのです。

ところが、B地点になって、**ぐずぐずしていたのが上に抜け出す動き**になりました。出来高も急激に増えています。

「出来高が急増して上昇した」ということは、この株を買う人が急増してきたということを示します。この頃は、スターバックスコーヒーはフード類を導入するなど、業績回復の努力が実り始めてきたところでした。「業績回復の芽が見えてきた」と考える投資家が増えてきたことが、「出来高が急増して上昇」という動きとして現れてきたわけです。この後、株価は上昇トレンドに入っていきました。

こう見ると、**転換点のB地点が株を買うタイミングとしてベスト**でした。また、その後も、「株を買えば上昇する」という状態が続いています。このように、株は、**上昇トレンドに転換している時、あるいは上昇トレンドが継続している株に目をつけて買う**のが儲けるためのコツとなります。

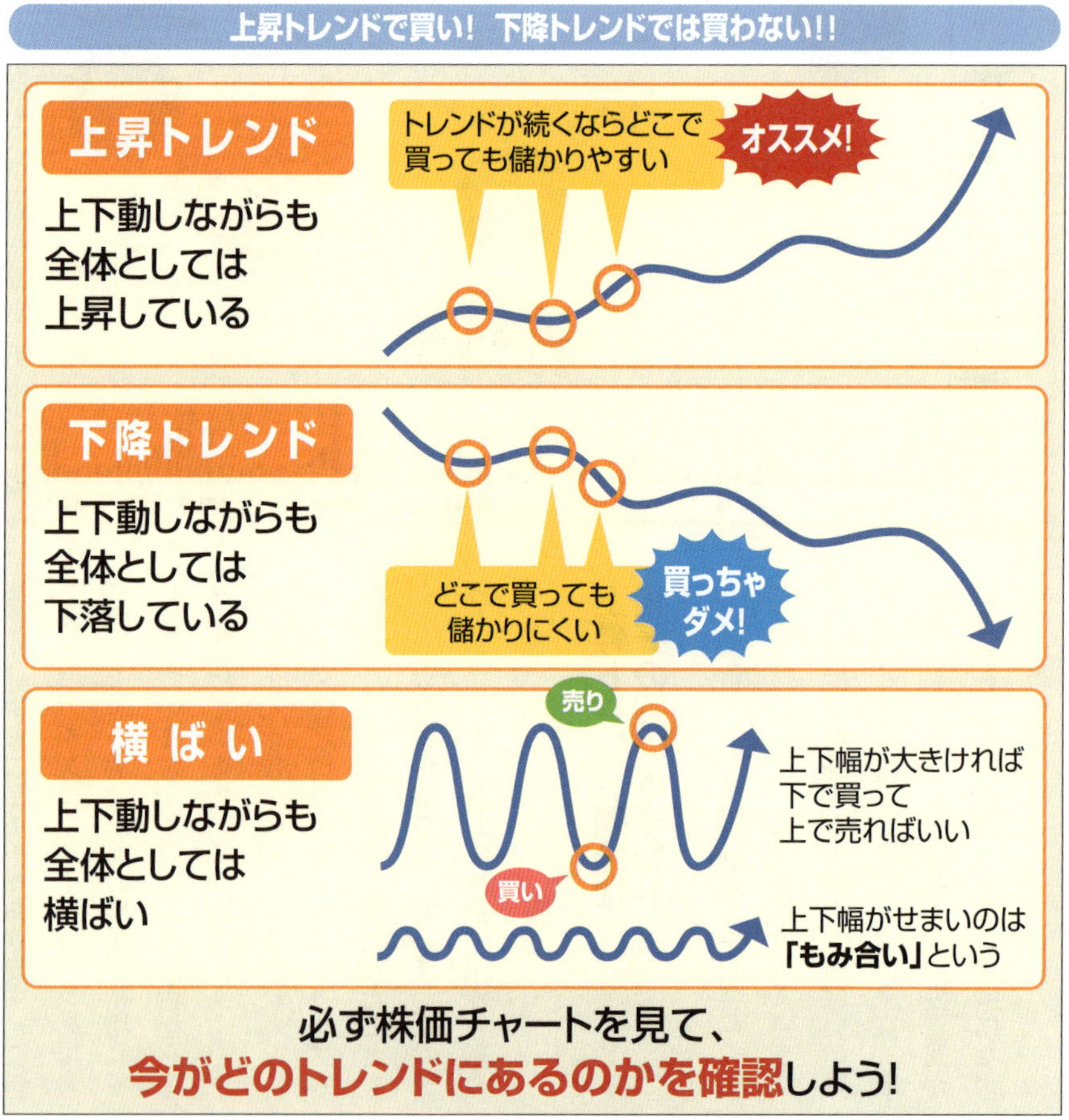

上昇トレンドで買い! 下降トレンドでは買わない!!
上昇トレンド
上下動しながらも
全体としては
上昇している
トレンドが続くならどこで
買っても儲かりやすい
オススメ!
下降トレンド
上下動しながらも
全体としては
下落している
どこで買っても
儲かりにくい
買っちゃダメ!
横ばい
上下動しながらも
全体としては
横ばい
売り
買い
上下幅が大きければ
下で買って
上で売ればいい
上下幅がせまいのは
「もみ合い」という
必ず株価チャートを見て、
今がどのトレンドにあるのかを確認しよう!

column

1日で売買を終わらすデイトレードより中・長期投資をオススメ！

ネット取引により株が手軽になったことから、デイトレードをする人が増えています。**デイトレードとは、今日買った株を今日中に売ってしまう取引をいいます。**株を買って、数分後にわずかに値上りしたところで売却して、利益を得るわけです。

一般的には、買った株を数週間程度で売却することを「短期売買」といいますが、その中でも超短期売買がデイトレードです。それに対して、**本書でお話ししているのは、ある程度の期間、株を保有する「中・長期投資」です。**ハッキリした定義はありませんが、数カ月程度で売買を完了するなら中期投資、1年以上なら長期投資という感じです。

中・長期投資では、本書で言っているように、会社の成長性や割安さなどに目をつけて投資するのが有効です。**いい銘柄を選べば、1回の取引で大きな利益を狙えます。**一方、短期売買の場合には、会社内容などよりも、リアルタイム株価情報で値動きのクセや勢いに目をつけて売買することになります。1回の取引での利益は小さくても、それを何度も繰り返すことで、大きな利益を狙うのです。

ゲーム感覚でできることから、ゲーム世代の若者の中には、才能を発揮してデイトレードで1億円作ったというツワモノもいますが、このような成功例はほんの一部。「カンタンに儲けることができる」と勘違いしてのめりこみすぎると、場合によっては大事な資産を失う結果になりかねません。

株の買いのタイミング 1

もみ合いを〝上《うわ》放《ばな》れ〟たら買い!

出来高《できだか》増加＋上放《うわばな》れは強い上昇エネルギーを示す

基本を理解したところで、今度は具体的な買いタイミングの考え方を見ていきましょう。株の買いタイミングは基本的に3つありますが、とくに今から紹介する買いパターン①と②は重要です。

パターン①は「もみ合いからの上放れ」です。これはすでに121ページでも触れましたが、特に出来高の増加を伴って上放れたら、強い上昇エネルギーが発生していると考えられます。

では、あらためてスターバックスコーヒージャパンの例を見てみましょう。

株価の動きも乏しくて出来高も少ないという、投資家から相手にされていない状態がしばらく続いた後、ピョンと上昇している点に注目してください。出来高もピョンと跳ね上がっています。これは、「その株を買いたい」という人がたくさん出てきたことを示します。

「会社は最悪期を乗り越えた」「今後は成長が続きそうだ」など、その株に対する強気な見方が増えると、その株を買いたいという人も増えてきます。

スターバックスコーヒーの場合には、「フード類の強化などで最悪期を脱しそう」という見方が増え、スターバックスの株を買いたいという人が増えたことが、「出来高急増を伴う上昇」という動きに表れたのでした。

次にあいホールディングスの例を見ましょう。同社は監視カメラシステムを取り扱う会社ですが、安全志向の高まりから業績を伸ばしていました。株価は12年前半に大きく伸び、その後調整（株価上昇が止まる局面）に入りました。そして、株価の動きはだんだん小さくなり、三角形の頂点に向かうような形になっています。このような形を「三角もち合い」といいますが、この形から上に飛びだすと上昇トレンド開始のサインになることが多いのです。これも「もみ合いからの上放れ」のバリエーションのひとつです。

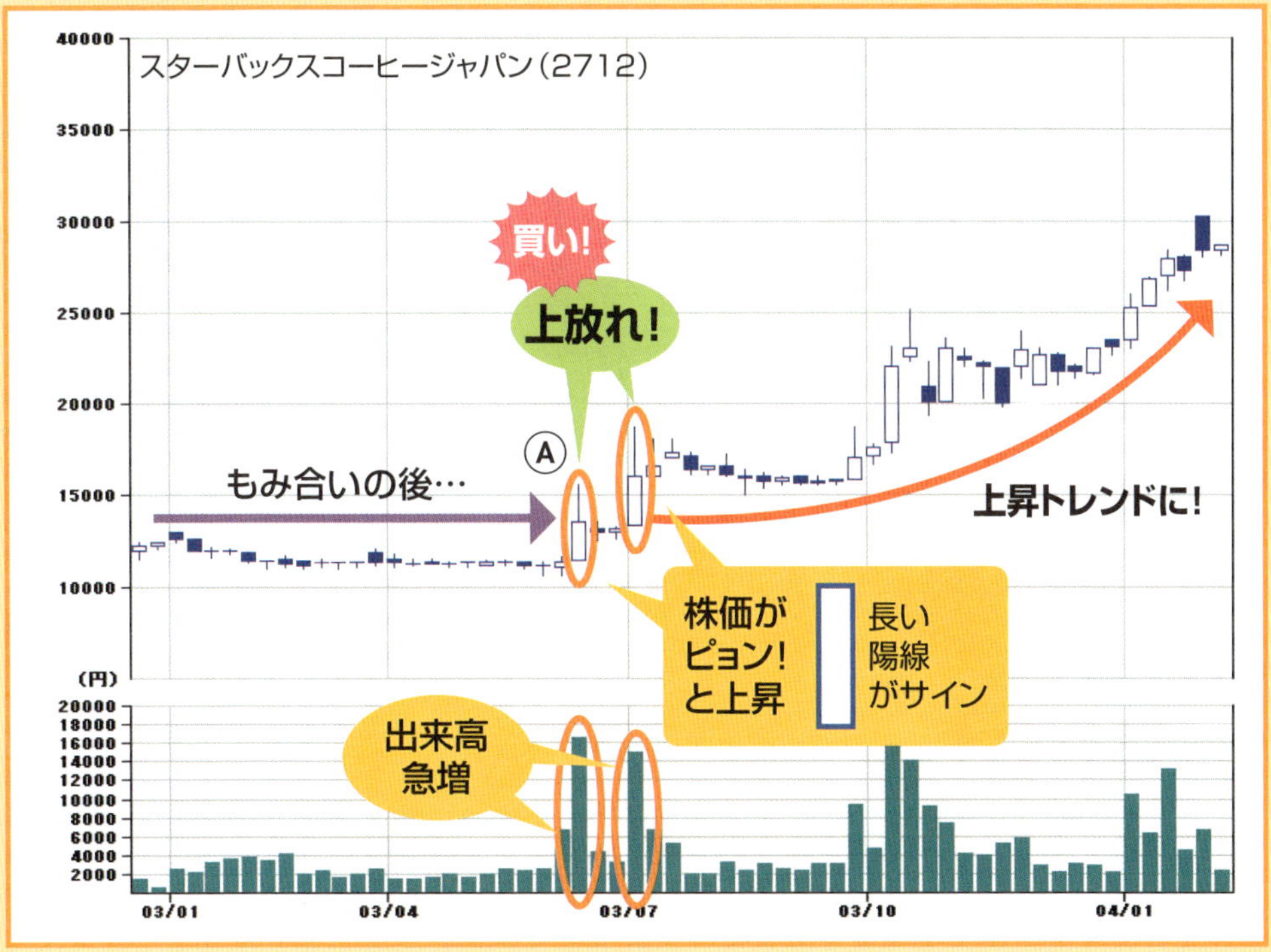
スターバックスコーヒージャパン（2712）
買い!
上放れ!
Ⓐ
もみ合いの後…
上昇トレンドに!
株価が
ピョン!
と上昇
長い
陽線
がサイン
出来高
急増
40000
35000
30000
25000
20000
15000
10000
(円)
20000
18000
16000
14000
12000
10000
8000
6000
4000
2000
03/01
03/04
03/07
03/10
04/01

あいホールディングス（3076）
だんだん上下幅が狭くなっていく
「もみ合い」もある
買い!
買い!
上放れ
上昇
トレンド
に!
1000
900
800
700
600
500
400
300
(円)
45000
40000
35000
30000
25000
20000
15000
10000
5000
(百株/口)
11/07
11/10
12/01
12/04
12/07
12/10
13/01

押し目
買い!
買い!
押し目
押し目
買い!
上昇トレンド

株の買いのタイミング 2

上昇トレンドの"押《お》し目《め》"で買い!

上昇トレンド株もときどき下落する

買いパターン②は「上昇トレンドの押《お》し目《め》」です。押し目とは、一時的に下がる場面のことです。この買いパターン②も、①とともに基本的でとても重要です。

株が下がってくると、「そろそろ買いチャンスかな」と考えがちですが、下降トレンドが続いている場合には、株価が下がってきたところで買っても、そこからさらに下がってしまう可能性が高くなります。ですから、「株が下がったから買い時かも」と安易に考えてはいけません。

しかし、上昇トレンドの株の場合には、「この銘柄はいいんだけど、ちょっと高いな。下がったら買おう」と考えている投資家が多いために、株が下がってくると買いが入って、株価が反発しやすい傾向があります。

焦らずに「押し目」を待て!

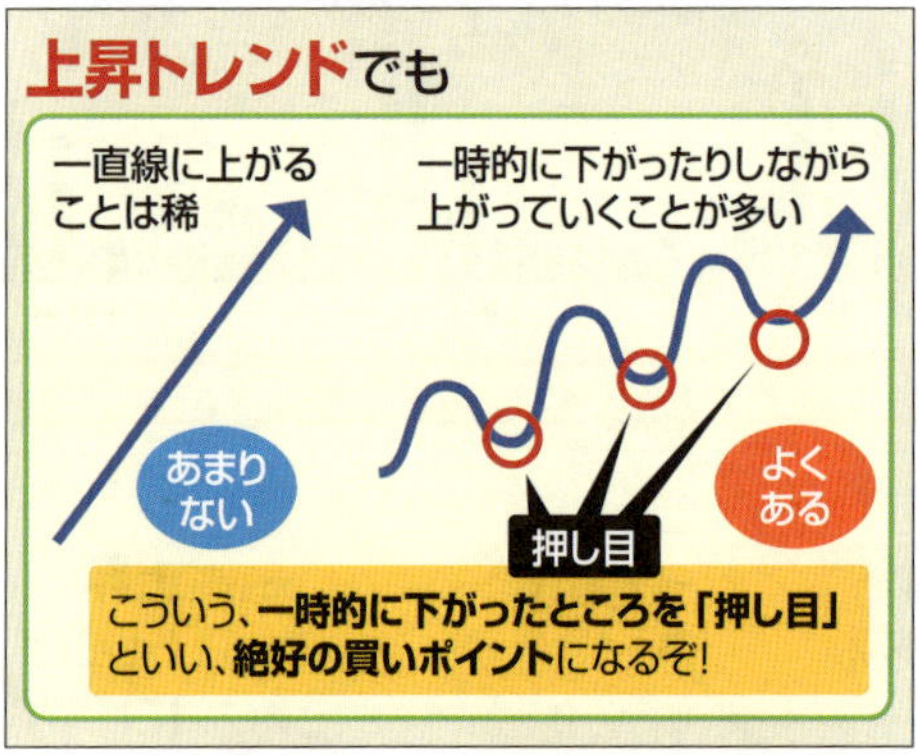
上昇トレンドでも
一直線に上がることは稀
一時的に下がったりしながら上がっていくことが多い
あまりない
よくある
押し目
こういう、一時的に下がったところを「押し目」といい、絶好の買いポイントになるぞ!

イメージ的には、この動きはバネのような感じです。つまり、上昇トレンドというのは、基本的に上昇エネルギーがあり、上に向かう力が働いている状態なので、下がってくると、ピョンッと反発する力が働く傾向があるのです。

ここでヴィレッジヴァンガードの株価チャートを見てみましょう。これは、05年2月から06年1月までの日足《ひあし》チャートです。

ヴィレッジヴァンガードは、「遊べる本屋」という全く新しいコンセプトで、

「上放れ」と「押し目」の両方が見てとれる！

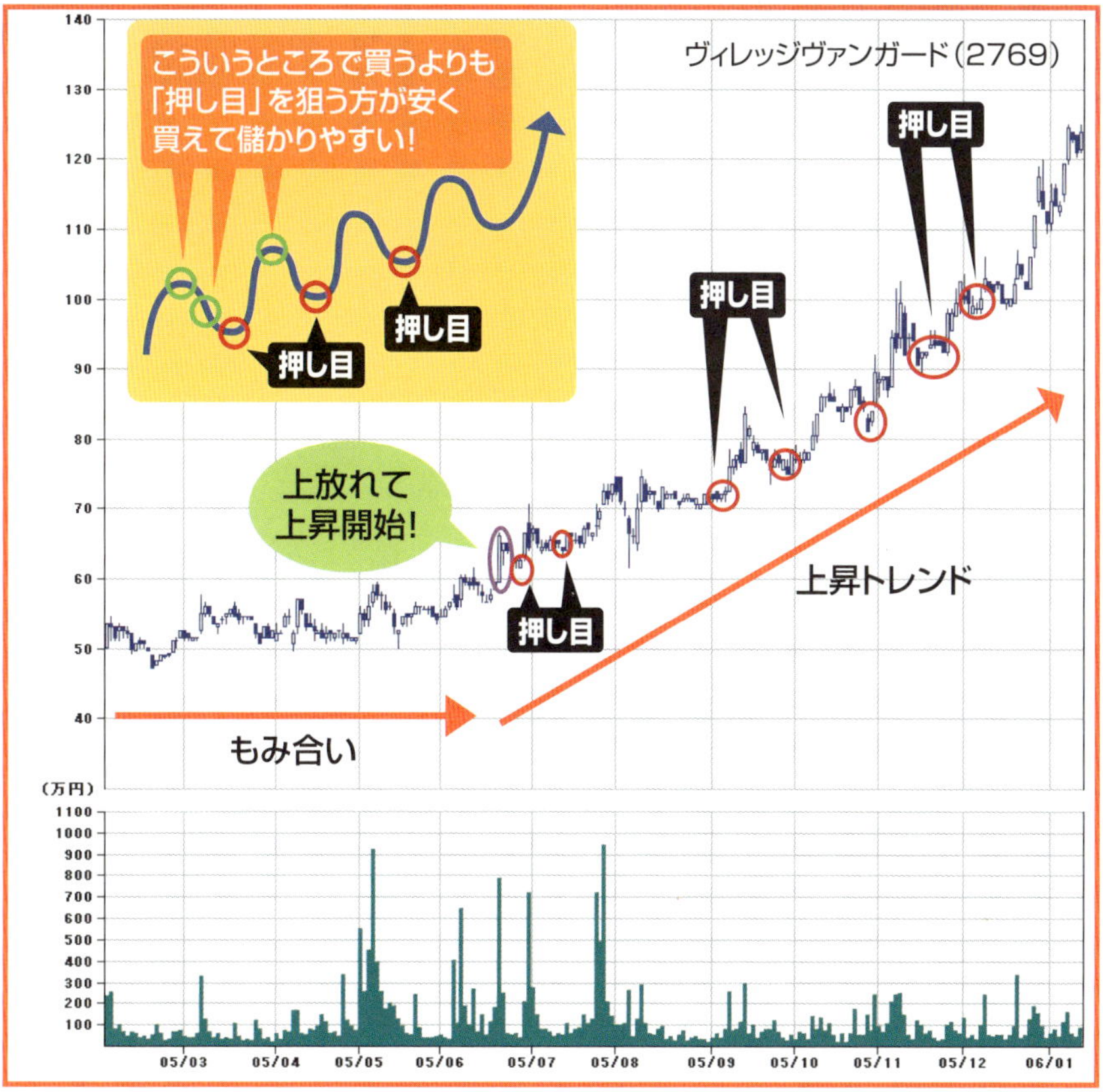

本とともに雑貨、CD、DVDなどをテーマに沿って複合的に陳列する店作りをしています。これが消費者に大受けして、03年に上場して以降急速に業績を伸ばしました。そして、株価を3年で約10倍増させました。

このチャートを見てもわかりますが、上昇トレンド中のヴィレッジヴァンガードは、たまに下落してもすぐに反発して高値を更新するという動きを繰り返しています。このたまに下落した地点が「押し目」です。

このチャートを見れば、上昇トレンドを描いている銘柄を探して、押し目で買う戦略がいかに有効であるかがわかります。

また、このチャートでは、〝もみ合いを上放れ〟の動きも何カ所か見てとれます。このように、上昇トレンドの株では、上放れ、押し目と、たくさんの買いポイントを見つけることができるのです。

"上昇トレンドの押し目買い"は「移動平均線《いどうへいきんせん》」が目安になる！

ローソク足に添えられた2～3本の線に注目

　左ページは127ページと全く同じ期間のヴィレッジヴァンガードの日足チャートですが、これには25日移動平均線《いどうへいきんせん》と75日移動平均線という2本の補助線が書き込まれています。ネット証券のサイトなどにある株価チャートには、こうした移動平均線が描かれています。

　ヴィレッジヴァンガードの株価は、この2本の移動平均線のうち25日移動平均線に支えられるような形で上昇し、25日移動平均線が「押し目買い」のメドになっていることがわかります。

　移動平均線というのは、一定の期間の株価を平均化して描いた補助線です。たとえば、25日移動平均線というのは、その日を含めて過去25日間の終値の平均値であり、これを結んだ線が25日移動平均線です。

　株価は毎日のように上下動しますが、移動平均線は一定期間の平均値を結んだ線ですから、この毎日の動きをならして滑らかな動きになります。そして、その線の向きが株価のトレンドを示します。

　また、移動平均は一定期間（たとえば25日間など）に売買されたおおよその平均価格（株価）を示しますから、投資家たちが「この値段になったら買おう（売ろう）」などと意識する水準になります。上昇トレンドの場合であれば、「この値段まで下がったら買おう」と意識される水準となり、株価が反転するポイントになりやすいのです。

日足・週足チャートでいろんな期間の線を見る

　移動平均線はさまざまな期間のものを描くことができますが、よく使われるのは、日足チャートでは5日、25日、75日、週足チャートでは13週、26週、52週などです。

　押し目買いのメドとして使う場合には、日足チャートや週足チャートでさまざま

「移動平均線」まで下がると株価は反発!

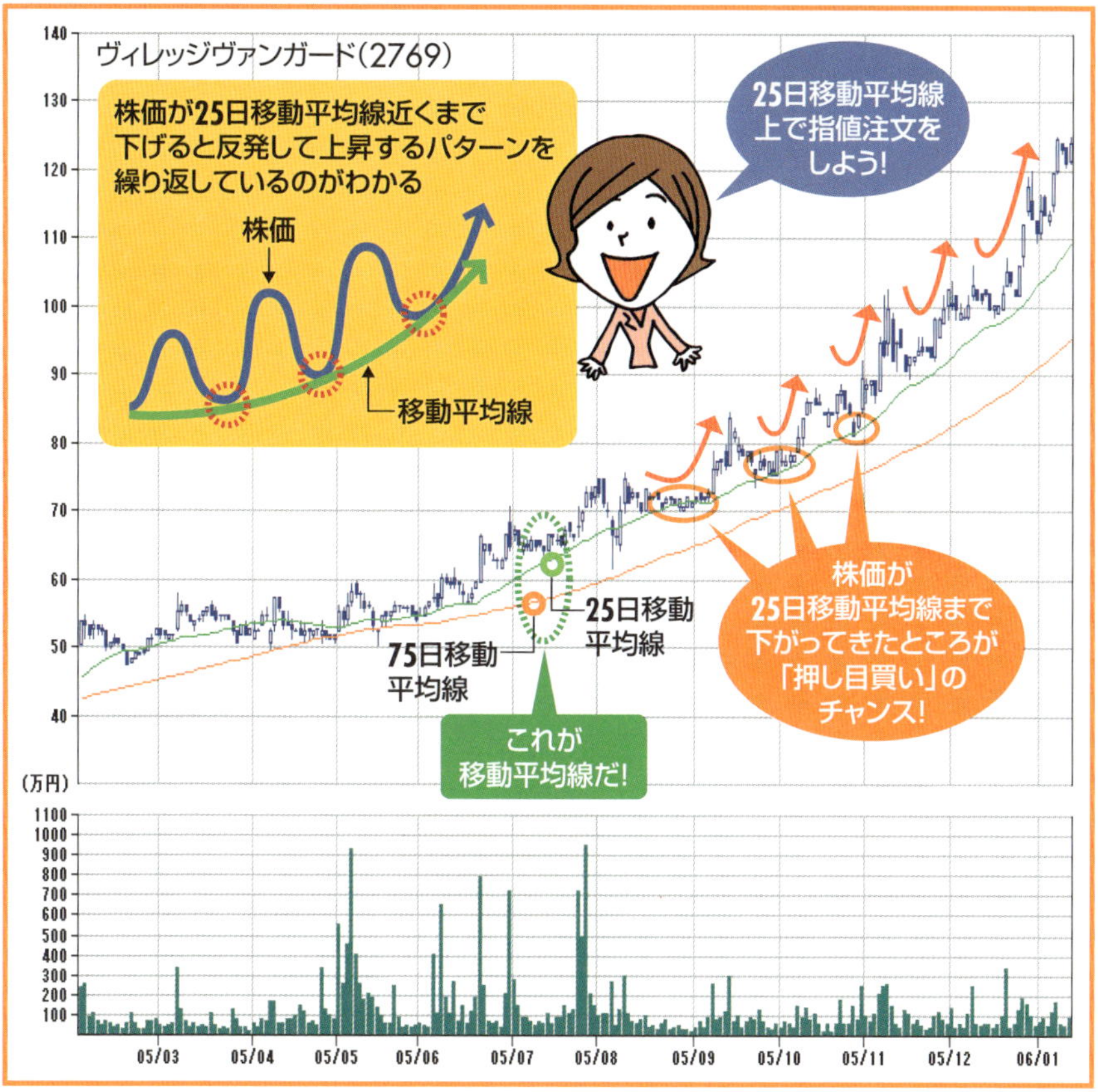
ヴィレッジヴァンガード(2769)
株価が25日移動平均線近くまで
下げると反発して上昇するパターンを
繰り返しているのがわかる
株価
移動平均線
25日移動平均線
上で指値注文を
しよう!
25日移動
平均線
75日移動
平均線
これが
移動平均線だ!
株価が
25日移動平均線まで
下がってきたところが
「押し目買い」の
チャンス!
(万円)
05/03
05/04
05/05
05/06
05/07
05/08
05/09
05/10
05/11
05/12
06/01

値動きに影響を
与えているのが
何日の線なのか
見極めるのがコツ
株価
買い
買い
買い
移動
平均線
この線に
注目!
この線は
とりあえず
無視

な移動平均線を見て、有効に機能している(株価の下支えの線として働いている)と思われる線を探してみましょう。そして、その線をメドにタイミングをはかるといいでしょう。

移動平均線でトレンドを判断!

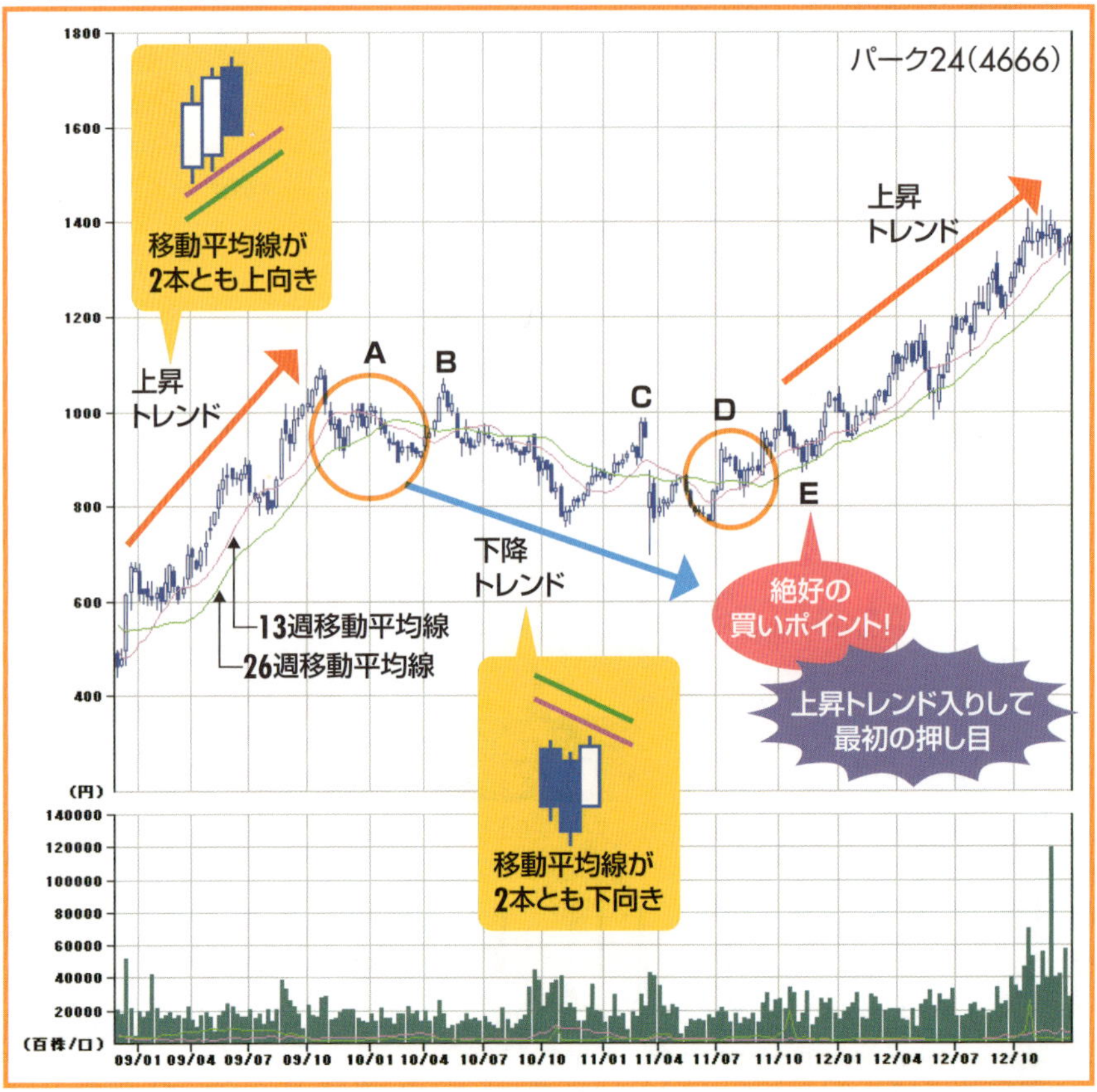

上昇トレンドを確認して押し目で買う!

移動平均線を投資に生かす手順は、①まず移動平均線の向きで上昇トレンドを確認し、②移動平均線をメドに押し目買いをする、ということです。

これを踏まえて、例を見てみましょう。上に挙げたパーク24の週足チャートを見てください。13週と26週の2本の移動平均線を使ったトレンド判断としては、**基本的に2本とも上向いていれば上昇トレンド、2本とも下向いていれば下降トレンド、となります。**

2本とも上向いていたのに、1本だけ（期間の短い方の移動平均線）が下向いてきた、という場合には、「トレンドが完全に崩れたとはいえないけど、崩れる可能性が出てきた」と考えられます。そして、それに続いて2本目（期間の長い方の移動平均線）も下向いてしまえば、

「トレンドが完全に崩れた可能性が高くなった」と考えられます。

トレンドそのものは移動平均線の向きで判断できますが、**トレンドが変化する前兆として株価（ローソク足）が移動平均線を割り込んだり、上回ったりという動きにも注意を払う必要があります。**チャートのAの部分は、株価が13週移動平均線を割り込む→13週移動平均線が下向く→株価が26週移動平均線を割り込む→26週移動平均線が下向くという順番で徐々にトレンドが崩れていく様子がわかります。2本の線が下向きになった後は1年以上に及ぶ下降トレンドが続きました。

それに対して、チャートのDの部分は、ほぼその逆のプロセスで上昇転換しており、2本の移動平均線が上向いた後は上昇トレンドが1年以上続いています。この事例では、**2本の線が上向いた後の押し目であるE地点がとても良い買いタイミングになっています。**

なお、BやCのポイントは勢いよく上昇したので「上昇トレンドに転換か?」と思わせる場面でしたが、26週移動平均線が完全に上向きになれず、その後結局下降トレンドが続いています。

このように、トレンド転換かと思わせるような動きになったけど、そうではなかったという場合もあります。これを「だまし」といいますが、これについては142ページで解説します。

トレンド転換はこうして起こる!

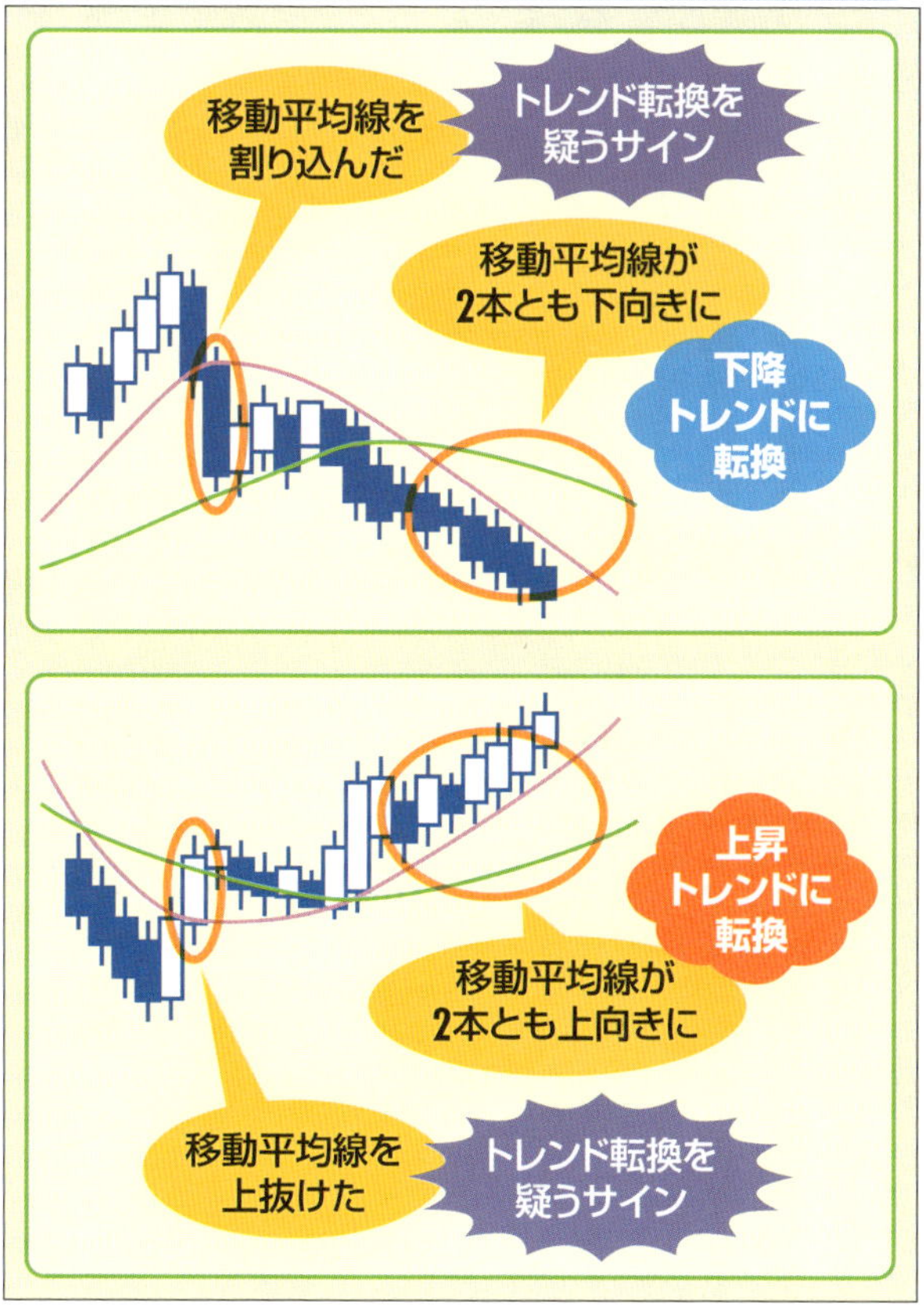

移動平均線を割り込んだ
トレンド転換を疑うサイン
移動平均線が2本とも下向きに
下降トレンドに転換
上昇トレンドに転換
移動平均線が2本とも上向きに
移動平均線を上抜けた
トレンド転換を疑うサイン

株の買いのタイミング 3

下落が続いた後の「投げ売り」は大きなチャンス！

売りのクライマックスは最高の買いチャンスかも

買いパターンの③は「セリングクライマックス」と呼ばれるパターンです。これは実際に買いパターンとして利用するにはやや難易度が高いパターンなのですが、最高の買いタイミングになる可能性も秘めたパターンでもあります。

値動きとしては、「下降トレンドが続いた末に、出来高の急増を伴う急落が起きる」というパターンです。これは、下落が続く中で株を売れないまま「どうしようどうしよう」と思っていた人たちが、最後にダメ押しの悪材料などが出て、「もうダメだ～！」とばかりに、一斉に投げ売りした状態と考えられます。これはまさに売りのクライマックスともいえる状態なので、セリングクライマックスと呼ばれているわけです。しかし、一度こうした状態になって、売りたい人が売り尽くしてしまうと、その後株価は反発しやすくなります。

左の03年当時のソニーの値動きを見てください。株価をジリジリ下げていたソニーですが、4月に大幅な業績悪化を発表した結果、ショックを受けた投資家が投げ売りにより、株価が急落して出来高も急増しました（A地点）。しかしこの動きによって大きな売りが出尽くして、その後株価は1年以上にわたって上昇し、なんと2倍以上になりました。

悪材料が深刻な場合は下落が続くことも

ただし、このパターンには少し注意すべき点があります。悪材料があまりにも深刻なものである場合には、セリングクライマックスのように「出来高急増を伴う急落」が起きても、なかなか売りが出尽くさずに、ずるずる下げが続くということもあるからです。

左の04年当時の三菱自動車のチャートを見てください。脱輪事故やリコール問題隠しに伴う経営混乱という状況の中で

出来高急増と急落が、投げ売りのサイン

ソニー(6758)
下落がずっと続いていた
ガーン!
投資家、大ショック!!
下方修正を発表!
A
投げ売りが殺到!
急落!!
上昇!
売りたい人みんなが売ってしまったので、買いたい人だけが残って株価上昇!
出来高急増!
(円)
02/07
02/10
03/01
03/04
03/07
03/10
04/01

問題の根が深いと、下げ止まらない…

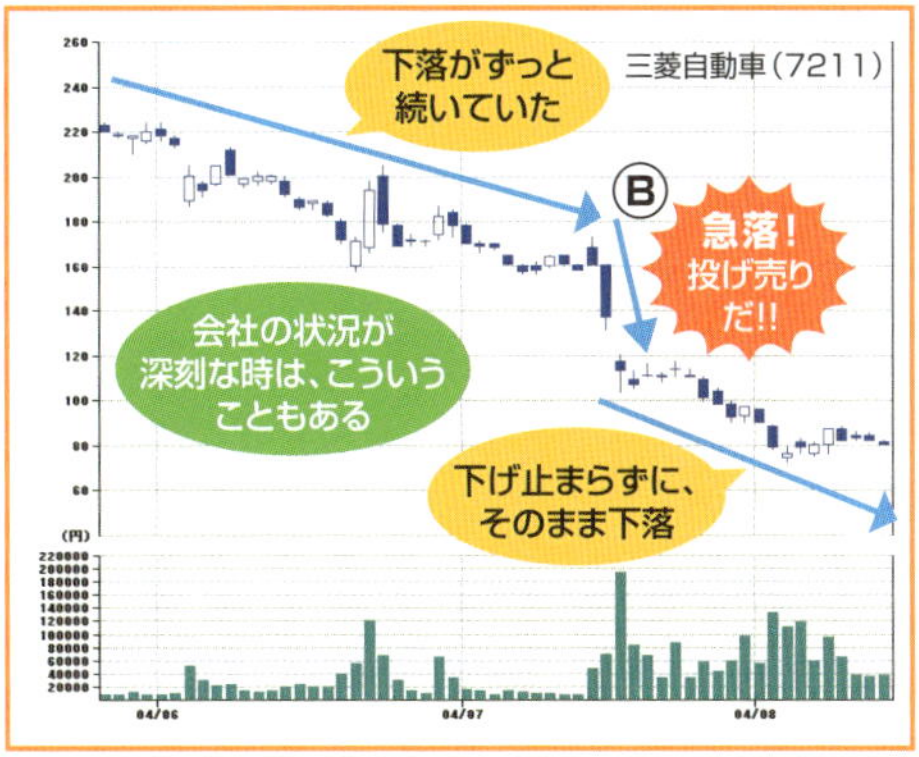
三菱自動車(7211)
下落がずっと続いていた
B
急落!投げ売りだ!!
会社の状況が深刻な時は、こういうこともある
下げ止まらずに、そのまま下落
(円)

急落しましたが(B地点)、問題があまりにも深刻だったために下げ止まらず、さらに大きく下落しました。

このように、セリングクライマックス狙いはバッチリはまれば大きなパフォーマンスが得られる一方、リスクを伴う戦略でもあります。経営状態が本当に大丈夫なのかという判断など、少し高度な判断力が必要なパターンといえます。

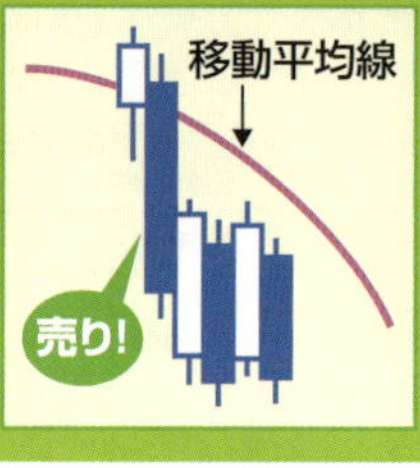

株の売りのタイミング 1

上昇トレンドの「崩れ」で売り！

2本の移動平均線を割り込んで下落！

ここからは「売り」のタイミングを見てみましょう。売りのサインのなかで最も重要なのは「崩れ」です。「崩れ」というのは、上昇していたのが崩れてしまう形になることです。

左のサンリオのチャートを見てください。同社の株価は10年、11年に、700円前後→4000円突破と、約7倍にもなりました。キャラクターのライセンスビジネス（商品などへのキャラクター使用を許可するビジネス）を世界的に拡大することに成功したからです。この上昇トレンドは、13週ないしは26週の移動平均線に支えられる形で続いていましたが、A地点ではドスンと下落して2つの移動平均線を一気に割り込んでしまっています。直感的に「崩れた！」と感じる動きですが、実際にここからトレンドは1年以上にわたる調整局面（上昇が止まり、下落もしくは横ばいが続く状態）となりました。

売りたい投資家が増えてきたのかも

これまで移動平均線に支えられるようにして上昇していた株が、その線をズドンと割り込んだということはどういうことでしょうか。それは、「移動平均線付近まで株価が下がったら押し目買いをしたい」と考える投資家の数が減り、それよりも、売りたいと思う投資家の方が多くなってきた、ということが考えられます。この時の同社は業績は絶好調でしたが、株価が2年弱で7倍にもなり、PERが25倍近くと高くなってきていたので、「そろそろ売りたい」という人が多くなったのでしょう。これはトレンドが変わってきたことを示す警戒サインです。

ほかにもある崩れのパターン

また、「直近の安値を割り込んだ」と

移動平均線を割り込んでトレンドが変わった

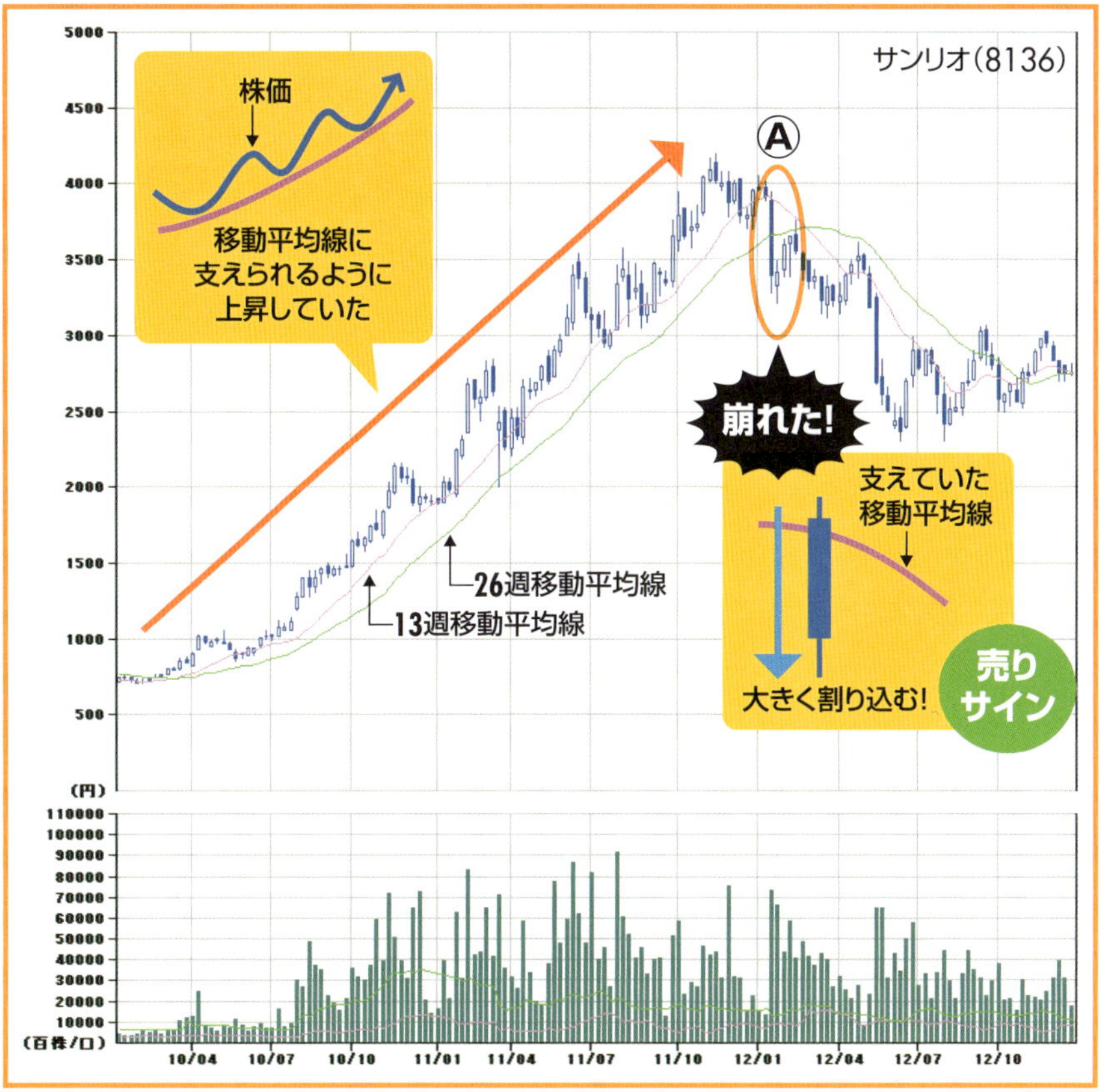

直近の安値を下回ったら「崩れ」かも

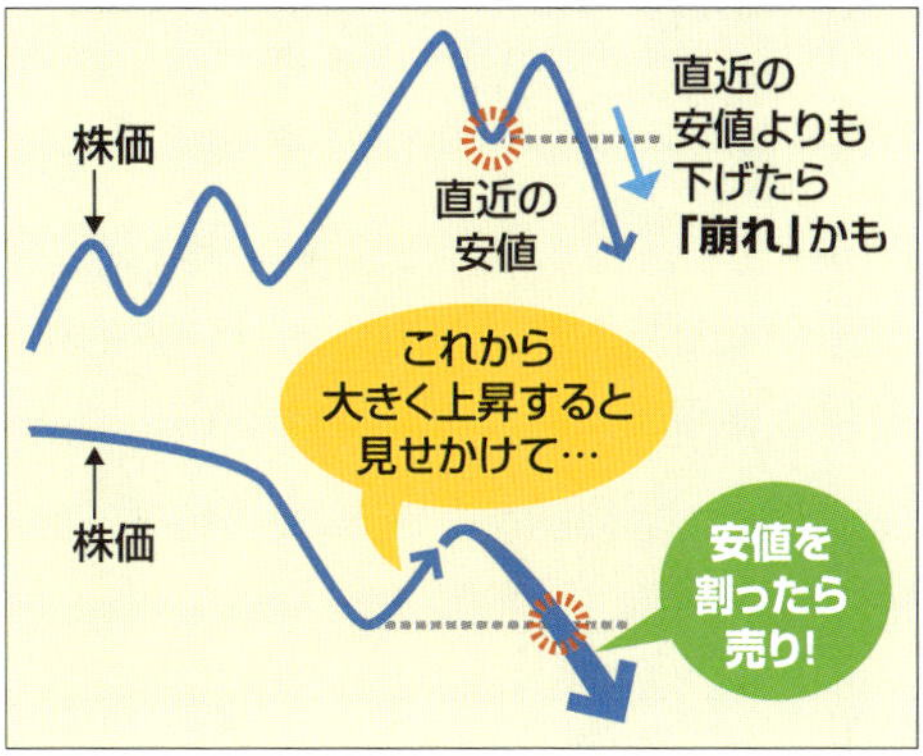

いう動きも「崩れ」のサインのひとつです。特に売りのクライマックス（132ページ）だと思って買った場合には、買った後に安値を更新することがあれば、「セリングクライマックスの形が崩れた」と考えていったん売却するのが基本です。「安値を更新したということは、下降トレンドが継続している」、「底打ちではなかった」と考えられるからです。

株の売りのタイミング 2

株価が急上昇し、極端に「過熱化」したら売り！

移動平均線から離れすぎは「過熱」のサインかも

売りパターン②は「過熱」です。上昇が続いていた株が、急に上昇ピッチが激しくなって過熱化すると、株価が天井をつける可能性が高くなります。

ケネディクスの例を見てみましょう。05年には大胆な金融緩和政策の効果が出て、東京中心に不動産ミニバブルが起きました。90年のバブルに比べれば小粒なので「ミニ」となっていますが、この時期には不動産価格がかなり高騰して、新興の不動産会社の株価が軒並み5倍、10倍と跳ね上がりました。ケネディクスはその中心的な存在の1社でした。

同社株価は05年1月に20万円を超えてから順調に上がり続け11月末には50万円を突破。そして、そこから1カ月で80万円まで加速しました。まさに、過熱化した動き、クライマックス的な動きとなっており、「売り」を判断するサインになります。

相場の過熱感は、移動平均線からの距離（かい離）で考えますが、B地点ではそれまでに比べて13週移動平均線と株価の距離が非常に大きくなっているのがわかります。

ただし、上昇ピッチが加速したところで売ると言っても、実際にどこで売ったらいいのかはなかなか明確に判断しづらいものです。ケネディクスの例ではB地点で売るのがベストですが、A地点でも移動平均線からだいぶかい離しており、「過熱してきたから売ろう」と考えられます。結果的にBがピークになりましたが、あくまでもそれは結果論であり、その場ではなかなかわかりません。

上昇ピッチが早まったら5日移動平均線を見る

その場合には、PERなども考え合わせて、ある程度目標に達したら「もうこの辺で十分だ」と考えて割り切って売るしかありません。

上昇してきて最後にググッと上がったら…

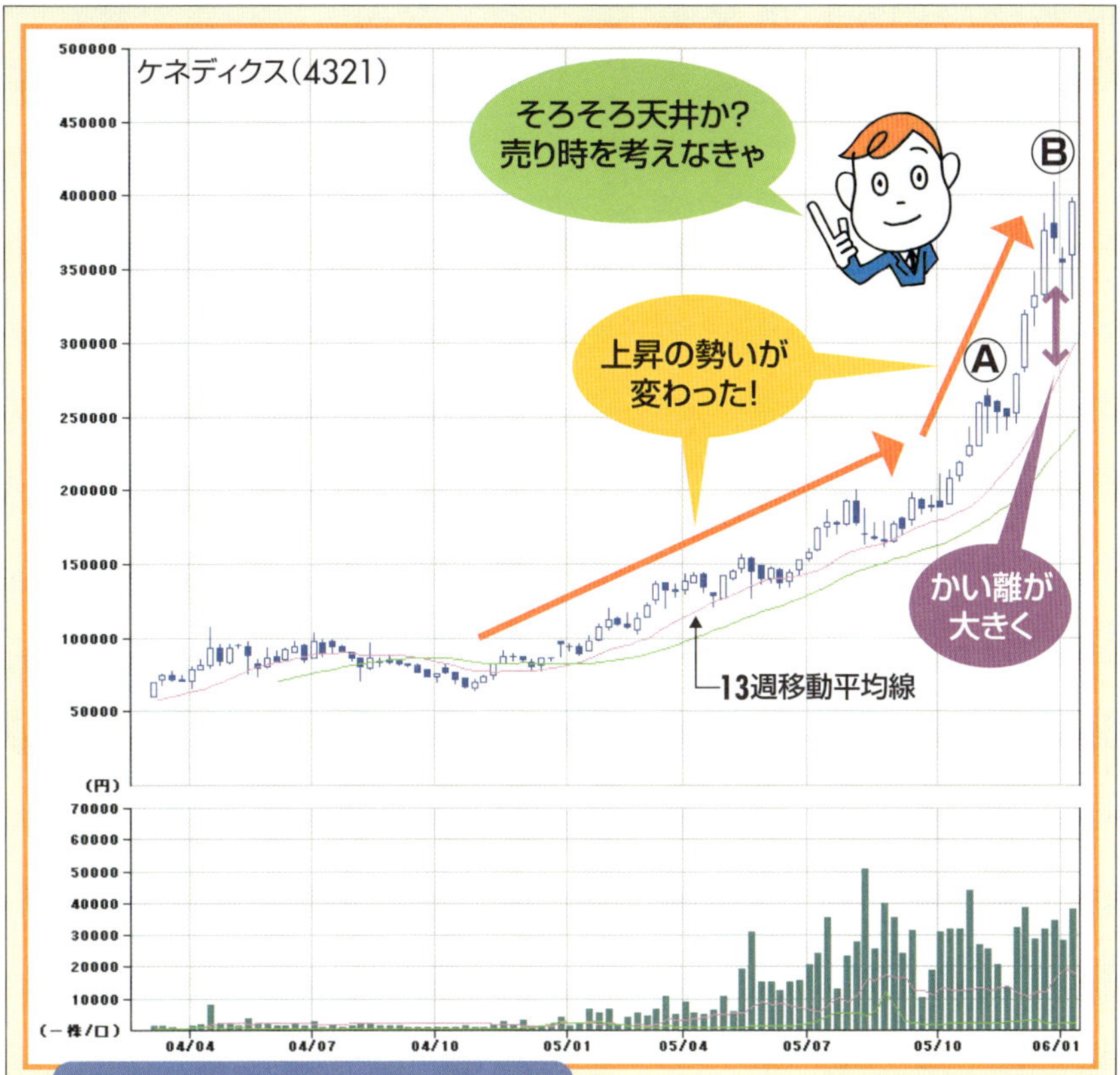

ケネディクス(4321)
そろそろ天井か? 売り時を考えなきゃ
上昇の勢いが変わった!
かい離が大きく
13週移動平均線
日足チャートで見てみよう!

日足チャートの場合
5日移動平均線
5日移動平均線を割り込んだここが売りポイント!
ほぼB地点だ!

また、値動きのピッチが速まってきたと思ったら、日足チャートを選択して早い値動きと相性のいい5日移動平均線などを表示させ、「5日移動平均線を割り込むまでは保有し続けよう」と判断するのも有効な手法のひとつです。

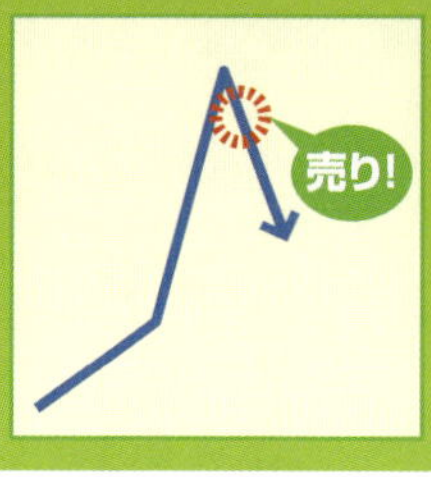

株の売りのタイミング 3

急騰→急落は強い天井サイン！

急上昇後の急落は売りサイン

3つ目の「売り」パターンは「急騰→急落」です。これは、言い方を換えると「過熱して→崩れる」という形であり、売りパターンの①と②を組み合わせたような強力な「売り」の形です。

再び05～06年当時のケネディクスの株価チャートを見てみましょう。前ページでは12月に入って50万円から80万円突破まで急上昇したところまで見ましたが、そこでピークを付けた後、株価は06年の1月の3週目に大きな陰線となってズドンと下がっています（C地点）。これまでなかったような強い下落の動きであり、「崩れたのか」と思わせる動きです。このような「急騰→急落」は株価が天井をつけたというサインで、売り時と考えられます。

しかしこの時点では、まだ株価は13週移動平均線上をほぼキープしています。「移動平均線が上向きで株価がその上にあるときは上昇トレンド」という原則（128ページ）でいえば、この地点ではまだ上昇トレンドは維持されています。

この場合、「急騰→急落」という、株価の天井を知らせる売りサイン通りに売るべきか、移動平均線を割れていないことから、上昇トレンドが続く可能性もあると考えて保有を続けるか、さて、どちらが正解なのでしょうか。

株価が移動平均線を割り込んだら売る

これは本当に難しい問題ですが、「成長性や割安さから考えてまだまだ株価は2倍、3倍になる」と思うなら売りサインを無視して保有するという判断もいいでしょう。しかし、「株価はもう十分上がったし、慎重を期そう」と考えるなら、売りサインを重視する方がいいでしょう。

いずれにしても、急騰→急落の動きになったら当面の高値をつけた可能性は高く、その後は多かれ少なかれ調整局面（下落

急に上昇→急に下落は上昇トレンドの終わりのサイン

ローソク足の形に注目！

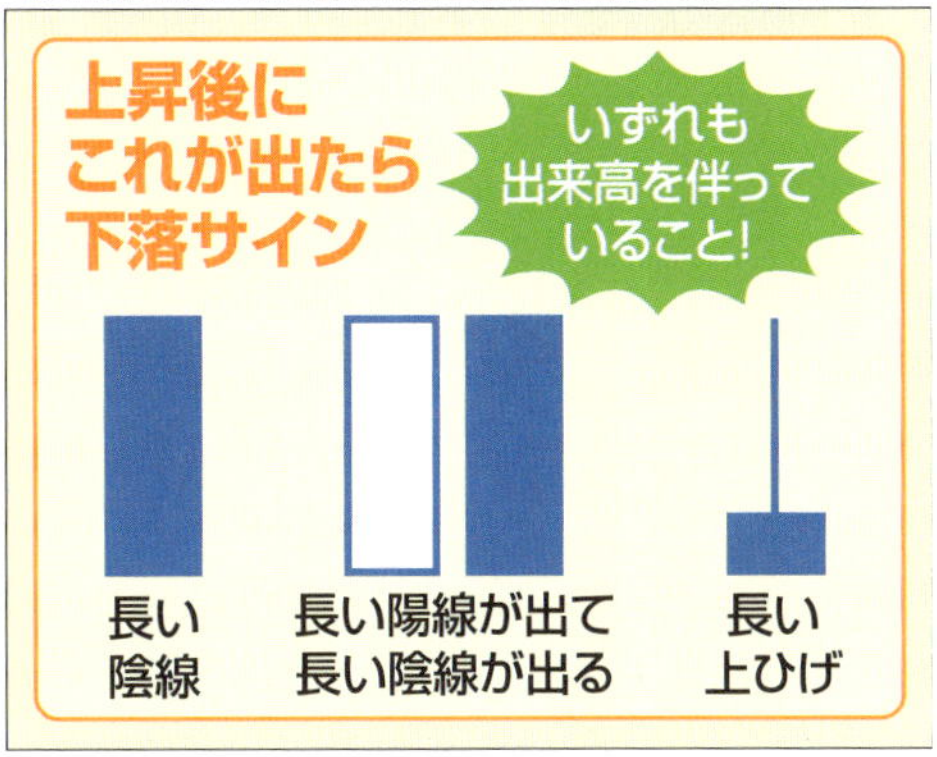

したり横ばい）となる可能性が高いと考えておいた方がいいと思います。

移動平均線を重視して株を持ち続けるとしても、移動平均線を割り込んだD地点では「売り」と判断するのがチャートの基本です。株価はその後、少し上げましたが、結局株価トレンドはその後どんどん崩れ、最終的に株価は100分の1の水準まで落ちていきました。

「強い動き」は重要な売買サイン！

「強い動き」を見たらなぜ？を考える

チャートで「強い動き」が発生した時は、トレンド転換など、重要な売買サインの場合が多いので注意が必要です。

たとえば左のチャートのＡ地点は力強い上昇トレンドの動きになっています。これから上昇トレンドが始まるサインかもしれません。こういう時は、どうしてこの値動きになったのかを考えます。

「好業績が発表されて、この株を高値でも買いたいと思う人が急増したようだ」ということであれば、この強い動きは上昇トレンドが始まるサインである可能性が高まります。実際にこのＡ地点では、大幅な増収・増益見通しが発表されて、同社の成長が加速し始めたことが確認できたところでした。

一方、Ｃ地点では強い下落の動きが見られますが、上昇トレンドから下降トレンドへの転換サインかもしれません。

なぜ、このような強い下落になったのか考え、それが「株価が急上昇したのでそろそろ売りたいと考える人が増えているのだろう」ということであれば、今までのような上昇トレンドは終わり、調整局面（上昇が一服し、横ばいか下落する局面）に入るサインと判断できます。

強い動きを見つけたら、何か意味が隠されていると考え、業績やニュースを調べたり、投資家の心理を推理します。そうすることで、強い動きに隠された売買サインに気づくことができるのです。

「調整」のあとの再上昇で買い！

その他にも、大きく下げた後のダメ押しのような急落は「底打ちのサイン」に、大きく上昇した後の急上昇は「天井のサイン」になりやすいということはすでに１３２ページや、１３８ページで解説しました。

なお、Ａ地点のようなあまりにも強い上昇の直後には、その反動でいったん調整局面に入りやすくなります。これは猛烈なスタートダッシュの後に息を整えるような場面だと考えるといいでしょう。

しかし、調整局面を経て、再び上昇し始めるようになると、Ａの動きが上昇開始のサインだった可能性がかなり高まりま

強い動きにはなにかある!

強い動きでわかるサインのまとめ

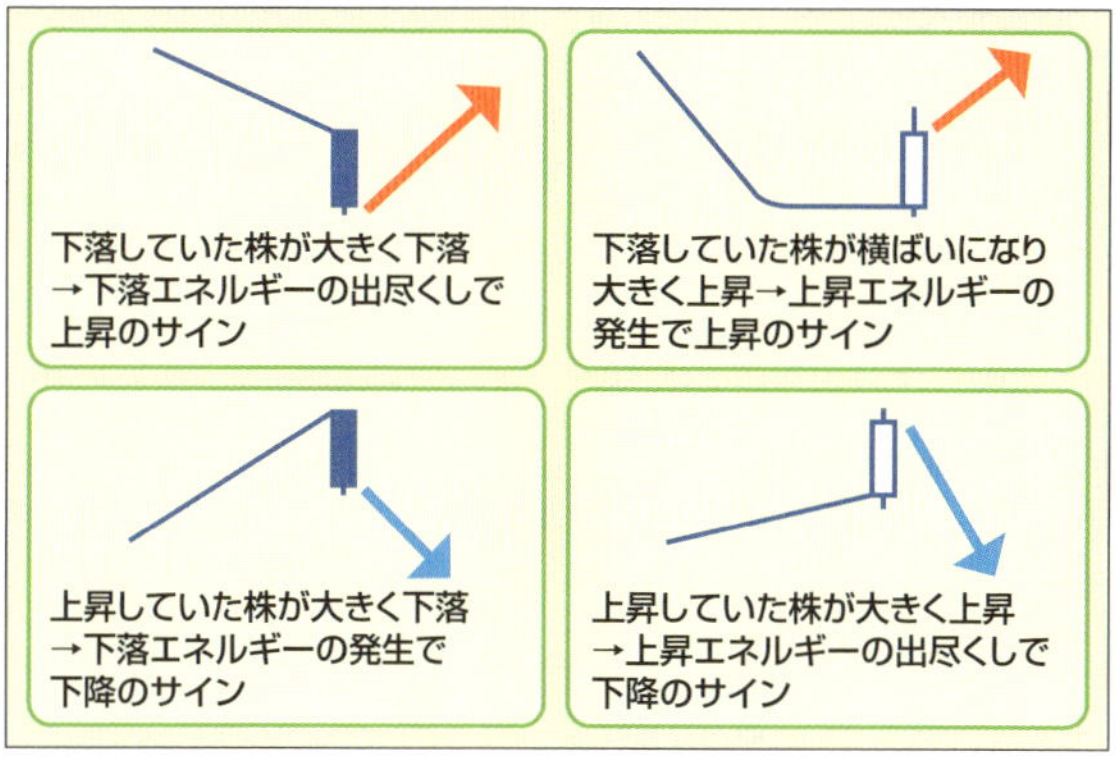

す。ですから、調整後の再上昇の起点であるB地点は、一般的には「絶好の買いポイント」です。

逆に、強い下落の動きの後に短い調整を経てあらためて下落を開始するDのようなポイントは、強い売りサインです。

「だまし」と崩れに注意！

左のローソンのチャートを見てください。この時同社は国内だけでなく海外展開も順調で、株価も順調に上昇していました。しかし、11月になると政治的な混乱から株式市場全体が低迷し、同社株も2つの移動平均線をズドンと割り込みました（A地点）。これは「崩れ」といえる形で、本来は株の売却を考える警戒サインです。でも実際には株価はこのあとも上昇を続けたのです。このように、「売買サインと見せかけて、実は違った」という動きを「だまし」といいます。

このケースへの対処は難しいですが、まず、その会社の将来性、業績、PERなどをもう一度よく考えましょう。その上で、「やっぱり、この会社はとても魅力的だな」と思うなら、対処法は2つあります。

「だまし」への対処法① いったん売って買い直す

1つ目は、あくまでもチャートを重視する考え方です。具体的には、チャートが崩れたらいったん売却し、しばらく様子を見て、チャートの形がよくなったら買い直す、というものです。右の例ではチャートが崩れたA地点でいったん売って様子を見ます。そして、株価が再度移動平均線より上になったのを確認してから買い直します（B地点）。

「だまし」への対処法② チャートの基準をゆるめる

2つ目の対処法は、業績や将来性などを重視して、チャートの判断基準を少しゆるめる、というもの。たとえば、「移動平均線を割り込んでも、26週移動平均線が下向きにならない限り保有し続ける」という考え方です。

これは将来性に期待してゆったり投資するのに適した方法で、上手くいけば大きな利幅が狙えます。しかし、サインがだましでなかった場合、売るのが遅れた分、損失は大きくなってしまう可能性もあります。

上昇転換の「だまし」ならあきらめて売る

なお、だましは下降トレンドの株にも起こります。これは、急騰があって、上昇トレンドに転換したかに見えたのに、

売買サインは教科書どおりにいかないこともある

ローソン(2651)
8000
7500
7000
6500
6000
5500
5000
4500
4000
3500
(円)
70000
60000
50000
40000
30000
20000
10000
(百株/口)
11/07
11/10
12/01
12/04
12/07
12/10
13/01
ずーっと
上昇トレンドだった
ガクンと下落
売りサインか!?
「だまし」
だった!
…と
思ったら
上昇
Ⓐ
Ⓑ
Ⓒ
Ⓐ地点でどう判断するか
①チャートのサイン重視の場合
チャートが崩れたら売り!
→だましだとわかったら再び買ってもいい
株価が移動平均線を上回ったら…
業績やPERも一度確認してみよう
②将来性や業績、PERなどを重視の場合
本当にいい株か確認した上で保有を継続
→26週移動平均線や52週移動平均線を
下回ったら、さすがに売りを考える

直近の安値を割り込んだら「だまし」

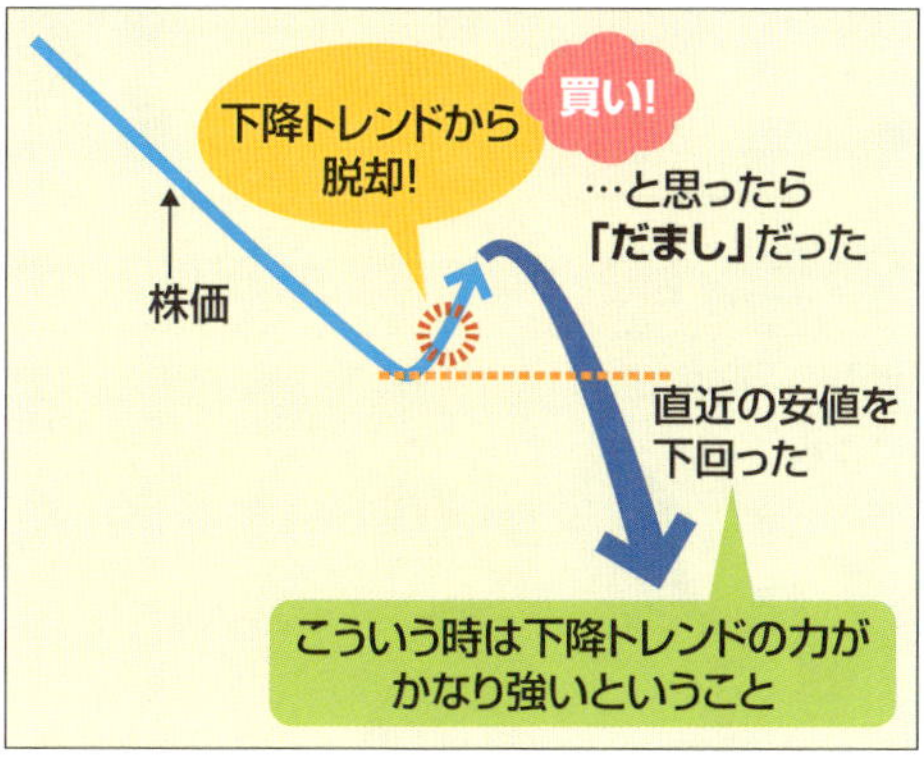
下降トレンドから
脱却!
買い!
…と思ったら
「だまし」だった
株価
直近の安値を
下回った
こういう時は下降トレンドの力が
かなり強いということ

結局は下降トレンドが続く、というケースです。この場合、**株価が直近の安値を下回った時点で、保有している株はあきらめて売った方がいいでしょう。**「上昇トレンドになりかけたのに、結局安値を更新してしまう」という動きは、下落の力が強いことを示すと考えられるからです。

株価チャートの基本をおさらいしよう！

ローソク足の形を覚えよう

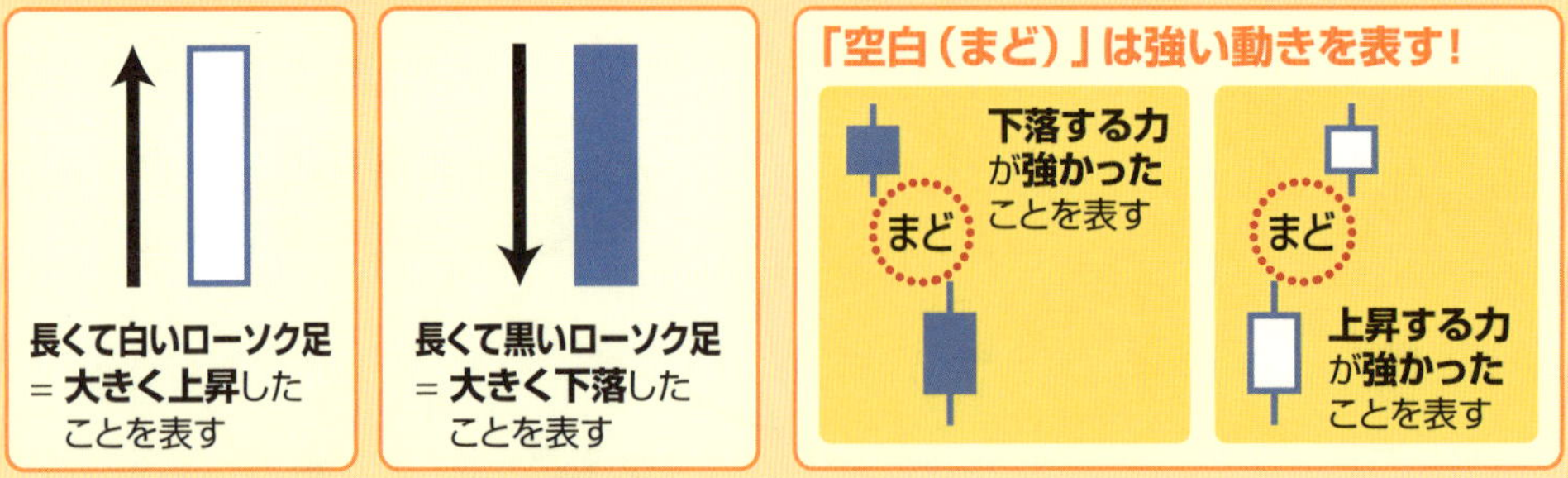
長くて白いローソク足
＝大きく上昇した
ことを表す
長くて黒いローソク足
＝大きく下落した
ことを表す
「空白（まど）」は強い動きを表す！
まど
下落する力
が強かった
ことを表す
まど
上昇する力
が強かった
ことを表す

値動きの流れが変わるサインはこの4つ！

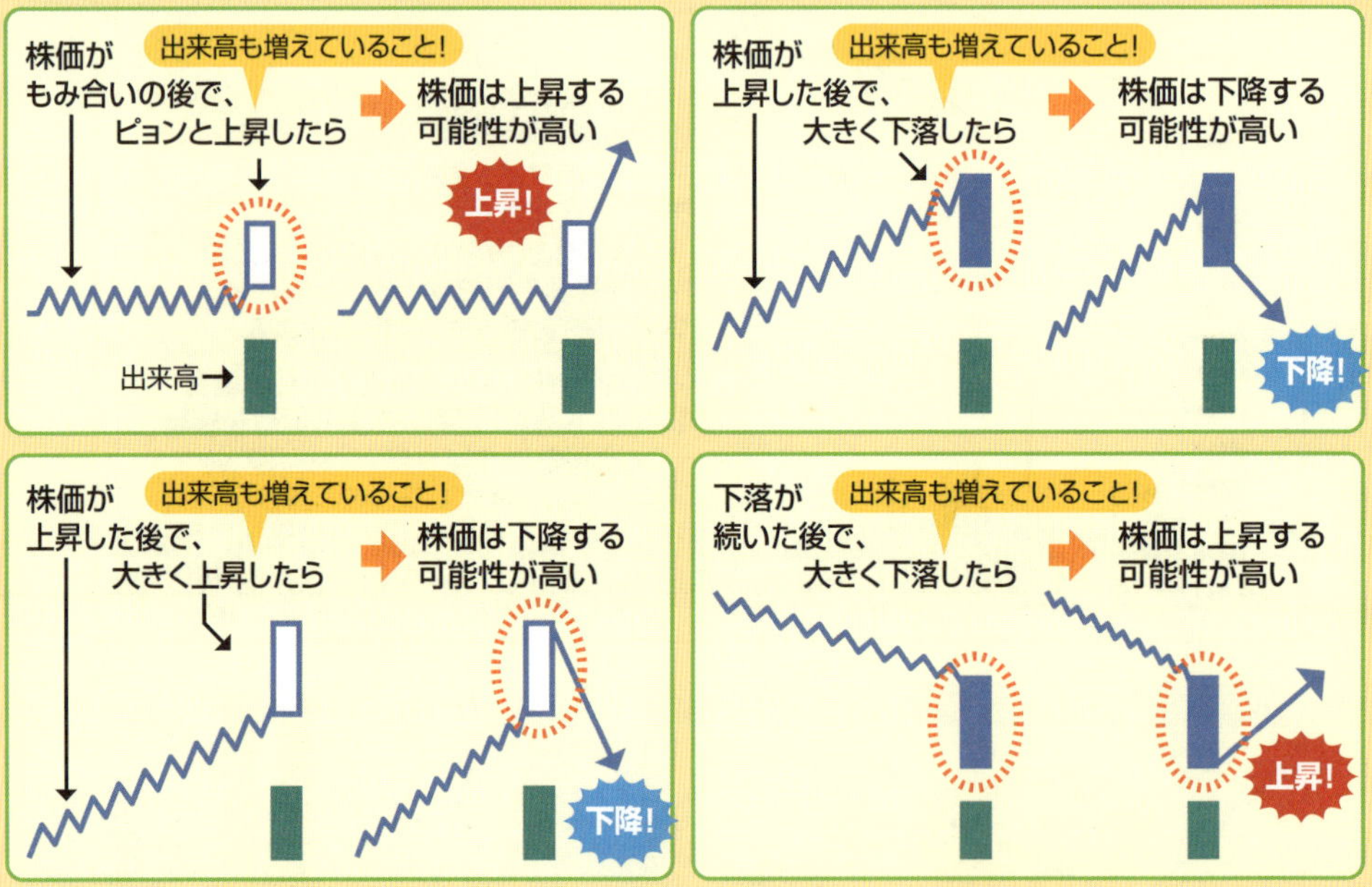
株価が
もみ合いの後で、
ピョンと上昇したら
出来高も増えていること！
株価は上昇する
可能性が高い
上昇！
出来高→
株価が
上昇した後で、
大きく下落したら
出来高も増えていること！
株価は下降する
可能性が高い
下降！
株価が
上昇した後で、
大きく上昇したら
出来高も増えていること！
株価は下降する
可能性が高い
下降！
下落が
続いた後で、
大きく下落したら
出来高も増えていること！
株価は上昇する
可能性が高い
上昇！

株を買うチャンスの定番はこの2つ！

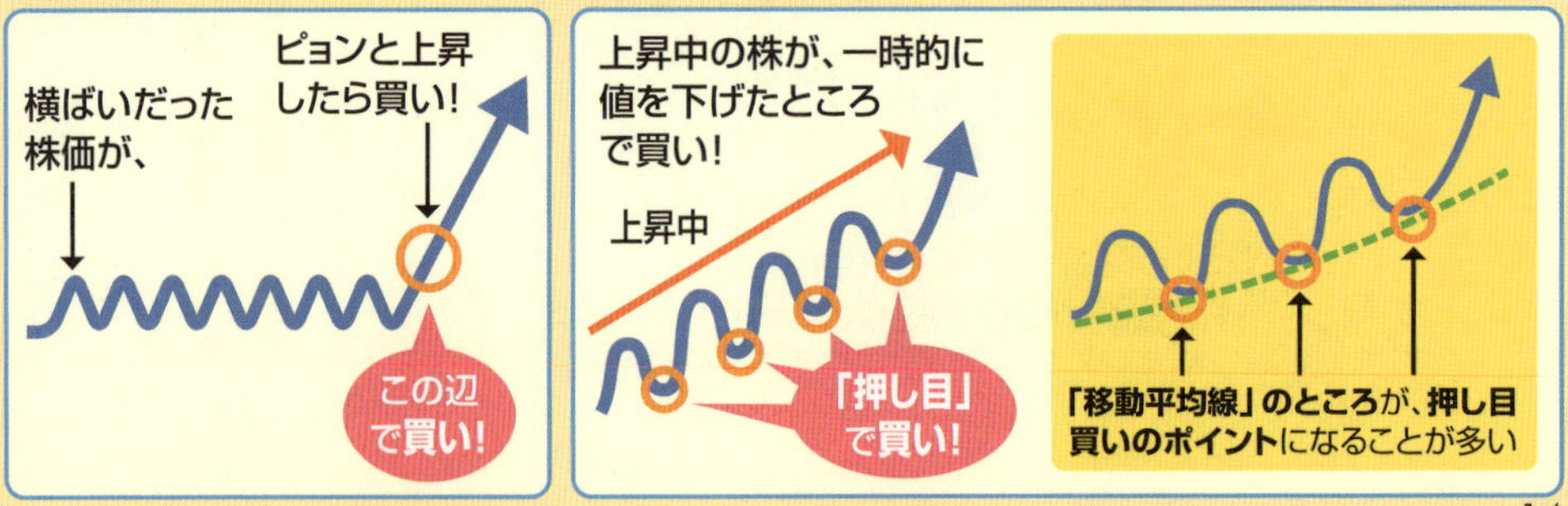
横ばいだった
株価が、
ピョンと上昇
したら買い！
この辺
で買い！
上昇中の株が、一時的に
値を下げたところ
で買い！
上昇中
「押し目」
で買い！
「移動平均線」のところが、押し目
買いのポイントになることが多い

第6章

実践で役立つ!
儲けるための9の知恵

株価は変化を〝先取り〟して動く！

ここまで、いい株の探し方、割安さの判断法、売買タイミングの計り方など、株の売買で成功するための基本を紹介してきました。

しかし、実際に株を売買してみると、様々な疑問も出てきますし、コツのようなものも必要になってくることがわかります。そこで、「これを知っていれば役立つ！　スムーズに儲けることができる！」という知恵やコツを集めて紹介したいと思います。

目ざとい投資家は変化の兆しで動く！

実際に株の売買をしてみるとわかりますが、「会社の業績は悪いのに、株価が上がりだしてきた」とか、「景気が悪いのに、株価が上がりだしてきた」ということがしばしば起こります。景気が悪いのに株価が上がるという現象は、昔から「不景気の株高」として知られています。

逆に、会社の業績や景気が好調なのに、株が下がり始めてしまうという現象もしばしば起こります。

既に説明したように、株価は会社の業績によって左右されるので、本来なら景気や会社の業績が良くなる中で上昇していくはずですし、景気や会社の業績が悪くなる中で下落していくはずです。それなのに、なぜ、「不景気の株高」や、「業績好調の中での株価下落」という現象が起きるのでしょうか――。

それは、投資家が状況を先読みしながら動くからです。

たとえば、ある人が、「この会社の新製品はものすごい勢いで売上を伸ばし始めている。これは、業績が大きく変化するかもしれない！」と気づいたら、その人はその会社の株をすぐに買い始めるでしょう。逆に、「この会社は業績を勢いよく伸ばしてきたけど、商品の動きが少し鈍くなってきている」と気づいたら、その会社の株を手放し始めます。

このように、投資家は〝変化の兆し〟を読み取りながら行動します。情報をいち早くキャッチした人から先に動き始めるために、業績や景気にハッキリと変化が表れないうちに、株価が動いてしまうことが多いのです。株価が実態に先行して動く性質のことを〝株の先見性〟といいます。

ちなみに、株式市場全体の動きを示す指標である日経平均の動きは、実際の景気の動きよりも平均して半年程度先行して動いていることが過去の経験から知られています。

株価のことは株価に聞け！

こうしたことから、株の世界では昔から「株価のことは株価に聞け」ということがいわれます。これは、株の先行きを占うには、今の株価の動きを見ることが大きなヒントになるということです。なにしろ、目ざとい人たちや情報通の人たちの動きが株価には反映されているわけですから。

したがって、景気や業績が悪いのに株が上がり始めたり、景気や業績が好調なのに株が下がり始めた場合には、〝変化の兆し〟に気づいて目ざとい投資家たちが動き始めているのではないか、と考えてみるといいでしょう。

このように、株価の動きをウォッチすることは、個別の銘柄や市場全体のトレンド変化を先取りするのにも役立ちますが、加えて、企業動向や経済全体の動きを先取りするためにも、大変役立つものなのです。

用語解説

日経平均株価
にっけいへいきんかぶか

日本経済新聞社が、東証１部の銘柄の中から日本を代表する225銘柄を選び算出している平均株価。日本株の動きといえば、日経平均株価のことを指すことが多い。ちなみに、ＴＯＰＩＸとは東証１部全銘柄の株価を指数化したもの。

株価は「実態」よりも先に動く！

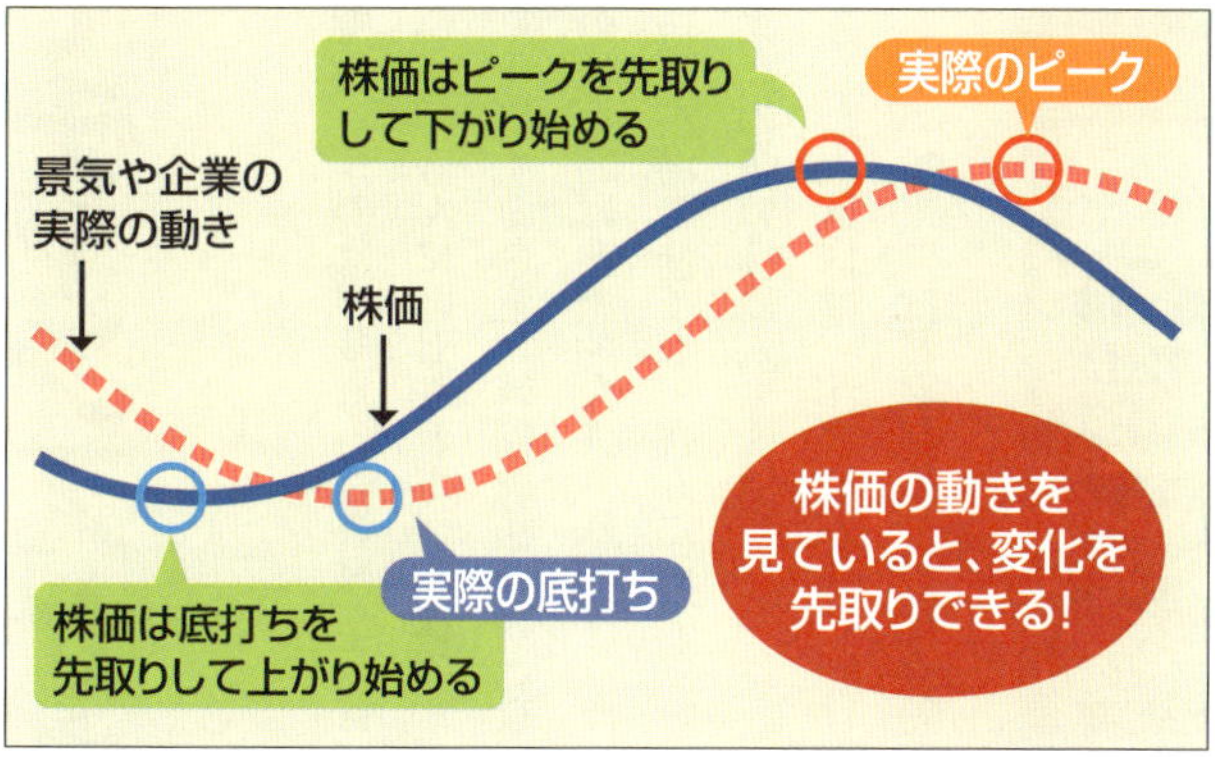
株価はピークを先取りして下がり始める
実際のピーク
景気や企業の実際の動き
株価
株価は底打ちを先取りして上がり始める
実際の底打ち
株価の動きを見ていると、変化を先取りできる！

株価は実態よりも半年程度先行しているといわれるよ

不人気株にこそチャンスがある！

人気株というのは、多くの投資家が注目していて、盛んに取引されている株です。日本を代表する企業、時価総額の大きな企業の株などは典型的な人気株です。また、新興市場の株でも、盛んに取引されて出来高の多い株は人気株です。

こうした人気株は、注目度が高いわけですから、多くの投資家がその会社の動向を注視しています。とくに、アナリストたちは会社訪問をしたり、業界内の動きを徹底的に調べて、その企業の先行きを調査しています。注目されている企業というのは、情報が豊富に出回っている企業ともいえるのです。株価には、当然そうした情報が反映されて、会社の動きを先取りして動こうとするわけです。

人気株の動きは速く、不人気株の動きは遅い

「株は実態に先行して動いてしまう」といいましたが、こうした株の先見性が株式投資を難しくしているといえます。「その株（会社）の良さがハッキリ確認できる頃には、既に株価がずいぶんと上昇してしまっている」ということになるわけですから。

できれば、株価がまだあまり上昇していない段階で、その株の良さをしっかり確認できるといいのですが……。

実は、「株の先見性」と一口にいっても、銘柄によって、先見性が強いものと弱いものがあります。具体的には、株の先見性は人気株になるほど強くなります。

用語解説

新興市場《しんこうしじょう》

ベンチャー企業など、比較的規模が小さくて若い企業が多く取引されている株式市場のこと。ジャスダック市場、東証マザーズ市場の２つが主な新興市場ですが、将来はこの２市場は統合される方向のようです。

プロや個人投資家が注目していない株を狙う

一方で、不人気株というのは、投資家たちからの注目度が低く、出来高があまりなくて、値動きが長い間停滞しているような株のことです。いわば、多くの投資家から見放された存在、忘れられた存在になっている株です。そうした不人気

株の中には、「利益もきちんと稼いでいて、資産もあるのに、株価が割安」という株がたくさんあります。そうした株のことを万年割安株などと呼びます。

東証2部や、新興市場の小さな会社、東証1部でも地味な業種の会社、比較的小さな会社などについては、アナリストや機関投資家などが注目することは少なく、不人気株として放置されることが多くなります。また、その株の業績の良さ、割安さなどがしっかり確認できる状態になっても、株価がそれを反映して上昇していく速度は、ゆるやかになる傾向があります。その株の良さに気づく人が、少しずつ少しずつ増えていくからです。

つまり、人気株と不人気株とを比べると、ゆったり投資したい人には、不人気株こそ儲けやすいのです。人気株というのは、ついつい目がそちらに行ってしまうものですが、安易に投資してしまうと、「業績がいいと思って買ったのに、高値で買ってしまい、下落してしまった」ということになりかねません。

なお、株価が上昇していくと、だんだんとその株に注目する人が多くなり、不人気株だったものが人気株へと変化していきます。そうなると、期待感が膨らみ株価は上昇、やがて実態からかけ離れた株価になってしまいます。そして、多くの場合、実態がピークを迎える前に株価がピークをつけて下落してしまいます。

このように、最初は不人気だった株も、上昇すれば人気株となり、株価が実態を超えて上昇する状態になることが多いことには注意をしておきましょう。

用語解説

機関投資家
きかんとうしか

年金、投資信託、銀行、生命保険などの大きな資金を運用するプロの投資家のこと。銘柄の選択や投資期間などに制約があり、投資対象は東証1部の銘柄などが中心で、新興市場の銘柄は、あまり買うことができないようです。

“目ざとさ”に自信がないなら、不人気株狙い!?

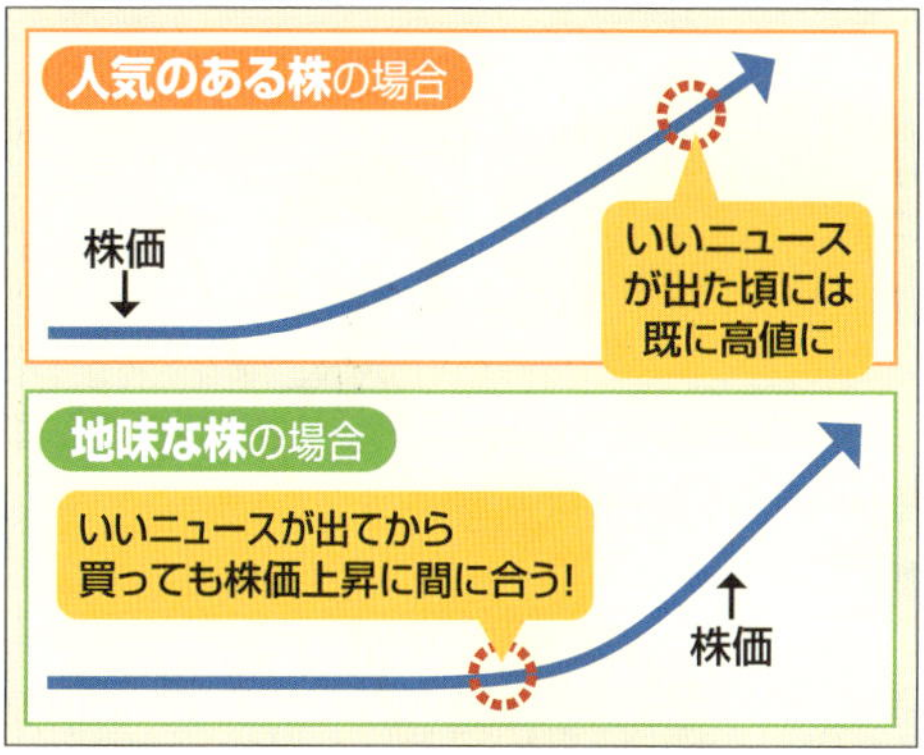

人気のある株の場合
株価
いいニュースが出た頃には既に高値に
地味な株の場合
いいニュースが出てから買っても株価上昇に間に合う！
株価

不人気株なら業績の良さがハッキリした後でも間に合う！

11年10月のナンシンの例を見てみましょう。同社は医療・介護用ベッドなどに使う高性能なキャスターのメーカーで、高い技術を武器にシェアが高まっているところでした。しかし、投資家は同社の実態が良くなっていることに気づかず株価は安いまま放置されていました。

11月に経常利益の予想が5・5億円↓9・8億円と大幅上方修正されて、その直後に株価は上昇しましたが、それでもまだ200円前後でPERも3倍程度。そして、そこから4カ月かけて554円まで上昇しました。結局株価は4カ月で2・5倍以上になったわけですが、業績の良さが株価に反映されるのはかなりゆっくりでした。上方修正のニュースを確認してから株を買っても、十分についていけました。

このように小さい会社の株は、実態が良くても低PERで放置されることが多い上に、良いニュースが出ても株価がゆっくり上がるパターンがよく見られます。個人投資家にとっては、情報をじっくり見極めて値動きについていきやすい投資対象といえるでしょう。

上方修正したあと落ち着いて調べてから買っても間に合う

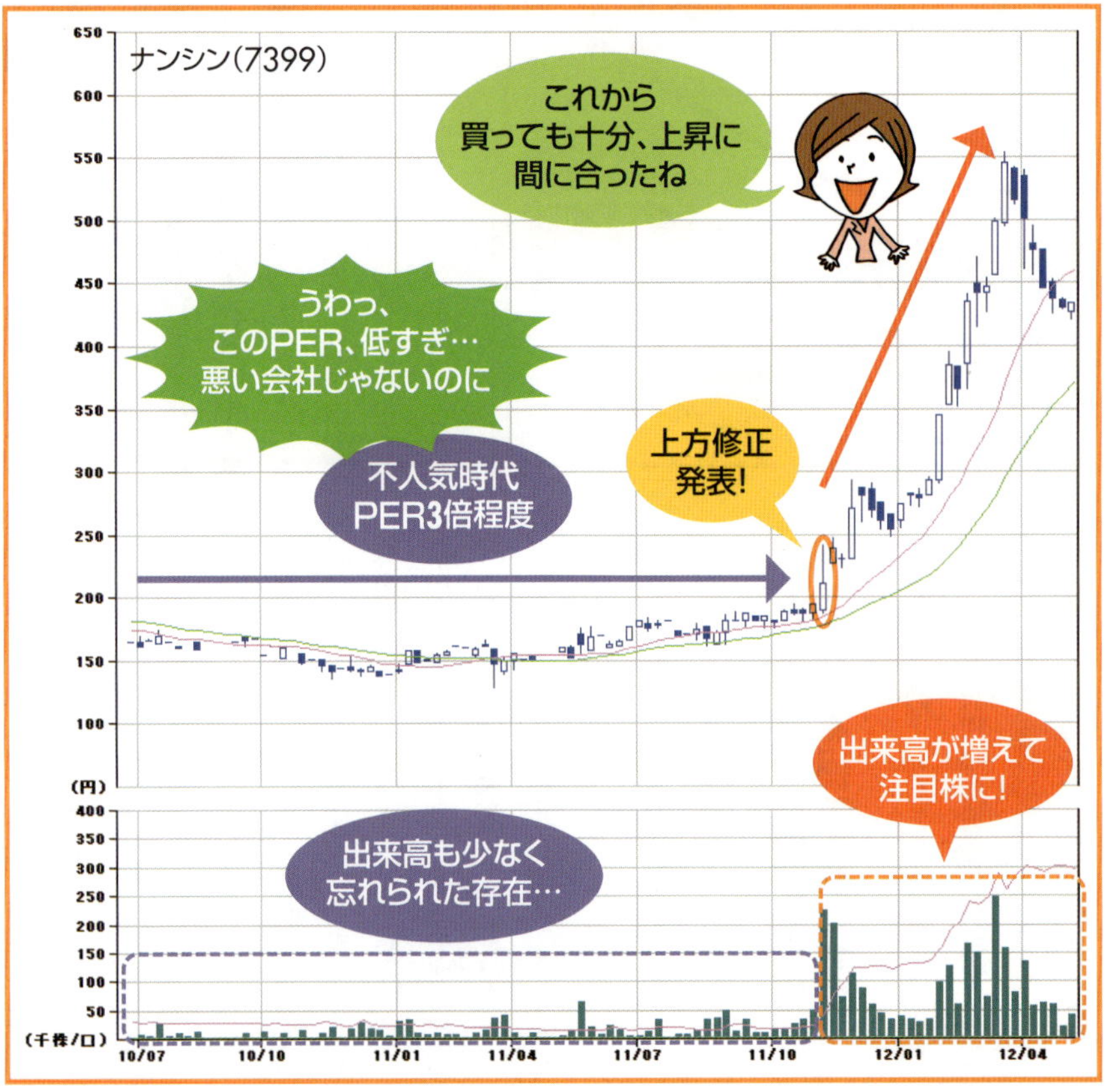

column

不人気株には掘り出し物もあるけれど、「流動性リスク」に気をつけて！

「資産を大きく増やすには、やっぱり株しかない！」とはいえ、株にはリスクもあります。値下りによって損することもありますし、企業が倒産したら投資資金はまるごとパーということも……。

また、「流動性リスク」もあります。流動性とは、「売買のしやすさ、換金のしやすさ」という意味です。

普通預金なら、いつでもお金を引き出すことができるので流動性はきわめて高いといえます。一方、株は買い手がいなければ自分の持ち株を売ることはできません。株は普通預金のようには流動性は確保されていないのです。

もちろん、トヨタやソニーのように有名で出来高（取引量）の多い会社の株なら、売ろうと思えばすぐに売れると思いますが、注目度が低く、出来高のほとんどない株というのもあります。出来高ゼロの日が多々ある、という銘柄もあるのです。そうした株を売ろうとすれば、買い手が出てきてくれるのを待たなければなりません。もし、買い手のいない中で、すぐに売りたいということであれば、かなり安い値段で叩き売ることになりそうです。

不人気株の中には掘り出し物も多く、とくにPBR1倍以下の企業の中に優良企業が埋もれていることもあります。そうした株を買う時には、流動性リスクも考えて、あわてて現金化する必要のない資金で投資するように心がけましょう。長期戦になっても大丈夫！という心構えが必要です。

“サプライズ（驚き）”が上昇の発火点になる！

その会社への見方が変わるような良いニュースに注目

株式投資をしていると、証券会社のサイトや日経新聞でさまざまなニュースを目にするようになります。たとえば、「A社が業績見通しを上方修正した」「B社が新製品を発表した」「アナリストがC社の投資判断を引き下げた」などのニュースが株式市場では毎日飛び交い、それらの影響を受けて株価は動きます。

株価の動きに影響を与える要因や出来事のことを「株価材料」とか単に「材料」といいます。そして、株価を上昇させると考えられるものは好材料、下落させると考えられるものは悪材料といいます。

また、材料の中でも、とくに、その株に対する投資家たちの認識をガラリと変えるような大きなものを、「サプライズ」といいます。サプライズというのは、驚くようなニュースという意味です。

左ページに掲げた川崎汽船の例を見てください。Aの時点（03年8月）で川崎汽船は経常利益の見通しを390億円から510億円へと大幅に上方修正しましたが、このニュースを受けて株価が急上昇し、出来高もものすごく膨らんでいます。このニュースによって「川崎汽船はすごく強い回復基調に入ってきている」という認識が投資家に広まり、資金がドッと押し寄せ始めたのです。

この例のように、「サプライズが出て、出来高を膨らませて株価が上昇を開始する」という動きは、上昇トレンドの初期によく見られる典型的なパターンです。

「低PER×サプライズ」は、上昇開始の強力なシグナル！

「この会社は、こんなにすごかったのか！」と投資家が驚くには、もともとその銘柄に対する投資家の注目度や評価が低いことが前提となります。もともとの

用語解説

株価材料
かぶかざいりょう

株価を動かす要因や出来事、またはそれらに関するニュースのこと。株価を上昇させそうな材料を好材料、下落させそうな材料を悪材料という。また、投資家のその会社への見方を一変させるような驚くような材料をサプライズという。

良いサプライズは上昇サイン!

注目度や評価が低ければ低いほど、良いニュースが出た時の驚きが増すのです。

では、注目度や評価が高いか低いかはどうすればわかるでしょうか。

それは、PERを見ることです。PERが低いということは、注目度や評価が低いことを示しています。そして、低いPERの株に良いサプライズが出た時、株価は上昇トレンドに入っていく可能性があるわけです。

逆に、PERが高い(＝評価が高い)株に悪いサプライズが出たら……。これは、株価が下降トレンドに入っていくきっかけになる可能性が高くなります。

このように、PERとサプライズの2つに注目していくことで、株価が上昇トレンドに入る初期段階に乗ることができたり、株価が崩れ始めたところで逃げることもできるようになるのです。

「好材料織り込み済み」に注意!!

期待を織り込んだ株価になっていないか？

今度は左ページのマクロミルのチャートを見てください。同社はインターネットを使った調査会社の国内トップ企業ですが、05年頃はまさに伸び盛りで経常利益はなんと１００％近いペースで伸びているところでした。株価は04年10月に30万円前後だったものが05年8月には50万円台までに上昇していました。

この時、「05年６月期の業績の上方修正」と「06年６月期の経常利益が、約40％増益の見通しになる」という発表が立て続けにされました。ところがこの後のマクロミルの株価は少し上昇して58万円近くまでいったものの、下降トレンドに転じて、06年11月にはなんと３分の１近い値段になってしまいました。良いニュースだったのに、なんでこんなことになってしまったのでしょうか。

じつは、この時の同社の株価はＰＥＲ約70倍という水準になっていました。これはものすごく高い評価であり、96ページで紹介した知識を生かすと「70％くらいの増益が3年は続く」という評価だと考えられます。それに対して出てきた「40％増益」というニュースは、他の会社にとってはすごいことでも、この会社にとってはむしろ「期待外れ」なのです。

このように、高い期待感が既に株価に反映されていて、実際に好材料（良いニュース）が出ても株価が上昇しないことを「好材料織り込み済み」といいます。

逆に、「業績が悪化するのでは」などの悪い懸念が株価に反映されていて、実際に悪材料が出ても株価が下がらないことを「悪材料織り込み済み」といいます。

高ＰＥＲでは、良い材料も想定の範囲内

ここでぜひ覚えたいのは、大幅増益とか、大幅上方修正というニュース＝株価上昇、とは必ずしもいえないということです。これだけでは株価を動かすサプライズにはならないこともあるのです。とくに、人気株でＰＥＲ面から割高になっている時などは、期待感が高くなっているので、多少の好材料が出たくらいでは、ちっとも驚かなくなっているのです。

逆に、こうした状態の銘柄はちょっと

でも悪材料が出れば株価は下落しやすくなっているともいえます。期待が大きいほど、ちょっとしたことでゲンメツしやすくなるからです。

一方、ＰＥＲが低い株はあまり期待されていない状態ですから、ちょっとした好材料がサプライズとなって株価上昇につながりやすく、また、多少の悪材料でも下がりづらい傾向があります。

どんなに良い材料が出ても、既に株価に織り込まれていないかＰＥＲを確認してみましょう。材料として重要かどうか、サプライズかどうかは、あくまでも、投資家が驚くかどうか、意外性を持って受け止めるかどうかが重要です。

“上方修正＝株価上昇”ではない!

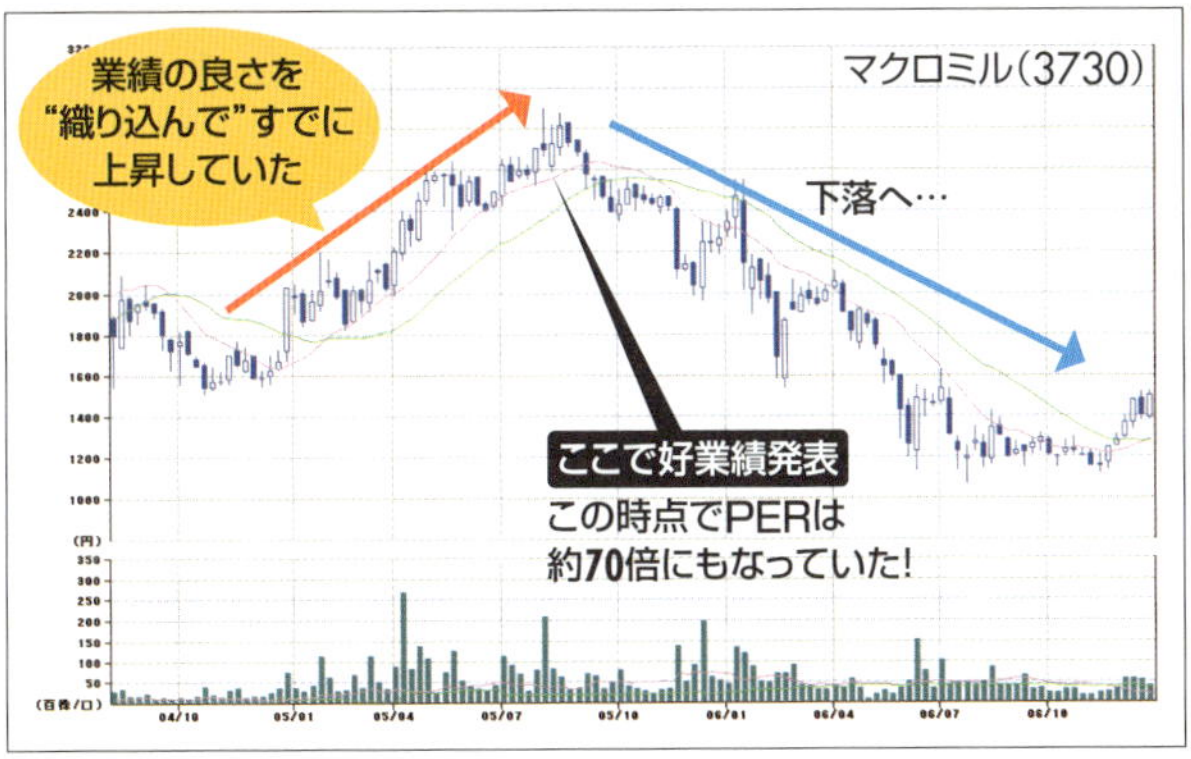
マクロミル(3730)
業績の良さを“織り込んで”すでに上昇していた
下落へ…
ここで好業績発表
この時点でPERは約70倍にもなっていた!

50
よいサプライズで買い
90
サプライズでもなんでもないので、株価反応せず

「儲けやすい時期」と「儲けづらい時期」は繰り返しやって来る！

ダメな時期はムキにならず いったん休むことも大事

どんな時でも成長株は現れるものですが、それでもやはり、成長株がたくさん出る「儲けやすい時期」と、成長株があまり出ない「儲けづらい時期」とがあります。

たとえば、03～06年は儲けやすい時期でした。ほとんどの銘柄が値上がりし、成長企業もたくさん出ましたし、資産を大きく増やす人が続出しました。そうなると、「もっと資産を増やしてやるっ！」と投資家たちの鼻息は荒くなります。

しかし、良い時期は永遠に続きません。投資家のやる気とは裏腹に、現実にはだんだんと儲かりづらくなり、成長株の数も減ってきます。日経平均も下がり始め、やがて景気も目に見えて悪くなっていきます……。こうした時期にムキになって株式投資をしても、資産は減るばかりです。こういう時には投資金額を減らすか、いったん投資を休むことを考えましょう。

その後07年夏以降には「儲けづらい時期」に入り、それが08年いっぱい続きました。08年にも上昇株はありましたが、大半の銘柄は下落し、成長株はなかなか見つけづらい状況になりました。そうなると投資家も意欲をなくし、やがてほとんどの人が「株なんて儲からない」と思うようになります。

しかし、悪い時期も永遠には続きません。真っ暗な状況から徐々に明かりが見え始めます。新しい製品やサービスが生まれ、新たな成長株がだんだん出るようになってきます。そうした新しい動きにより経済は活気づき、株価と景気がまた上昇トレンドに入ります。

儲けの大チャンスは 4～5年ごとにやってくる

儲けやすい時期か儲けづらい時期かを考えるためには、日経平均株価など株価指数に注目しましょう。また、成長中の若い銘柄は新興市場に上場していることが多いので、そういう株を狙う人は日経ジャスダック平均や東証マザーズ指数などを見ましょう。

株価指数の動きと関係なく成長する株もありますが、やはり、株価指数が上昇トレンドの時は儲けやすく、株価指数が下降トレンドの時は儲けづらいといえます。

過去を振り返ると、おおざっぱな目安ですが、儲けやすい時期が2～3年、儲けづらい時期が1～2年、合計4～5年でサイクルが一巡することが多いようです。そうしたサイクルの中で特に株価指数が底をつけて上昇トレンドに入り始めたところが「チャンスの時期」、株価指数が天井をつけて崩れ始めたところは「警戒の時期」と考えられます。

大切なことは、「儲けやすい時期がいつまでも続く」とか「もう株なんか儲からない」などの考えに陥らず、常に相場の状況を考えてペースを調整していくことです。そろそろピークが過ぎて儲けづらくなってきたんじゃないかと思ったら投資金額を減らしたり、底打ちして絶好のチャンスが来たんじゃないかと思ったら投資金額を増やしたりすることが重要になります。

儲けやすい時、儲けづらい時を知ろう

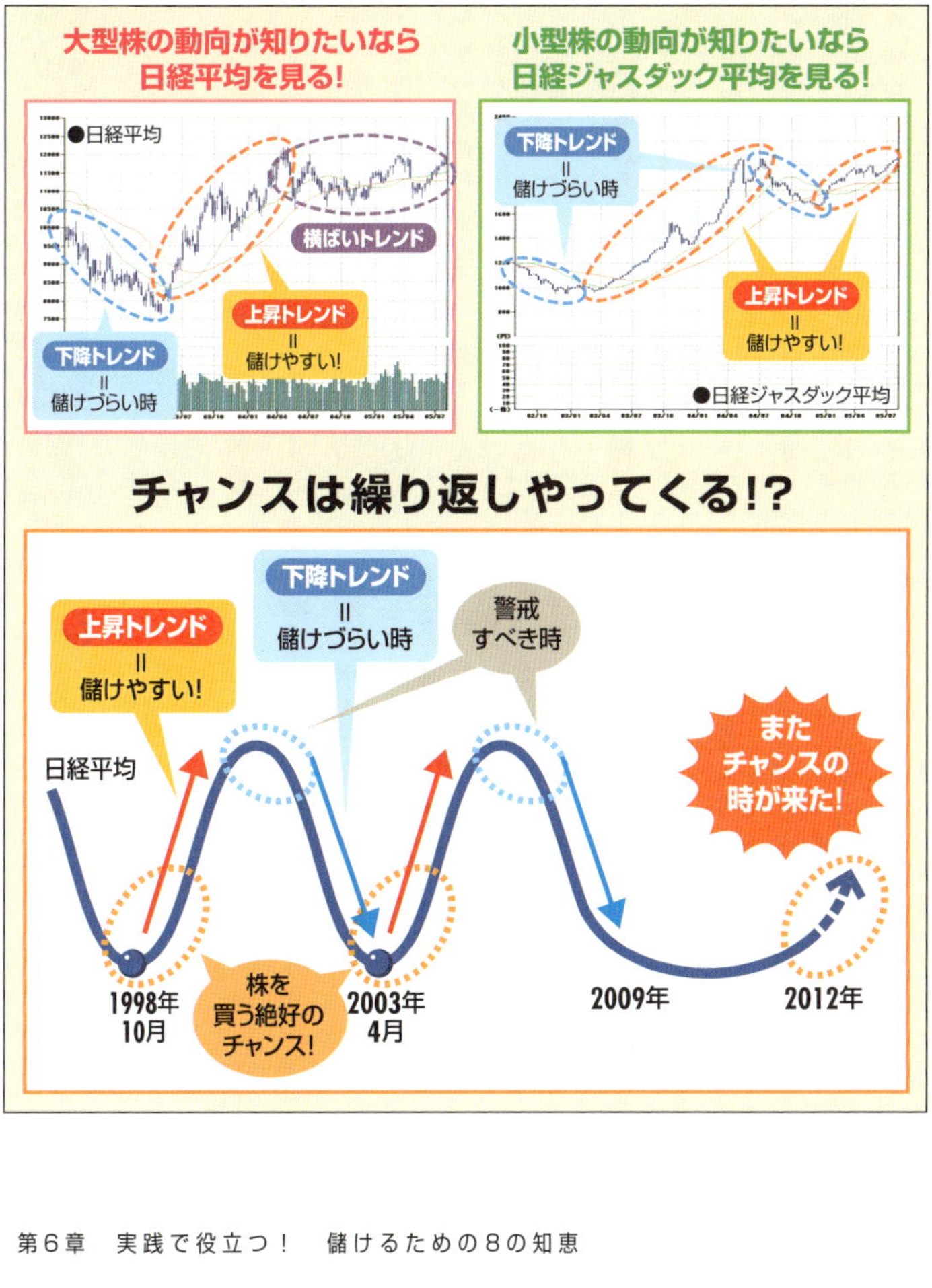

為替と金融政策で株価はどう動く？

円高になると輸入企業に円安では輸出企業にメリット

為替や金融政策などは企業の業績にも影響を与えますので、これらについても少し考えてみましょう。

まず、ドル円相場（1ドル＝××円で示されるドルの値動き）やユーロ円相場（1ユーロ＝××円で示されるユーロの値動き）などの為替相場による影響を考えてみます。ドルやユーロの値段が上がると、その裏返しで円の値段が下がり、円安と呼ばれます。逆に、ドルやユーロの値段が下がると、その裏返しで円の値段が上がり、円高と呼ばれます。

円安になると、日本にとっては、原油や農産物など海外から輸入するものが高くなってしまうというデメリットがあります。エネルギー価格も上がりますし、原材料や商品を輸入して、それらを国内で加工・販売している企業にとっては利益を減らす要因になります。飲食店や小売店などの多くはそれに該当するといえるでしょう。

一方、円安は、自動車、電機、機械など海外で稼いでいる輸出企業にとってはメリットになります。海外販売で稼いだ外貨の価値が上がりますし、海外企業と競争している場合には値下げする余地が大きくなるので価格競争力が高まるからです。また、輸入品と競争している国内企業にとっては、輸入品の値段が上がるので競争が有利になります。

円高はこの逆に考えればいいでしょう。原材料や商品を仕入れて国内で販売している企業にとっては追い風になりますし、輸出企業にとっては逆風になります。

金融〝緩和〟は上昇要因 金融〝引締〟は下落要因

金融政策というのは、世の中に巡るお金の量を調整して、景気に影響を与えようとする政策です。経済に元気がないとお金の量を増やし、逆に過熱気味だとお金の量を減らしてしずめようとします。

お金の量を増やす政策を金融緩和、お金の量を減らす政策を金融引締といいます。水道の蛇口を緩めたり締めたりして、水の量を調整するイメージです。

具体的にどうするのかというと、金利を上げ下げします。金利を下げるのが金

例外はあるけど…まずは基本をおさえよう！

円安で有利な業種

- 国際競争の激しい産業。主に輸出会社
- 国内産業でも輸入品と競争している会社

電機　自動車　鉄鋼　など

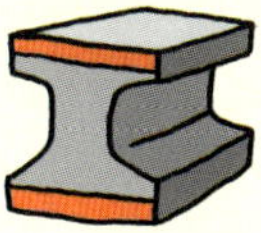

円高で有利な業種

- 海外から仕入れて加工・販売している会社

小売り　外食　食品加工　など

金融政策にも注目しよう！

金融緩和　▶▶株は上がりやすい

- お金の量を増やして買い物や投資を促す政策

金融引締　▶▶株は停滞に…

- お金の量を減らして行き過ぎた買い物や投資を抑える政策

融緩和、金利を上げるのが金融引締です。金利を下げればお金が借りやすくなって、住宅購入や設備投資が活発化しますし、金利を上げれば住宅購入や設備投資の活動はしぼみがちになります。

しかし、13年現在は日本銀行がコントロールしている金利がほぼゼロまで下がってしまっているので、日本銀行が直接お金の供給量を増やしたり減らしたりする政策をとっています。

株価との関係でいえば、金融緩和をすると株価が上がりやすくなり、金融引締をすると株価は下がりやすくなります。特に、住宅、建設、金融、不動産などの業界は金融政策の影響を受けやすいといえます。金利が下がれば「お金を借りてでも家を買いたい」とか「設備投資したい」という需要が増えますから、住宅や建設の仕事は増えますし、不動産市場も活況になります。そして、お金のやり取りが活発化するので金融関係も潤うのです。

バブルには巻き込まれるな！

80年代のバブル経済と00年前後のITバブル

バブル崩壊――。

これは、株を売買したことがない人でも知っている言葉だと思います。バブルというのは、株や不動産などの値段が、実態から大きくかけ離れて値上りしてしまう現象のことです。有名なバブルには、1980年代末に起きたバブル経済と、2000年前後に起きたITバブルがあります。

1980年代末のバブルでは、日経平均が4万円近くまで上昇したほか、不動産も、ゴルフ会員権も、絵画も、何もかもの価格が急上昇しました。ちなみに、株式市場の平均PERは50倍程度になっていました。13年現在、平均PERが18倍程度であることを考えると、1980年代末の日本株がいかに異常な割高水準であったかがわかります。

ITバブルは、インターネット関連企業に対する期待感が過剰に膨らみ、それに関連した株が異常に買い上げられたという動きです。その象徴的な存在であったソフトバンク株は、2000年前後までに120倍に上昇し、その後80分の1になるまで下落し続けました。

こうしたバブル発生・崩壊の動きの中では多くの人が犠牲者となります。1980年代末のバブル崩壊によって、1990年代の日本経済がのたうちまわって苦しんだことは記憶に新しいところです。多くの人が資産を根こそぎ失い、破産し、自殺者も少なからずいました。ITバブルにおいても、ソフトバンク株の動きを見ればわかるように、多くの犠牲者が出ました。

多くの投資家が泣いた!!

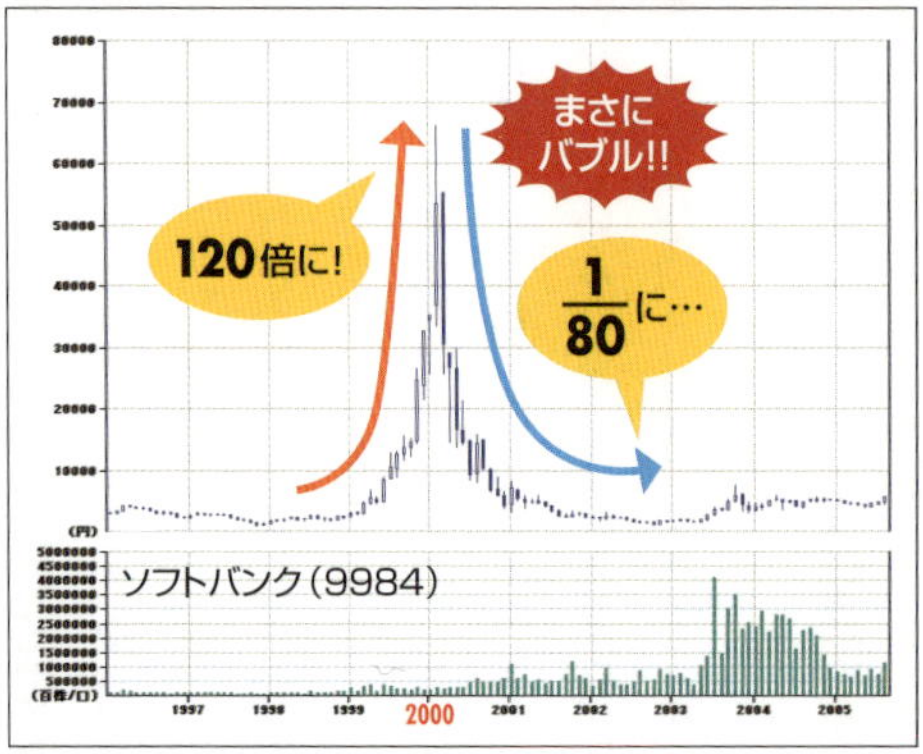

今のPERは高すぎないか、を考える

では、どうしてバブルが発生してしまうのでしょうか。

それは、「期待感」が異常に膨らんでしまうからです。１９８０年代末は、日本経済が戦後40年近く高成長を続けてきたことと、それを反映して株価と不動産価格が上昇し続けてきたことから、「株や不動産を買っておけば、お金は増え続けるんだ」という錯覚が日本中をおおいました。株式投資、不動産投資に対する期待感が異常に膨らんで、そこに投資資金が殺到してしまったのです。

一方、ＩＴバブルというのは、情報・通信のインフラがインターネットに置き換わり始めた中で、インターネット関連事業の将来性に対する期待感の異常な高まりとともに起こりました。インターネット関連企業の株価は、軒並みＰＥＲ１００倍以上という状況になったのです。

もちろん、実態からかけ離れて膨らんだバブル相場は、やがて破裂します。そして、いったんバブルが破裂してしまうと、恐ろしいまでの値下りが待っています。そうした中で、多くの投資家たちは、多大な犠牲を受けることになります。

投資家としては、「バブルに呑み込まれない」ということを肝に銘じる必要があります。バブル状況の中にいると、多くの人が短時間で簡単にお金を増やしていく様子や雰囲気に呑み込まれ、「ほかの人がすごく儲かっているのに、自分だけ置いていかれるのは嫌だ」などと焦ってしまいます。しかし、どんな時でも、業績や将来性から考えて今のＰＥＲは高すぎないかということを冷静に考えていきましょう。そのように基本を押さえた投資を続けていくことによって、バブルに踊らされず、淡々と安定して利益を稼げる投資家になるのです。

儲
儲
根拠のない期待だけで突っ走るのはダメ！

株には3つの売り時がある！

売り時がわからない…それは投資家共通の悩み

株の売買をするときに、買う時と同じくらいに悩むのは売り時でしょう。

「せっかく買った株が上昇したのに、売り時を逃してしまい、その後下落してしまった……」

「買った後に株価が下がってしまい、売るに売れないままに持ち続けたら、株価が何分の1にも下がってしまった……」

などの経験は、多くの投資家がしているところです。

ズバリ、株の売りタイミングは3つです。**①株価が目標に達した時と、②株を買った理由が崩れた時、③もっといい株が出てきた時、です。**まずは①から見ていきましょう。

株の売りタイミング① 目標に達したら売る

①の「株価が目標に達したら売る」というのは理想的なパターンです。しかし、問題は目標の立て方です。それには2つの方法があります。

ひとつは、PERを使う方法です。第4章でも見たように、**安定した業績、もしくは安定的に成長している会社ならPER15倍くらい、高成長の会社なら成長率と同じくらいのPERがひとつの目標になります。**株価5万円、1株益1万円、PER5倍で買った株なら、だいたい株価15万円（1株益1万円×PER15倍）くらいが目標になりそうです。

目標の立て方の2つ目は株価チャートを使う方法です。**過去の高値とか、過去のもみ合いゾーン**などは、一般的には、過去にその価格帯で株を買ったまま持ち続けている人たちの売りが出やすくなるところですし、いったん株価上昇が止まりやすくなる水準でもあります。こういう**節目になる株価をメドにして、いった**

用語解説

節目《ふしめ》

過去の高値・安値やもみ合いゾーンなど、投資家が意識しやすい水準のこと。上昇または下落してきた株価が反転しやすいポイント。特に出来高を伴ったり、何度もつけたりしている高値・安値は、重要な節目と考えられる。

目標を立てよう!

目標① PERで決める

- 業績安定株、安定成長株 → PER**15**倍になったら
  成長株 → 成長率と同じPERになったら

94ページも見よう

目標② チャートで決める

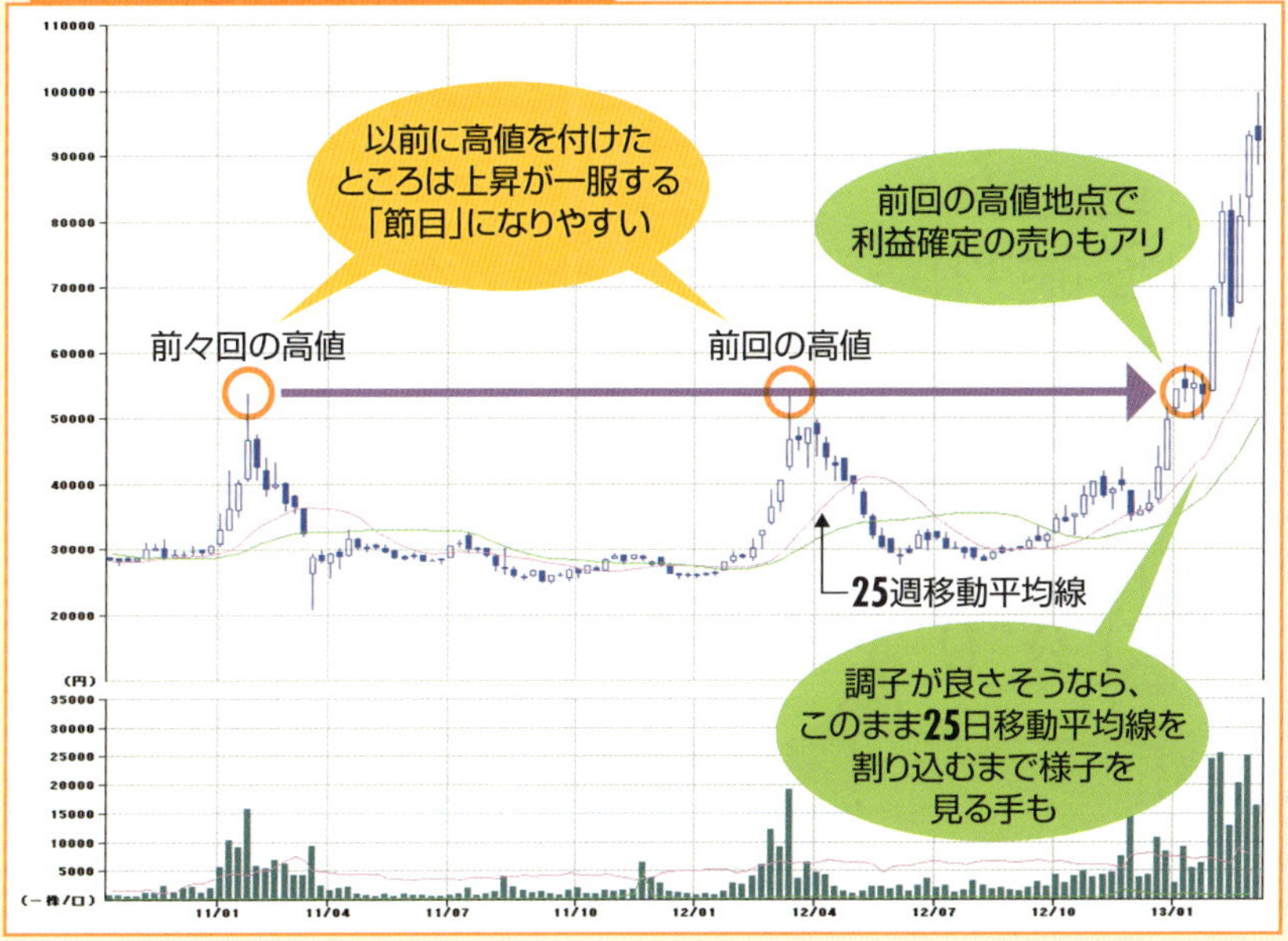

以前に高値を付けたところは上昇が一服する「節目」になりやすい
前回の高値地点で利益確定の売りもアリ
前々回の高値
前回の高値
25週移動平均線
調子が良さそうなら、このまま25日移動平均線を割り込むまで様子を見る手も
(円)
(一株/口)
11/01
11/04
11/07
11/10
12/01
12/04
12/07
12/10
13/01

ん売って利益を確定するのもひとつの手でしょう。

それから、おまけの話として、「目標に達したので売ろうと思ったけど、株価が勢いよく上昇しているので、もう少し様子を見よう」というケースについても考えてみましょう。

こうしたケースでは、その時の株価上昇に合った移動平均線を探して株価上昇を追いかけてみるというのが有効な方法のひとつです。一般的には25日移動平均線、値動きの勢いがいいなら5日移動平均線などに注目してみるといいでしょう。

そして、株価がこれらの線を割り込んだら売り、と考えて、できるだけ上昇する値動きについていくという戦略です。

株の売りタイミング②
買った理由が崩れたら売り

株の売りタイミング②は「買った理由が崩れた時」です。

たとえば、業績の良さを理由に株を買ったのに、業績見通しが下方修正されたというように、予想外に悪い数字が出てきたら基本的には「売り」という判断になります。さらに、将来性が高いと思って買ったのに強力なライバルが出てきて競争が激しくなってきた、というような場合も「売り」です。

また、**「株価が13週移動平均線に支えられて上昇している」ということを根拠に株を買ったのであれば、株価がそれを割り込んだら基本的には「売り」**という判断になります。

なお、チャートによる売りタイミングについては第5章で詳しくお話ししましたが、基本的にはチャートが崩れてきた時か、過熱感が出てきた時が売りを検討するべき時といえます。

株の売りタイミング③
他にもっといい株があれば売り

株の売りタイミング③は、**「他にもっといい株がある場合」**です。

投資資金には限りがありますから、いい銘柄をたくさん見つけても、全部買えるわけではありません。そこで、**お気に入り銘柄のストックを常に多めに持っておいて、様子を見て、ずい時保有銘柄と入れ替えるのです。**

たとえば、ビジネスの中身や業績が同じくらい魅力的な銘柄があり、片方がPER10倍まで上昇したのにもう片方がPER6倍にとどまっていたら、PER10倍の方は売って、代わりにPER6倍の株に乗り換える方が合理的でしょう。

常に銘柄探しを行い、ピックアップした注目株の中から、ベストメンバーを組むつもりでポートフォリオ（57ページ）の見直しをするといいでしょう。

売り時がわかるフローチャート

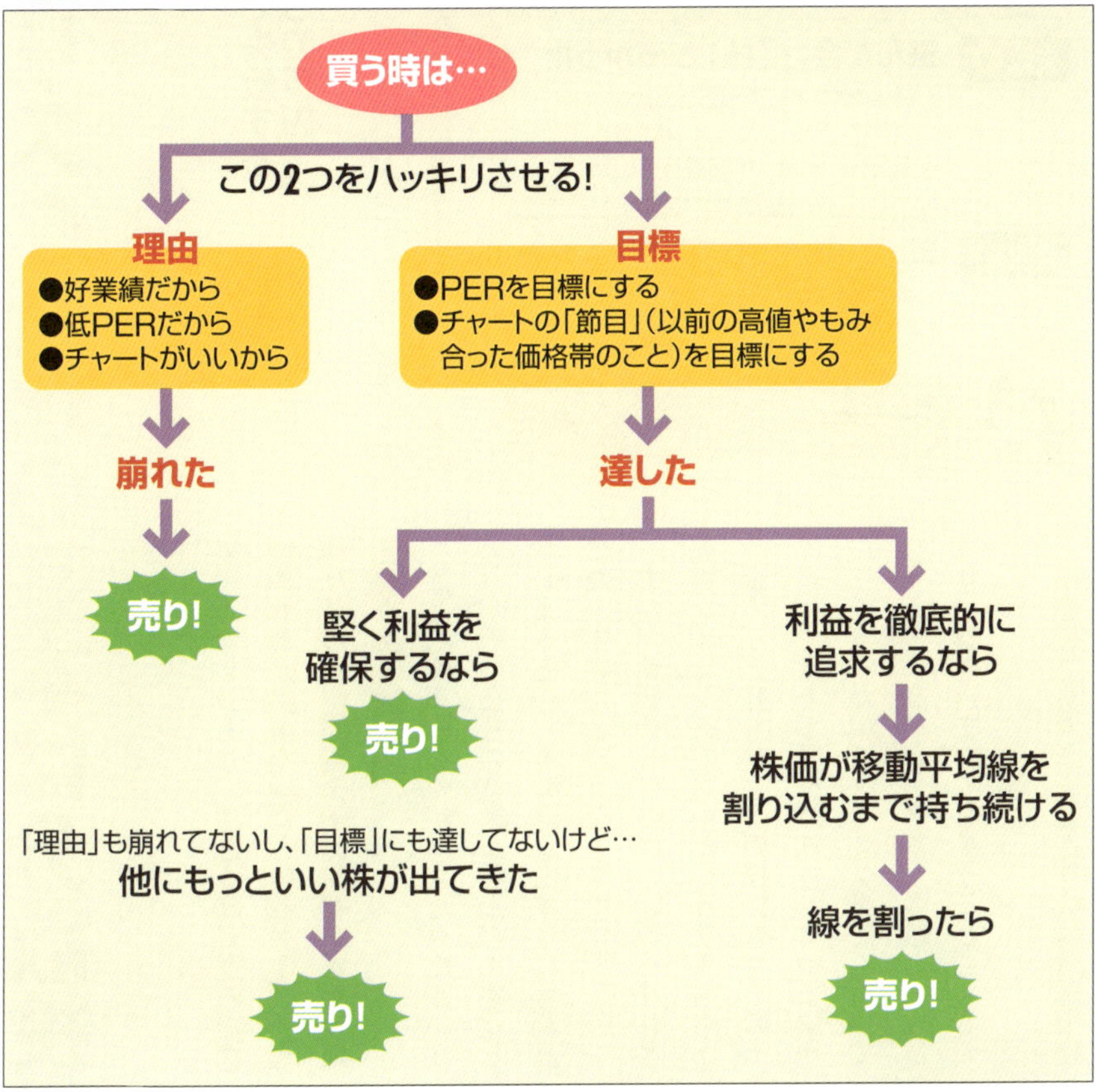
買う時は…
この2つをハッキリさせる!
理由
●好業績だから
●低PERだから
●チャートがいいから
目標
●PERを目標にする
●チャートの「節目」(以前の高値やもみ合った価格帯のこと)を目標にする
崩れた
売り!
達した
堅く利益を確保するなら
売り!
利益を徹底的に追求するなら
株価が移動平均線を割り込むまで持ち続ける
線を割ったら
売り!
「理由」も崩れてないし、「目標」にも達してないけど…
他にもっといい株が出てきた
売り!

常にベストメンバーになるよう入れ替えよう!
控
12

リスク管理の基本は分散投資

株で失敗する2つの要因

買った株が下がってしまう。嫌なことですが、多いにありえることです。その要因には2つあり、**ひとつは、選んだ株そのものがダメだったというケース、もうひとつは、売買タイミングが悪かったというケースです。**

選んだ株そのものがダメだったというのは、その会社の業績がどんどん悪化してしまうとか、その株があまりにも割高になっていたというケースです。

また、銘柄そのものはいいのだけれど、売買タイミングが悪いというケースもあります。上昇トレンドの株でも、その上昇過程では上下動を繰り返していますから、そうした中でタイミング悪く買ってしまうと、高値から2割、3割という値下りに巻き込まれてしまうこともあるのです。

こうしたリスクに備えるには、資金分散と時間分散が基本です。

資金分散というのは、ひとつの銘柄に資金を集中させないということです。**そのひとつで失敗したら、全滅ということになってしまうからです。**また、できれば、ひとつの銘柄への投入金額は、日にちを何回かに分けて投資していくことが望ましいといえます。たとえば、2株買う予定ならば、1株ずつ日にちをずらして買っていくのです。

もっとも資金が少ないうちは、銘柄分散、時間分散といってもなかなか難しいかもしれません。しかし、できる限り分散を心がけていきましょう。基本的には銘柄分散を心がけ、資金的にさらに余裕があれば時間分散も行うという形がいいでしょう。

失敗の理由は主にこの2つ

失敗①　選んだ会社（株）が悪かった
- 業績を見ずに買っちゃった
- 会社の予想が大ハズレだった
- 自分の"読み"が間違っていた

失敗②　買ったタイミングが悪かった
- 株価チャートを見ずに買っちゃった
- PERをチェックしていなかった

失敗②なら損切りして、いいタイミングでもう1度買い直してもいいね！

資金をひとつの会社に集中して投資するのは避けた方がいい
A社
1
もしもその会社がひっくり返ったら資金がなくなってしまうから…
キャ〜
2
だから、いくつかの会社に分けて、投資しましょう
3
そうすれば、ひとつが潰れても、他の会社の利益があれば、全体としては儲かることになるよ
4

ひとつの銘柄に集中して投資するのはキケン

66ページで紹介したピーター・リンチは個人投資家に対して、「身近なところから、10倍になるような株を探して投資しよう」という一方で、「5銘柄以上に分散投資しよう」ともいっています。

リンチによれば、大上昇することを狙って5銘柄に投資すれば、「1社が大失敗し、3社がまずまずの状態で、1社が期待どおり大きく上昇する」という感じになることが経験上多いそうです。

たとえば、50万円を10万円ずつ5社に投資し、そのうちの1社が5分の1、3社がトントン、1社が5倍になったとします。そうすると、50万円は82万円に増えることになるわけです。

1銘柄くらいハズレをつかんでも、他の銘柄で挽回すればいい。リスク管理の基本的な考え方です。

ダメなら潔く損切りする！これが成功者の絶対条件

株で失敗してしまった人たちには、重大な共通点があります。

それは、「塩漬け株」を作ってしまうということです。「塩漬け株」というのは、値下がりした状態のままだらだらと保有し続けている株のことをいいます。

人間の心理としては、値上がりした株を売却することにはそれほど抵抗感はありません。「もっと上がるかもしれないな、惜しいな」という気持ちが起こるかもしれませんが、利益を確定することはそれほどつらい作業ではないはずです。

それに対して、値下がりした株を売るということには、大きな抵抗感があります。「もう少し待ったら株価は戻ってくるのではないか」「せめて、買った値段まで戻ってきたら売りたい」などという心理が強く働くからです。いずれにしても、損を確定する（損切りする）ということはつらいことです。

しかし、損切りできず、下がったら塩漬けにしてしまうことを繰り返すと、最後はすべての資産が塩漬け株になってしまい、身動きが取れなくなってしまいます。

ここでぜひ肝に銘じていただきたいことは、「株は一度下がり始めるとどこま

つらくとも損切る勇気をもて！

マンションブームで株価17倍に!
ブームが弾けて、1/50に…
ジョイント・コーポレーション
(8874)

で下がり続けるかわからない」ということです。**とくに、短期間で大きく上昇した株価が、一転、下がり始めた場合は要注意です。**

マンション業者のジョイント・コーポレーションは03年から06年にかけてのマンションブームに乗って業績を伸ばして、株価は約17倍になりましたが、その後は大きく下落しました。

下落していく途中で、「半値になったからもうそろそろ上がるだろう」とか、「10分の1になったからさすがにこれ以上は下がらないだろう」と安易に保有し

持ち直すまでに7年かかった

ユニクロ
ブームで株価
60倍に!

続けたらどうなっていたでしょうか……。あるいは、安くなったからといって株を買い増ししてしまったら、もっと悲惨な結末が待っていました。この株は、10分の1になった後、そこからさらに5分の1近くまで下落したのですから……。

また、ファーストリテ

イリングのような優良企業でも、急激に上昇した後は7分の1に下落したことがありました。その後大きく復活していますが、7分の1もの下落をまともに食らってしまうのはつらいことです。しかも、高値をほぼ奪回するまでに7年近くもかかっています。

株式投資では、やはり、ブームが過熱してきたとか、何か歯車が狂い始めてきたという場合には、**ムキにならずに一度、保有株を売却して様子見をするといい、**ということが実感できるでしょう。

あらためて強調します。**株で成功する人というのは、「有望だと思った株は思い切って買い、ダメだと判断した株は損をしてでもスパッと売る」**というようにメリハリのきいた人です。ダメなら気持ちを切り替えて、次の銘柄にチャレンジする。この成功者のイメージを、ぜひ心に焼き付けてください。

ETF(上場投資信託)《イーティーエフ　じょうじょうとうししんたく》

ETFというのは、株式市場に上場されていて、株と同じように売買できる投資信託のことです。売買手数料も、税金も、株の売買をする場合と同じです。

ETFは従来の投資信託に比べて、手数料なども安くて手軽に売買できることから、米国ではすでにメジャーな金融商品のひとつになっています。日本でも、銘柄数やマーケット規模がどんどん拡充しているところです。日本でも近いうちに、従来型の投資信託をしのぐ金融商品になっていくことでしょう。

従来の投資信託と比べてETFがどのように便利なのか、その違いをもう少し詳しく見てみましょう。

まず、そもそも投資信託というのは、たくさんの投資家から投資資金を集めて、それを一定の方針に従ってプロのファンドマネージャーが運用し、得られた利益を投資家に分配金として配分する仕組みの金融商品です。

そして、従来の投資信託というのは、株価などの毎日の値動きをもとに1日1回「基準価額」を算出し、それをもとに買値と売値が決められていました。このように、株ほど柔軟に売買できる形ではありませんでした。

また、投資信託の投資家側にかかるコストとしては、主に投資信託を買う時の手数料と、保有している期間を通じて取られる信託報酬がありますが、そうしたコストは株に比べると負担が大きいものでした。

それに対してETFは、売買の際の手数料はネット証券を使えば株と同じくらいに低い金額となりますし、信託報酬についても従来の投資信託に比べてだいぶ安いものとなっているのです。

ETFと投資信託を比べてみよう!

	ETF	投資信託
取引値段は?	時価(1日のうちでも何度も変わる)	当日の基準価額(1日中同じ値段)
売買できる時間は?	取引時間内ならいつでも(株と一緒)	基本的に1日1回
注文は?	指値か成行	基準価額で注文する
取扱会社は?	日本株の買える証券会社ならどこでも	ファンドごとに異なる。証券会社、銀行、保険会社などで買える場合も
購入単位は?	決められた売買単位ごとに購入(10万円程度は必要)	ファンドにもよるが、1万円程度から買える
コストは?	売買時に、株取引と同様の売買手数料がかかる・信託報酬は低め	ファンドごと、販売会社ごとに異なるが、販売手数料(通常2%前後)信託報酬(0.5〜2%程度)信託財産留保額(0.3%程度)などがかかる

コストが安く済んで時価で売買できるETFは魅力的!日本株をまるごと買う感覚で、挑戦してもいいかも

中国株、金、不動産…あらゆるものに投資

それでは、ETFにはどん

個性派ETFが続々登場！

	コード	銘柄名	特徴
日本株！	1306	TOPIX連動型上場投資信託	TOPIXに連動。日本の株価指数連動のETFで最も取引されている
中国株！	1309	上海株式指数・上証50連動型上場投資信託	上海市場に上場する代表的な中国企業50社の株式を組み込んでいる
南ア株！	1323	(NEXT FUNDS)南アフリカ株式指数上場投信	南アフリカ共和国の株価指数に連動
ロシア株！	1324	(NEXT FUNDS)ロシア株式指数上場投信	ロシアの株価指数に連動
ブラジル株！	1325	(NEXT FUNDS)ブラジル株式指数上場投信	ブラジルの株価指数に連動
金！	1326	SPDRゴールド・シェア	金価格に連動
不動産！	1343	(NEXT FUNDS)東証REIT指数連動型上場投信	日本のREIT市場全体の動きを示す東証REIT指数に連動
アメリカ株！	1546	(NEXT FUNDS)ダウ・ジョーンズ工業株30種	アメリカ株の株価指数NYダウに連動する
逆の動きに！	1571	(NEXT FUNDS)日経平均インバース上場投信	日経平均株価と正反対の動きになる
原油！	1671	WTI原油価格連動型上場投信	原油価格に連動
インド株！	1678	(NEXT FUNDS)インド株式指数上場投信	インドの株価指数に連動
先進国株！	1680	上場インデックスファンド海外先進国株式	日本を除く先進国の株式市場の動きを示す株価指数に連動

な銘柄があるのか見ていきましょう。

日本で最も代表的なETFは「TOPIX連動型上場投資信託（銘柄コード1306）」です。これはその名のとおり、日本株全体の動きを示す株価指数であるTOPIXに連動するものです。日本株全体の動きを売買できるということで人気です。13年現在、日本で最も取引高が多いETFのひとつです。

外国株の株価指数（全体的な動きを示す指数）に連動するETFも増えています。現在はアメリカ株、中国株、インド株、ロシア株、ブラジル株、南アフリカ株などのETFがあります。

そして、ETFは株以外にもあらゆるものが対象になります。

たとえば、「SPDRゴールド・シェア（銘柄コード1326）」は、すべて金で運用するETFであり、金価格にほぼ連動して動いています。また、原油、農産物など商品全体の動きを示す指数に連動するものもあります。その他、プラチナとか小麦、トウモロコシなど個別の商品の値動きに連動するものもあり、バラエティに富んでいます。

それから、東証Jリート指数に連動するETFもあります。Jリートは次ページで紹介するようにさまざまな不動産に投資する上場投資信託のことであり、Jリート全体の動きを示す指数に連動するETFに投資するということは、不動産の全体的な動きに投資することになります。

なお、TOPIX連動型のETFや金価格連動型のETFなどは、それぞれ数種類あります。このように、同じタイプのETFが複数ある場合には、取引高が多いものを選びましょう。取引高の少ないマイナーなものを買ってしまうと、売る時になかなか希望価格で売りづらくなりますし、場合によっては上場廃止となって投資資金が償還されてしまうこともあるからです。

J《ジェイ》リート（不動産《ふどうさん》上場《じょうじょう》投資《とうし》信託《しんたく》・J-REIT）

Jリートとは、株式市場に上場している不動産投資信託のことです。前ページで解説したETFと同じように、株ではないけれども、株と同じように売買することができます。手軽に不動産投資をすることを可能にした金融商品です。

Jリートのしくみ
投資
配当
投資
家賃
投資家
リート
不動産
家賃から経費を引いたほぼ全額を配当する
会社の形をとってるけど従業員ナシ
実際の運用業務は運用会社に任せる

Jリートのメリットをまとめると、①50万円以下の少額から投資できるものもある、②株感覚で、いつでも手軽に売買できる、③不動産のプロが物件選びや管理などすべてやってくれる、④複数の物件に分散投資されている、⑤特定口座（源泉徴収あり）を選べば確定申告の必要もない、などが挙げられます。

これに対して実物の不動産投資では、投資するのに1件あたり最低百万円単位のお金が必要ですし、そのため分散投資することもままなりません。物件選びや管理なども手間がかかりますし、売却したい時にも買い手がすぐ見つかるわけではありません。さらに、確定申告の必要もあります。

Jリートは、このような実物不動産投資の難点をことごとくクリアしている画期的な金融商品といえるのです。

賃貸収入の利益のほぼ全額が分配される

ここで、Jリートの仕組みを見ていきましょう。

まず、Jリートは会社型投信という形をとっています。会社（不動産投資法人）という形態にしてお金を集め、その会社が運用会社に委託して不動産運用を行うという、やや複雑な仕組みになっています。不動産投資法人は、役員のみで従業員がいない会社であり、いわば、お金を集めたり分配金を配るための単なる器にすぎません。

投資家から投資法人に集められたお金と、さらに、銀行借り入れなどの負債もあわせたお金で賃貸用不動産に投資が行われます。そして、そこから得られた利益（＝家賃収入から必要経費を差し引いて残った金額）のほぼすべてを投資家に分配金として支払う仕組みとなっています。

13年2月現在 利回りはけっこう高い

Jリートは、13年2月現在39銘柄あります。その主な銘柄を左の表にまとめましたが、オフィスビル中心に運用しているもの、マンションなどの住宅中心に運用しているもの、商業施設を中心に運用しているもの……など銘柄ごとに特徴があります。

分配金の利回りは、低いものでも3％前後と比較的高水準となっており、なかには5～6％の利回りの銘柄もあります。

金融危機の08年頃には20％や30％というように、異常に高い利回りの銘柄もありましたが、こうした銘柄には注意が必要です。こうした銘柄は、配当金が多いから利回りが高いのではなく、経営に対する懸念から売りたたかれて価格が安くなっているから、結果として利回りが高くなっている場合が多いのです。

信頼性の高いスポンサーがついている銘柄を選ぶ

ここで、Jリートについて重要な注意点を強調しなければなりません。

先ほど仕組みを説明した中でチラリといいましたが、Jリートは物件を買うために、投資家から資金を集めるだけでなく、負債も背負っています。全資産に占める負債の割合は、50％以上となる銘柄もあります。

負債が多少多くても、スポンサー企業（運営に中心的に関わっている企業）がしっかりしていれば問題はありません。しかし、負債が多い上、スポンサー企業の経営が危うかったり信頼性がない場合には、Jリートの経営が破綻してしまうこともあります。

実際に、08年にはニューシティ・レジデンスというJリートが破綻してしまいました。このケースでは、日本であまり名の知られていない外資の不動産会社が途中でスポンサーを降りてしまったのです。

ですから、できるだけ信用性の高いスポンサーのJリートを選ぶことが大切なのと、利回りが高すぎる（株価が低すぎる）Jリートについては、経営不安のある可能性もあるので慎重になる必要があります。

主なJリート

コード	銘柄名	利回り	運用物件	特徴
8951	日本ビルファンド投資法人	2.97％	オフィス	三井不動産系。日本最大のリート
8952	ジャパンリアルエステイト投資法人	2.88％	オフィス	三菱地所系。東京都心に優良物件を多数持つ
8953	日本リテールファンド投資法人	4.23％	商業施設	三菱商事系。イオンやイトーヨーカ堂の施設を多数持つ
8960	ユナイテッド・アーバン投資法人	4.35％	オフィス・商業施設	丸紅系。心斎橋ＯＰＡ本館など保有
3269	アドバンス・レジデンス投資法人	4.48％	住宅	伊藤忠系。住宅型リートで最大規模
8955	日本プライムリアルティ投資法人	4.05％	オフィス・商業施設	東京建物系。大手町に大型物件竣工予定
8961	森トラスト総合リート投資法人	4.22％	オフィス	森トラスト系。東京汐留ビルディングが主力物件
3281	ＧＬＰ投資法人	5.01％	物流施設	最先端設備を備えた物流施設でネットショップ需要取り込む
3226	日本アコモデーションファンド投資法人	3.82％	住宅	都内23区の三井不動産開発の新築物件中心に保有
8985	ジャパン・ホテル・リート投資法人	5.28％	ホテル	沖縄の日航アリビラなどで使える優待割引券ももらえる

※利回りは13年２月末時点のもの。

IPO《アイピーオー》株《かぶ》（新規公開株《しんきこうかいかぶ》）

ＩＰＯとは、会社を新規に株式市場に上場させることを言います。証券取引所に申請して審査を受け、合格すれば上場決定です。

上場が決定したら、会社はいくつかの証券会社を選んで、そこを通して、株を売り出します。上場前に株主をたくさん作っておけば、上場初日から、売買を活発化させることができるからです。

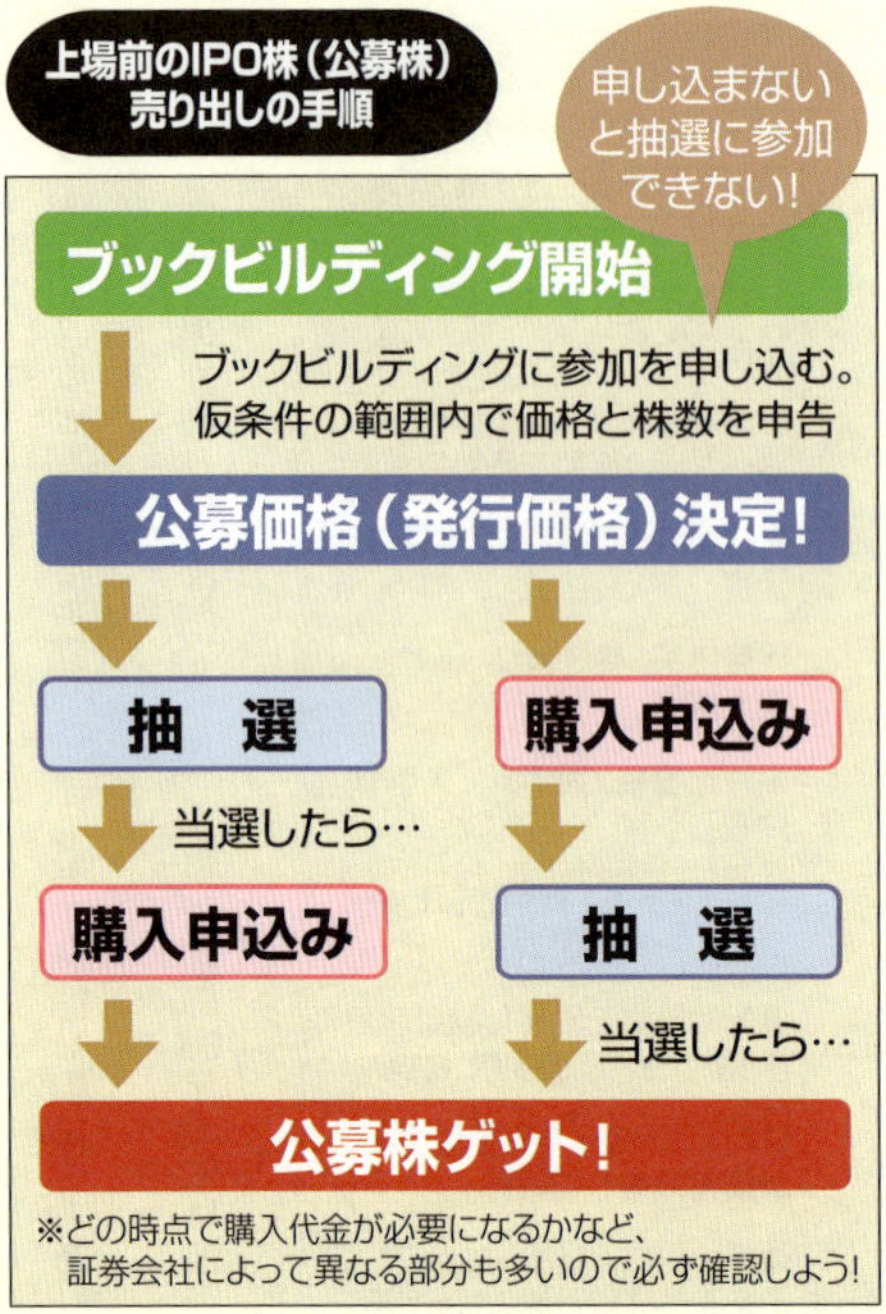
上場前のIPO株（公募株）売り出しの手順
申し込まないと抽選に参加できない!
ブックビルディング開始
ブックビルディングに参加を申し込む。仮条件の範囲内で価格と株数を申告
公募価格（発行価格）決定!
抽　選
購入申込み
当選したら…
購入申込み
抽　選
当選したら…
公募株ゲット!
※どの時点で購入代金が必要になるかなど、証券会社によって異なる部分も多いので必ず確認しよう!

実は、04～06年頃は、この上場前の売り出し価格より、上場後に初めてつく株価（初《はつ》値《ね》）の方が高くなることが多かったため、この差額で儲けようと、「上場前の売り出しで買って、初値で売る」というＩＰＯ株ならではの投資手法が大変な人気を博しました。上場前の売り出しに買い希望者が殺到、抽選でもなかなか当たらない…という事態が続いたのです。

07年以降は初値が伸びないケースが増えてＩＰＯ株ブームも下火になりましたが、12年以降は、ミドリムシ研究のユーグレナが初値2・3倍でその後さらに4倍になるなどヒット銘柄が相次ぎ、ＩＰＯ株人気が再燃しています。

売り出し情報は、各証券会社のホームページのトップ画面に「ＩＰＯ（新規公開株）」のような感じで出ていることが多いようです。売り出しに参加するには、需要調査（ブックビルディング）に参加して、いくらで何株買うつもりか、前もって申告しなければならないなど、独特の手順があります。手順は証券会社によっても微妙に違ってきます。

なお、上場株はどこの証券会社からでも平等に買えますが、上場前の株は、ＩＰＯをする会社から選ばれた証券会社（10社程度）からしか買うことができないので注意が必要です。

TOB《ティーオービー》（株式《かぶしき》公開《こうかい》買《か》い付《つ》け）

株式関連のニュースを見ていると、「TOB《ティーオービー》（株式公開買い付け）」という言葉がよく出てきます。ある会社の株を大量に買いたい時に、買取価格を提示して、株主から売却希望を募ることをいいます。

翌日はストップ高！
以降は17万円付近で張りついている状態に
1月28日
17万円でTOBすることを発表！
株価
10万5000円

株を大量に買い付ける際には、株式市場で普通に注文するのではなく、「希望価格」「株数」「目的」などをハッキリさせてTOBを表明することが義務付けられているのです。

たとえば、09年1月末に、「ファーストリテイリングがリンク・セオリー・ホールディングスのTOB実施へ」というニュースが出ました。これは、ユニクロを運営するファーストリテイリングが、高級婦人服のリンク・セオリー・ホールディングス株の保有比率を高めて子会社化することが目的でした。

当時のリンク・セオリー・ホールディングスの株価は10万円前後でしたが、ファーストリテイリングが提示したTOB価格は17万円。このニュースを受けて、リンク・セオリー・ホールディングスの株価は17万円近くまで急騰しました。

このように、TOB価格は時価に何割かプレミアをつけて提示されるのが普通です。そして、TOBが発表されたとたんに株価がTOB価格まで急騰するという動きがよく見られます。

また、経営者がTOBをかけるケースも時折見られます。経営者によるTOBのことをMBO《エムビーオー》といいます。

これは通常、経営者が株の過半数を握り、上場廃止にしてしまうことを狙う場合に行われます。株価が極端に安くなってしまった場合などは買収されるリスクが高まるため、先手を打って経営者自らが買収して非上場にしてしまおうという狙いがあります。非上場にしてしまえば、買収される危険性はほとんどなくなるからです。

TOB価格まで上がることが多い

株式分割《かぶしきぶんかつ》

業績と株価をグングン伸ばしているような成長株には、「株式分割」というイベントがつきものです。

これは、その名のとおり、株を分割することで、1株を2株に分割したり、1株を3株に分割したりします。

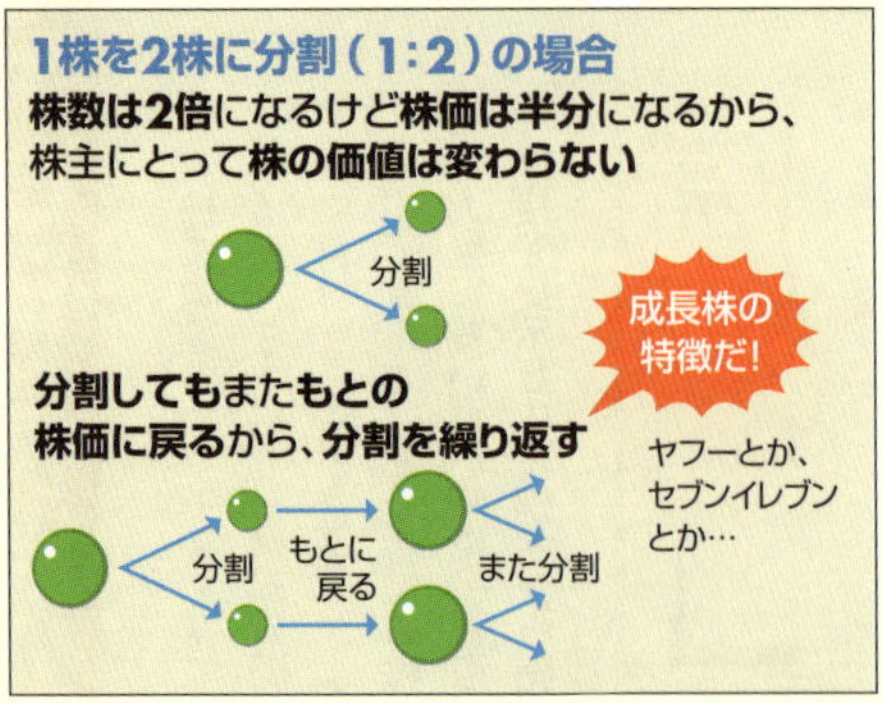

たとえば、保有している株が「1対2の株式分割」を行ったとしましょう。この場合、価値が半分になった株が2株手元にある状態になります。

株式分割は株を発行している会社の判断で行うものですが、なんのために行われるのでしょうか。それは、最低売買単位の金額をみんなが買えるような少額にするためです。株の取引が盛んに行なわれるようにするために、会社は株式分割を行うのです。

グングン成長している会社の場合、株価もグングン上昇します。すると最低売買金額が、一般の投資家ではなかなか手が出せないような高額になってしまいます。そこで、証券取引所は上場企業に「最低取引単位を50万円以下にするように」と要請しています。

たとえば、ヤフーは97年11月に株式を上場した時は約200万円で買えましたが、そこからグングン上昇し続け、2000年2月にはナント、1億円を突破しました。これでは、いくらなんでも売買しづらい。高級マンション並みの値段ですから。

こうした状況を解消するために、ヤフーは株式分割を盛んに行うようになりました。99年3月から06年3月までに合計13回の1対2分割を繰り返し、97年当時の1株が13年2月現在では8192株にもなっています。

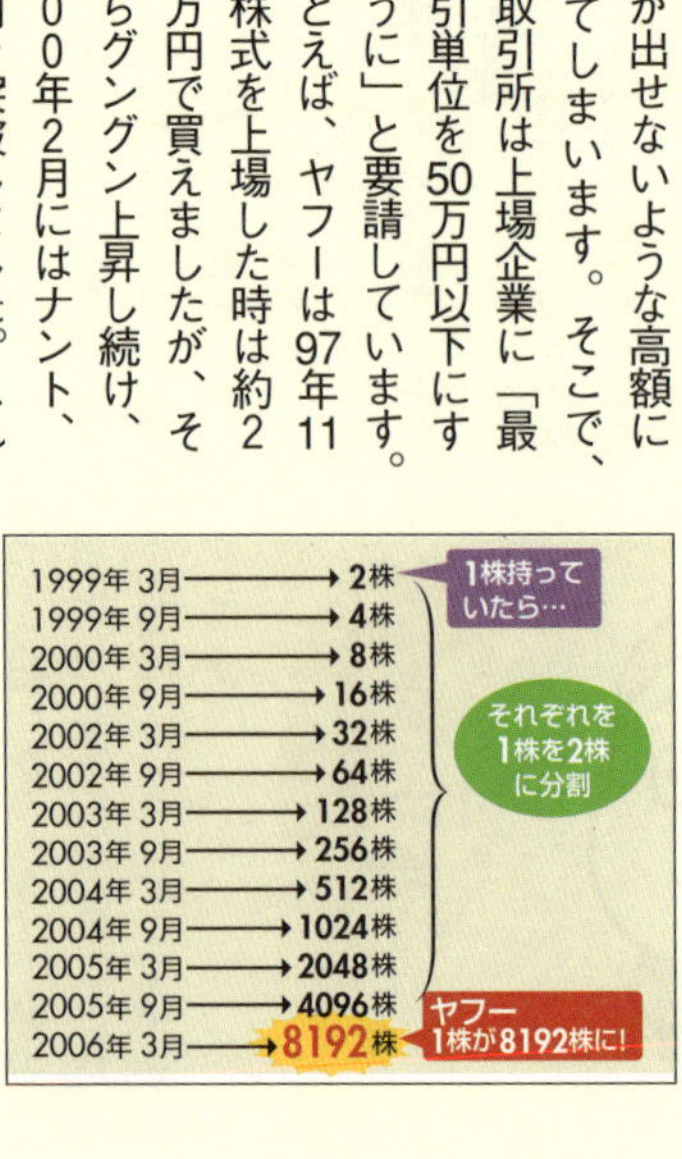

年月	株数	
1999年3月	→ 2株	1株持っていたら…
1999年9月	→ 4株	
2000年3月	→ 8株	
2000年9月	→ 16株	それぞれを1株を2株に分割
2002年3月	→ 32株	
2002年9月	→ 64株	
2003年3月	→ 128株	
2003年9月	→ 256株	
2004年3月	→ 512株	
2004年9月	→ 1024株	
2005年3月	→ 2048株	
2005年9月	→ 4096株	
2006年3月	→ 8192株	ヤフー1株が8192株に！

13年2月現在のヤフーの株価は約4万円ですが、株数は97年当時の1株が8192株になっているので、97年当時の1株は、4万円×8192株=約3億2768万円程度になっている計算になります。

分割修正《ぶんかつしゅうせい》チャート

分割修正チャートというのは、株式分割などの影響を考慮して、分割前と分割後の株価の動きをスムーズに連続して見ることができるように修正した株価チャートのことをいいます。

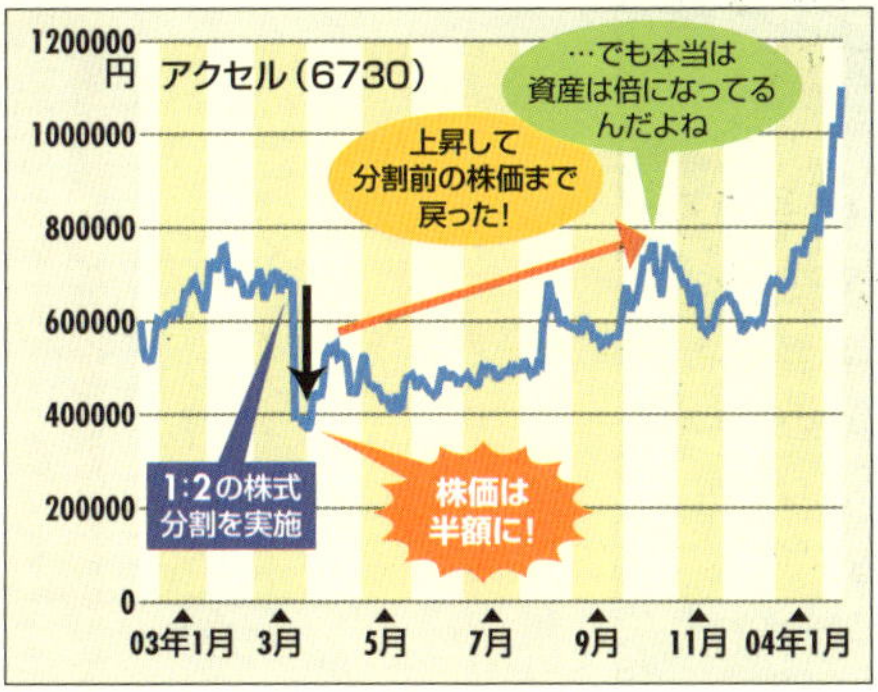

では、アクセルを例に解説していきましょう。

アクセルは03年3月に1対2の株式分割を行いました。分割直前の株価は約68万円でしたが、分割直後には約34万円とほぼ半分になっています（分割前から保有している人は、分割により株数は2倍になったので、資産価値としては変わらない）。分割した株は、その後上昇し、半年後には再び68万円近くとなりました。

さて、この経過を上の株価チャートで見ると、アクセルの株価は分割直前に68万円の水準にあり、それが分割によって約半値になって、その後、半分に分割された株が68万円まで上昇していった様子がよくわかりますね。

でも、分割のことを知らないで、この株価チャートだけを見た人にとっては、「一度大きく急落した株が元の値段に戻っただけ」のように見えてしまいます。

ところが実際には分割された半分が、分割前の元の株と同じ水準になっているのです。株数は2倍になっているのですから、実質的な株価は2倍になったことになります。

そこで、下の修正チャートでは、分割された後の株価を基準にして、分割前の部分を修正してチャートを描きます。この修正チャートでは、分割前の株価は、半分に修正しています。こうすることにより、実質的な株価がどのように変化したかがわかるのです。

ネット証券の株価チャートや、新聞や雑誌などで掲載されている株価チャートではほとんどの場合、「分割修正チャート」が使われています。

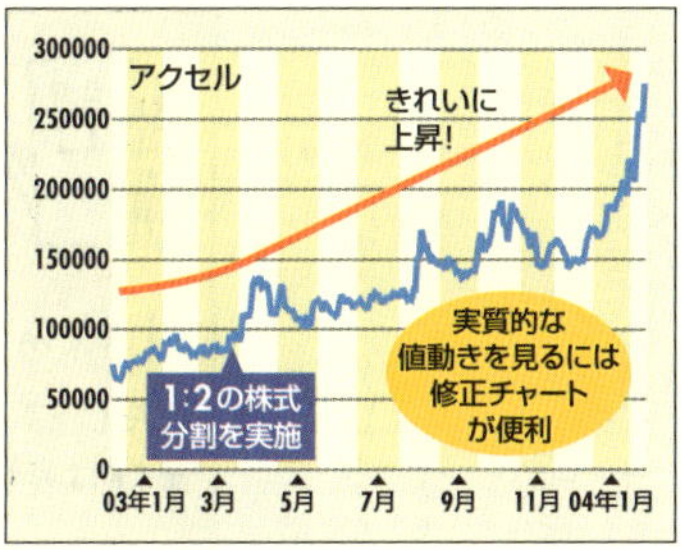

自《じ》社《しゃ》株《かぶ》買《が》い・増《ぞう》資《し》

自社株買いをすると…
市場に流通する株の量が減る
1株あたりの価値が上昇！
株主の利益になる！

株式分割の他に、株に関してよく起こるイベントに、「自社株買い」と「増資」があります。

自社株買いは、その名のとおり、会社が自分の株を買うことです。買った自社株については、会社が保管しておく場合と消却してしまう場合がありますが、実質的には、いずれも発行済み株式数を減らすことになります。

これは、株価を押し上げる要因になります。まず、市中に出回る株数が減るわけですから、需要と供給の関係からいって株価は上昇しやすくなります。さらに、発行済み株式数が減るわけですから、1株あたりの利益がアップすることになります。加えてなんといっても、会社のことを一番よく知っているのは会社自身であり、その会社自身が自社の株を買うということは、「今の水準なら、この株はお買い得だよ」と宣言していることになります！

80年代前半から90年代後半にかけて米国株は歴史的な上昇相場となりましたが、その原動力のひとつは会社が自社株買いを活発に行ったことだといわれています。

一方で増資というのは、会社が新しく株を発行して、資金を調達することです。それによって、発行済み株式数は増えることになります。

増資が株価に与える影響は単純ではありませんが、目先的には株価が下がる要因になることが多いようです。まず、市中に出回る株数が増えるわけですから、需要と供給の関係からいって株価は下がりやすくなります。また、発行済み株式数が増えるわけですから、1株あたりの利益が薄まることになります。

ただし、そこで調達した資金を会社が上手く活用して利益を伸ばせば、長い目で見た時には株価が上昇する要因になることもあります。

増資（株を新しく発行）すると…
1株あたりの価値が下落！
ただし調達した資金を有効に使えば業績は良くなり、株価も上がるはず"

特定口座《とくていこうざ》（株の税金）

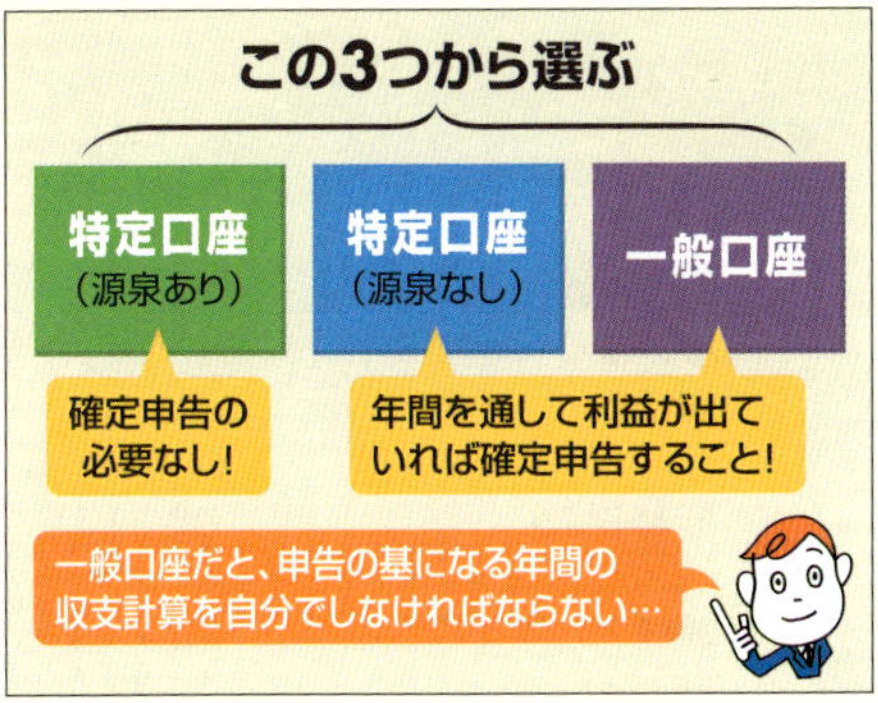
この3つから選ぶ
特定口座（源泉あり）
特定口座（源泉なし）
一般口座
確定申告の必要なし！
年間を通して利益が出ていれば確定申告すること！
一般口座だと、申告の基になる年間の収支計算を自分でしなければならない…

株の売買で得た利益に対しては税金がかかります。税率は利益の10％ですが、2014年から20％になる予定です。

税金の支払い方は、証券会社に源泉徴収してもらう方法と、確定申告する方法があります。「一切面倒くさいことは嫌だ」というなら、源泉徴収してもらう形にしましょう。

その場合には、証券会社に「特定口座（源泉徴収あり）」の申し込みをします。そうすれば、株で利益が出るたびにその10％が源泉徴収され、損が出ると、それまで支払った源泉徴収分から損失の10％分が返還されることになります。

その他、「特定口座（源泉徴収なし）」を選ぶこともできますし、何も選ばなければ一般口座ということになりますが、それらの場合には原則として確定申告が必要になります。なお、一般口座の場合は年間の収支計算を自分でしなければならないのに対して、特定口座（源泉徴収なし）の場合、証券会社が代わりにそれをしてくれます。

「確定申告が必要な形」を選ぶ人がいるのは、それによって受けられるメリットもあるからです。たとえば、サラリーマンで給与以外に所得がない場合には、株の売買益が20万円に達するまでは申告そのものが不要になります。源泉徴収なしを選んだことで、源泉徴収もされないわけで、つまり、10％の税金分を浮かせることができるのです。

ただし、利益が20万円を超えると確定申告をしなければいけませんし、その場合には、配偶者控除や社会保険料などの計算にも影響が出る可能性があります。一方、特定口座（源泉徴収あり）なら、どんなに株で儲けてもそれらに一切影響が出ません。

以上から、サラリーマンでそれほど大きな売買益が出ないと思われる人は特定口座（源泉徴収なし）を選ぶのもいいかもしれませんが、それ以外の人は特定口座（源泉徴収あり）を選ぶ人が多いようです。

利益に対して税金がかかるのね

用語さくいん

※赤字は、「用語解説」をしたもの。
黒字は本文や図中で紹介したものです。

ダイヤモンド・ザイとは

初心者から上級者まで、幅広い層に人気の月刊投資情報誌。イラストや写真を豊富に使い、基礎的なことも、高度なことも、誰にでもわかるように解説する。特に「株主優待カタログ」や「20万円以下の株カタログ！」、「株で１億円を作る！」などは、心待ちにしている読者も多いヒット企画。株のほか、FXや投信などの情報も豊富（毎月21日発売）。

めちゃくちゃ売れてる株の雑誌ZAiが作った「株」入門 改訂第2版

2013年４月４日　第１刷発行
2017年１月13日　第11刷発行

編　集 ―――― ダイヤモンド・ザイ編集部
協　力 ―――― 小泉秀希
発行所 ―――― ダイヤモンド社
〒150-8409　東京都渋谷区神宮前6-12-17
http://www.diamond.co.jp/
電話／03-5778-7232（編集）　03-5778-7240（販売）

装丁・本文デザイン ―― 河南祐介（FANTAGRAPH）
イラスト ―――― 宗誠二郎
図表作製 ―――― 地主南雲　板垣光子
チャート ―――― 楽天証券
製作進行 ―――― ダイヤモンド・グラフィック社
印刷 ―――― 加藤文明社
製本 ―――― ブックアート
編集担当 ―――― 真田友美

ISBN978-4-478-02459-1

※投資は情報を確認し、ご自分の判断で行ってください。本書を利用したことによるいかなる損害などについても、著者および出版社はその責を負いません。本書の内容は特に記載のないものは2013年3月15日時点のものであり、予告なく変更される場合もあります。また、本書の内容には正確を期すよう努力を払いましたが、誤り・脱落等がありましても、その責任は負いかねますのでご了承ください。